思考と意味の取扱いガイド

レイ・ジャッケンドフ

思考と意味の取扱いガイド

大堀壽夫
貝森有祐［訳］
山泉 実

岩波書店

A USER'S GUIDE TO THOUGHT AND MEANING
by Ray Jackendoff

First published 2012 by Oxford University Press, Oxford.
This Japanese edition published 2019
by Iwanami Shoten, Publishers, Tokyo
by arrangement with Oxford University Press, Oxford.

わが人生の偉大なる師たちを偲んで。サム・フランダース、ルー・ブルーム、ジョセフ・ジグリオッティ、ハンス・メニング、アラン・グラットホーン、エド・クリマ、ボビー・コフ——私を教え導いていた自覚のあった者も、そうでない者も共に。

前書き

本書は過去三〇年間にわたって私が考え、書きついできたさまざまな問題を見通す一つの筋道を提示するものである。もしこれを伝統的な学術的著作の形で書こうとしたなら、一〇〇〇ページにも及んだだろう。それでは完成できなかった可能性が高いし、たとえできたにしても、こうして手に取ってもらえることはなかっただろう。私がその代わりに選んだのは、思考と意味について興味をもつ者ならば誰でも読めるような書き方をしてみることだった。専門家にとっても、本書のインフォーマルなところは許容範囲内であり、また言語学、哲学、認知科学、そして芸術の各分野にわたるテーマを結びつける本書のやり方は興味深いものだと確信する。以下で語られることの多くの部分(全部ではないが)は、私の著作『意味論と認知』『意識と計算的心』『言語の基盤』『言語、意識、文化』に、より本格的な形で書かれている。

読みやすさを考慮して、参考文献と関心を発展させるための読書案内は巻末にまとめた。とはいえ私は研究者なので、コメントや余談を注に加えたいという欲求には素直にしたがった。

本書の各部分を書くにあたり、助力と励ましを与えてくれた非常に多くの人々に感謝を捧げたい。スティーヴ・レヴィンソンは私に短めの本を書く頃合いだと示唆してくれた。彼は正しかった。コーマック・マッカーシー、アヴナー・バズ、マリアン・ウォルフ、そしてタフツ大学での私の二〇〇九年の意味論の授業に出た学生諸氏からは、本書の主要部分について細かいコメントをもらった。ダン・デネット、ピーター・カリカヴァー、デイヴィッド・アーロン、エヴァ・ウィッテンバーグ、アリ・ゴールドバーグ、アニタ・ペテイ＝スタンティッチ、ニール・コーン、チェスリー・オット、ネイオミ・バーラヴ、マーティン・パジンスキー、妻ヒルディー・ドヴォラック、編集担当者ジョン・デイヴィー、そして無記名査読者たちは、本書のさまざまなバージョンを通読し、貴重な助言を提供してくれた。ピーター・ブルーム、キャロル・ヘトリック、スーザン・ラシノフ、ジム・ジャイルズ、サラ・バーシュテル、そして弟のハリー・ジャッケンドフからも多大な助力を得た。

本書の初稿はサンタ・フェ研究所で二〇〇九年を過ごしたときに完成した。またとない機会を与えてくれたクリス・ウッドには特別に感謝しなければならない。研究所での素晴らしい同僚たち――ジェフ・ウェスト、デイヴィッド・クラカゥアー、ジェシカ・フラック、サム・ボウルズ、マレー・ジェル＝マン、タニヤ・エリオット、マーク・ニューマン、ダン・フラシュカ、ウィレミーン・ケッツ、カロライン・ウィースナー――にも感謝をしたい。同じく研究所スタッフのキャロライン・レスニック、ロンダ・バトラー＝ヴィラ、ネイト・メセニー、デラ・ウリバリ、パトリシア・ブルネロにも感謝したい。

本書のイラストの多くは、ニール・コーンの作である。彼が才能を発揮してくれることを思いながら本書の構想を立てることができたおかげで、作業ははるかに楽しいものになった。ビル・グリフィスには、マンガ『ジッピー・ザ・ピンヘッド』から三篇を使用する許可を得られたことに心から感謝したい。また、次の画像を収録することを許可していただいたことにも謝意を表する。

M・C・エッシャー「滝」©2011 The M. C. Escher Company-Holland. All rights reserved. www.mcescher.com

ヨハン・ゲオルク・エドリンガー「ヴォルフガング・アマデウス・モーツァルト」ca. 1790. Photo Credit: bpk, Berlin/Gemaeldegaleris, Stattliche Museen, Berlin, Germany/Photo: Jörg P. Anders/Art Resource, NY

本書を生み出すうえで、多大な助けを提供してくれた担当編集者ジョン・デイヴィー、そしてタフツ大学の認知科学センターをスムーズに運営してくれているテレサ・サルヴァートに、ありったけの感謝を捧げたい。そして言うまでもなく、最上級の感謝はかけがえのない家族に捧げる——ヒルディー、エイミー、トム、ベス、ダン、オリーヴへ。

私たちは言語と心の関係が、聖櫃と聖典《トーラー》の関係と同じだと考える誤りに陥っていたのだ。

（サミュエル・J・カイザー、二〇〇二年六月一七日）

人は言語によって申し分なく意味のあることを言うことができるが、それがどうやって真となりうるかを述べるために、私たちは多大な労力を払ってきた。

（ピーター・カリカヴァー、二〇〇六年一〇月二四日）

それというのも、地球こそが既知の全宇宙の中で言語が使われている唯一の場所なのだった。それは地球人のユニークな発明だった。他のあらゆる存在はテレパシーを使っていたので、地球人は行く先々で言語の教師としてよい仕事にありつくことができた。

その生き物たちがテレパシーの代わりに言語を使いたがる理由というのは、言語を使えばはるかに多くのことを達成できるとわかったからだった。言語はかれらをはるかに活動的にした。テレパシーというやつは、皆があらゆることについてお互いどうし絶え間なく話をしている状態なので、あらゆる情報に対して何というか全般的な無関心のようなものを生み出していた。けれども言語はゆっくりと、しかも限られた意味を伝えるので、一度に一個のことだけ考えることを可能にした――つまりプロジェクト単位で思考するようになるわけだ。

（カート・ヴォネガット・ジュニア『ローズウォーターさん、あなたに神のお恵みを』）

思考と意味の取扱いガイド

目次

第四部 理性と直観

第一部　言語、言葉、意味

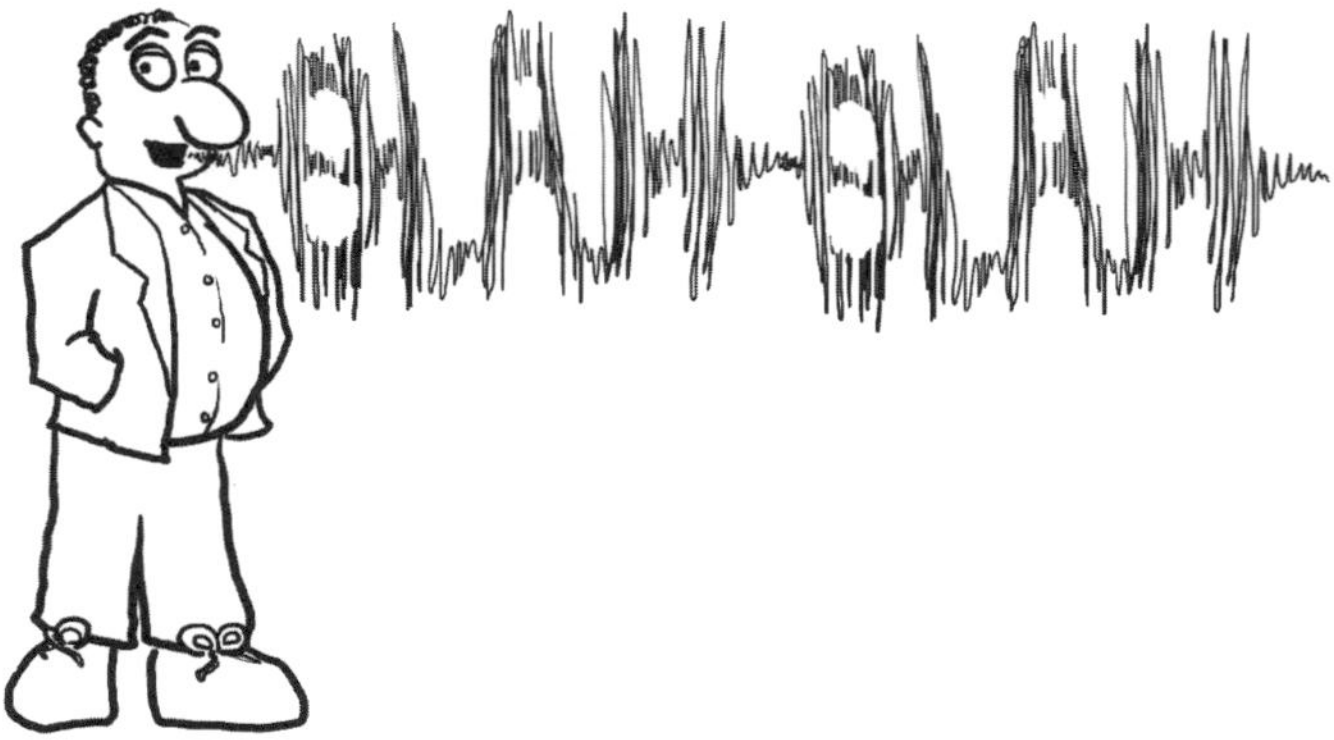

1　思考と意味の取扱いガイドが必要なわけ

言語と思考の関係はどのようになっているのだろうか。このことについて、哲学者から科学者、一般大衆に至るまで、みな何らかの意見をもっていると思う。しかしこの疑問に答えるには、まず次のことを問わなければならない。言語とは何か？　思考とは何か？　もちろん、これらの疑問についても、みながそれぞれの意見をもっている。

これらの疑問をじっくり考える――すなわち私自身の意見を練り上げる――にあたって、私は「認知的視点」と呼ぶ立場をとるつもりだ。それは話すことや考えることについて「脳から見る」という立場だ。認知的視点を採ると、右の疑問を次のように言い換えることができる。私たちが考えているとき、思考を言葉にするとき、そして他の人の言うことを理解するとき、私たちの頭の中では何が起こっているのだろう。

言語に関してこうした認知的視点を提示する多くの試みは、文法、すなわちどのように単語を並べて文とするかに焦点を当ててきた。だがここでは、「意味」――言語によって表現される思考――にもっぱら注目することにしたい。言語と思考に関係があるとすれば、それは意味を介してである。意味がその役割を果たすためには、それはどのようなものでなければならないかを探求していきたい。そして意味とは柔軟で、臨機応変で、人々が思っているよりもずっと複雑なものであることを示していきたい。

このような探求をしていくことで、よりいっそう根本的な疑問が生じる。私たちが世界を知覚するとき、世界について話すとき、世界の中で行動するとき、私たちの頭の中では何が起こっているのだろうか？　例えば、私はコンピュータの前に座り、自分が言いたいことについて考えている。自分の指がキーボードを叩くのを感じ、スクリーンに文章が現れるのが見える。コンピュータの横には、カエルの絵がついたマグカップが置いてあるのが見える。マグカップに手を伸ばし、それを手にして、コーヒーを一口する。これらのことはみな全くもって単純であるように思われる。私たちはそれを完全に当たり前のことと考える。だが私の脳は実際のところどうやってそれを行っているのだろうか？　特に重要なのは、私たちは言語と思考の関係について問題にしているのだから、私が「言いたいことを考える」とき、脳の中では何が起こっているのだろうかという問いだ。

現代の神経科学は、人が何かを見ているときは、脳のどこそこの部位が使われると教えてくれる。恐怖を感じるときは、脳の別のどこそこの部位が活性化する。決定を下すときは、また別のどこそこの部位が発火する。これらの発見は魅力的なものだが、それは疑問に答えるための最初の段階にすぎない。脳のそうした部位が、どのようにして機能を果たしているか、その仕組み自体を教えてくれるわけではないのだ。

この疑問がどのくらい難しいものかを見るために、次の疑問と比べてみよう。コンピュータのキーを押すことでスクリーンに文字が現れるのは、どのような仕組みなのだろうか？　とても単純に思われる。私たちは当たり前のこととして受け取っている。しかし、コンピュータは実際のところ、どういう仕組みでそれを行っているのだろうか？　プログラムを書いている人は答えの一部を知っているし、ハードウェアを設計した人は答えの別の部分を知っている。でも、私たちコンピュータ・ユーザーの大部分は何も知らない。そして脳がどのようにはたらくかを理解することは、コンピュータがどのようにはたらくかを理解することよりもずっと難しい。

この問題のいちばん難しい部分は、ニューロン(神経細胞)の集まりがどのようにして私たちの経験を生み出すかということだ。すなわち、私たちはどのようにして世界や自分自身を「意識」するようになるのか。言語、思考、知覚の背後にある仕組みが明らかになればなるほど、私たちの経験の仕方とは違って見えてくる。一見簡単に思えるようなことも、細部に目を向けると単純さは消えてなくなる。だから、結局はこう結論づけることになる。脳が行っているほとんどのことは無意識的であり、ほんの一部だけが意識的であると。どの部分が意識的で、それはどうしてか？　この本で、私は意識を「説明」できるようになることを目指してはいないが、最後の、経験のどの部分が意識的であるかという疑問については、いくらか前進することはできるだろう。

その答えは、私が語ろうとしている話にとって重要な関わりをもってくる。というのは、思考と意味はほぼ完全に無意識的であるということをあなたに納得してもらおうとしているからだ。私たちが合理的思考として意識的に経験しているもの——私たちが最も尊んでいるタイプの思考であり、私たちと動物を分かつタイプの思考——は脳の中で起こっていることをおぼろげに映し出したものにすぎない。私たちの思考の多くの部分は、経験の中では全く見えないのだ。そのような思考を「直観」「虫の知らせ」「洞察」「インスピレーション」などと呼ぶ。あるいは、好き嫌いに応じて、「非合理的」思考とか「感情的」思考などと呼ぶこともある。

この結論は奇妙で落ち着かないものであるように思われるかもしれない。この知的な地雷原をくぐり抜ける道のりを、辛抱して私についてきてもらいたい。すでにおわかりのように、本書ではたくさんの複雑に絡まり合ったテーマを取り上げる。叙述は線的にしかできないので、どのテーマであれ次のテーマに進む前に全体像を伝えることはできない――つまり、多くのテーマについての議論を同時に展開していかなければならない。そこで、最初にやや漠然とした定式化から始めて、それを議論の進行に合わせてより明瞭なものにしていく、というような述べ方を多くの場合せざるを得ない。その結果は、快適とは言い難い進め方に報いるだけのものになると思う。

例を挙げよう。本書を通じて、言語と思考が自明なものであるかのように思われる理由や、それにもかかわらず、哲学的考察をこれほどまでに受け付けない理由がわかるようになるだろう。いわゆる「合理的」思考もしくは「意識的」思考が有益である理由、またそうした思考がどういう場合に迷走するかもわかるだろう。最後には、この考察から得られる結論が、科学、芸術、教育といった人間の営みに対してどのような意味をもつのかについて考え、人間による理解の限界について思いを巡らせたい。

2　言語とは何か

前の章では、「言語一般とは何か」を問題とした。この問題に取り組むにあたって、まず、もっと(願わくば)具体的な疑問「個別の言語とは何か」を問うことにしよう。例えば、英語という言語はいかなるものか。英語話者はよく、あたかも「正しい英語」なるものが存在するかのように言う。それは「正しく」話すときに私たちが従う言語のあり方のことだ。英語がシェイクスピアの時代から変わり続けているという話をするし、若者や移民の猛威によって英語が劣化していると盛んに文句が言われる。また、古典ラテン語や北部ポモ語のような言語について、それが一種の生命体であるかのように、「死んでいる」と言うことがある。ときにはそれらの言語が生物種であるかのように、絶滅したと言うこともある。

だが生命体や生物種とは異なり、言語の存在する「場所」や「生息地」について話すのは変だ。英語はどこにあるのか？　ここで生命体や生物種とのアナロジーは崩れる。「日本語は日本に、セルビア語はセルビアに、ハウサ語はナイジェリアに、そして英語は世界中に存在する」というのは変な感じがする。「日本語は日本で話されている」などと言う方がふさわしい。言語が変化していると言うのは、人々が異なる仕方で言語を話すのに気づくときだ。そして北部ポモ語のような言語が「死んでいる」のは、その言語を誰も話さなくなったからだ。だから、人々が言語を話しているという概念は「個別の言語とは何か」を理解する上で中心になると思われる。

了解。それでは、英語やハウサ語、セルビア語を話しているとき、人々は何をしているのだろうか？ かれらは自分の思考を表現する複雑な音声を発しているのだ。（手話言語の話者ならば、音声の代わりに複雑なジェスチャーを繰り出す。）話し手は新しい音声を発することで、あらゆる種類の新しい思考を絶え間なく表現している。例えば次のように。

I'm really Olympic'd out.（ほんとにオリンピック疲れしちゃった）

I'm outgrowing my narcolepsy.（ナルコレプシーからもうすぐ抜け出せそう）

This is the kind of house that people sell their big houses in Belmont and downsize to.（これって、ベルモントの大きい家を売った人が小さいのに住み替えるときの家って感じ）

Pure religion is as hard to find as pure science.（純粋宗教というのは、純粋科学と同じくらい見つけるのが難しい）

Every book should have a reference to bowling.（どんな本もボウリングについて文献をあげるべきね）

これらの発話は(たまたまであるが、私の娘と妻によって)新しい考えを表現するためにその場で作られたものだ。どれも、娘や妻や私がそのとき初めて聞いたものだ。これらの文は、前もって組み立てられた状態で頭の中にあったわけではなく、それらを言いたくなったとき――または他の人がそう言うのを理解しなければならない場合——に備えて記憶していたわけではない。だとすると、これらの文はどこから出てきたのだろうか。

私たちの脳は有限量の情報しか(かなり大量とはいえ)蓄えることができないから、限りのない新奇性もまた、私たちの頭の中に蓄えられている有限量の情報から出てくる必要がある。この情報の一部はもちろん、有限の単語リストからなっている。だが限りない数の表現を作る力を与えてくれるのは、無限のやり方で単語を組み合わせ、さらにそれを組み替えることを可能にする原理の体系のほうである。言語学者はこの体系を「心的文法」と呼んでいる(注1)。

話者はただ単に新しい音声を作り出しているわけではない。(ほとんど)すべての発話とともにあるのは意味——その発話が表す思考だ。先のような新しい発話を作るのは、ふつう表現したい新しい思考があるからだ。ではこのような新しい思考はどこから出てくるのだろうか? さっきと同様の考え方がここでも生きてくる。つまり、有限である脳が無限の新しい思考を作るただ一つの方法は、そのための有限のシステムを頭に蓄えておくことだ。このシステムのある部分は、蓄えられた部品、つまり「概念」と呼んだりするものの大きな集合からなっている。だがこの場合も、無限の数の異なる思考を作り出せるようにするためには、システムは無数のやり方で概念を組み合わせ、それを組み替えることを可能にする原理を備えていなければならない。そして私たちが思考を表現できるように、システムには概念の組み合わせを単語の組み合わせと結びつける方法も含まれていなければならない。

では、あなたが何か新しい思考を抱き、声帯や舌や唇を使って、あなたの心的文法がその思考と結びつけた複雑な音声を発するとしよう。するとあなたとよく似た心的文法をもっている人は、あなたが発する音声をある種の思考と結びつけることができて、その思考をあなたのものとして考える。別の言い方をすれば、あなたが「意味している」ことを他の人が「理解できる」わけだ。頭の中に異なる心的文法をもっている人(つまり、異なる言語を話す人)は、あなたが言っていることを理解できないだろう。(注2)

(ここで、あなたはこんな疑問をもつかもしれない。「「私の意味していることを理解する」というのは、どういうこと?」今はご辛抱を。)

実際、同じ言語を話していると思っている人でさえ、完全に同じシステムが頭の中にあるわけではない。一つには、各人で語彙が異なる。もう一つには、私たちはふだんから話し方の違う——発する音声が微妙に違うパターンをもった——人たちと会話をしているという事実がある。その場合でも、心的文法が十分に近いために、たいていは大過なく相互理解ができる。言語学者は、互いに理解できる程度に類似した方法で思考を音声にコード化する人の集団を指すために「言語共同体」という用語を使う。そして人々が多かれ少なかれ共有しているシステムに名前をつけて「英語」や「日本語」などと呼ぶのだ。

ある言語共同体に属する者どうしは普通は理解し合えるものだが、ある地域から出てきた人は、他の地域から出てきた人が微妙に異なるパターンの音声や語を使っていることに気づく。この場合、言語共同体内の別々の地域では、人々は同じ言語の異なる「方言」や「変種」を話すと言う。例えば、「標準」英語の話者であれば Bill and I aren't coming(ビルと私は行きません)と言う一方、英語の他の変種の話者は同じ思考を Me and Bill ain't comin'(オレもビルも行かねーよ)と表現する。後者は前者の「くずれた」言い方ではない。それは体系の内側で一貫した心的文法を反映したもので、少し異なったバージョンだというだけだ。

方言と言語の間の区別はつかみどころがない。政治的な含みが乗っかることがあまりに多いからだ。言語学者のマックス・ヴァインライヒは、次の言葉で有名だ。「言語とは、陸海軍をもった方言である」。アラビア語と呼ばれる「言語」の多くの変種は、互いに理解不能である。中国語の多くの変種も、互いに理解可能な同じ書記体系を使っているが、話されている言語はアラビア語と同様の状況である。というわけで、アラビア語や中国語はいくつもの言語からなる「家族」として語るのが妥当かもしれない。別の場合を考えてみよう。昔々、セルビア＝クロアチア語という言語があった。かつてユーゴスラヴィアと呼ばれていた場所で話されていた言語だ。この言語には、相違はあるが互いに理解可能な「方言」があり、ベオグラードとザグレブを中心に話されていた。ただし、これらの方言はほとんどの場合は異なるアルファベットで表記されていた。一九九〇年代に起こった内戦でユーゴスラヴィアが解体したとき、突然これらの「方言」は、人々の話し方は何ひとつ変わっていなかったにもかかわらず、二つの正式な「言語」、セルビア語とクロアチア語と見なされるようになった。後にはさまざまな政治的権力が公式に(かつ人工的に)大きな違いを作り出そうとした。

もちろん、多くの人々は二つかそれ以上の体系を自在に使いこなせるし——異なる言語であれ、同じ言語の異なる変種であれ——社会的に見て適切となるよう、一方から他方へと切り替えることができる(例えば、「ビルと私は行きません」という話し方から、「オレもビルも行かねーよ」という話し方に切り替えるように)。加えて、より微妙な言語使用域の違いもある。つまり、人と専門的な話をしたり、子どもと話したり、街角のバーで友達と話したりするときのような、話し方の使い分けのことだ。これらもまた互いに微妙に異なる体系をもっている。

言語を学習している最中の子どもたちも、手本としている人々とは異なる体系をもっている。このことに気づいて、私たちは「まだ赤ちゃん言葉を話している」とか「まだ間違ってる」などと言う。例えばtoiletries(洗面用品)をtree(木)の一種だと思っていたり〔toiletriesのtriesをtreesと誤解〕、lip-synch(アフレコする)の過去形としてlip-sankを使ったり〔lip-synchのsynchを動詞sinkと誤解〕、I hope this shirt didn't ruin in the wash（このシャツが洗濯でだめになってなければいいのに）と言ったりだ（動詞ruinには自動詞用法が存在しないため、目的語なしでdidn't ruinとは言わない）。これらは私の子どもが八歳前後のとき実際に発話した例である。それにもかかわらず、子どもは確かに体系をもっていて、それが大人の体系と異なっているだけだ。話すことを学習中の子どもたちは、大人の言葉を理解し、同時に理解してもらうために、体系を「調整」しようとしていると考えてもよい。

　この観点から見ると、「英語」とは、何人もの英語話者の心的文法を、便宜上同じものと見なして、違いを無視した上で理想化したものだ。それでは、英語なるものが存在するとすれば、それはどこだろうか。もしどこかにあるとすれば、それは話者の頭の中だ。

　言語は頭の中にあるのではない、共同体によって「社会的に作られる」のだ、と言われることもある。だがエスペラント語やスタートレックに登場するクリンゴン語のような人工言語を除いて、言語は意図的に作られるものではない。たとえ意図的に作られたものであっても、言語が社会の中に存在すると言えるのは、互いに理解できる程度に近い体系をもった話者の頭の中にそれが存在するからに他ならない（注3）。

　関連する考え方として、英語は頭の中にあるのではなく、ひとそろいの慣習なのだ、というものがある。このような考え方は、言語とは人々によって承認・合意されたものであることを示唆している。例えば、哲学者デイヴィッド・ルイスは次のように記している。「他の人が［慣習に］従っているという信念は、全員にとって［その慣習に］自分でも従おうとする十分かつ決定的な理由となる」。はてさて。私自身は、英語を構成している体系に従うべき理由を探したことはないように思う。まあ、「正しい言葉づかい」が求められている状況では「〜ねーよ」と言わないようにする程度はあったかもしれない。だが自分が作る文の中で、動詞の後ろに直接目的語を置くという「慣習に従う」ことに理由を探したりはしなかった確信がある。言語の

「慣習」のほとんどは、車で道路の右側を走ったり、結婚式ではそれに相応しい服を着たりするように言われるのと違って、他人がそうするようにと言ってきたものではないのだ。

哲学者の中には、次のように言う人もいる。ルイスが意味しているのは、私たちがこれらの慣習に従うよう命令されているということでもなく、また、私たちが意識的に従おうとしているということでもない。おそらく、私たちは他の人々が行うことを無意識的に真似ているだけで、そのようにして慣習に従っているのだろう。実際、大雑把に言えば、それこそが子どもが話すのを学習しているときに行っていることなのだ。だがそうすると、私たちが従っているこれらの無意識的な「慣習」は、「言語」について見たのと同じ問題を提起する。慣習とは何か、それは人々の頭以外のどこに存在するのか。慣習は共同体の日々の実践の中にあると言うかもしれない。しかし共同体のメンバーがそうした実践に同調できるのは、頭の中に何かがあるからに他ならない。メンバーが飼う猫も、これらの実践に囲まれているが、猫は慣習に従っては行動しない。猫には猫の心があるのだから。そうすると、言語と慣習を維持する上での共同体の役割について何を考えるにしても、共同体の中で個々のメンバーがどのように言語や慣習を学んで利用しているのかを説明する必要がある。

ときには文字に書かれていなければその体系は言語としては数えられないと言われることもある。だが実際には、世界でこれまでに話されてきた言語のほとんどは文字に書かれていない。書かれていない言語を「本当の」言語に数えないと言うのは奇妙だし、見下した感じがする。現実に文字に書かれた言語であっても、前世紀あたりまではほとんどの人がそれを読むことができなかったのだ。そうした人々が「本当の」言語話者ではないと結論づけることは私たちとしても望まないだろう。確かに、書き言葉が私たちの文化やその他多くのことにとって必須の要素であることに疑いはない。だが言語とは何かを定義する点からすると、書き言葉が本質的な役割を果たすことはない。書き言葉とはむしろ、言語の有用性を高めてくれる素晴らしい付加装置であると言える――しかしあくまで付加装置にすぎない。それとは対照的に、話し言葉は、読み書きとは異なり、すべての文化に見られるものだ。

言語とは何かという問いに対する以上の考え方のもと、本章冒頭からの疑問に立ち戻ってみよう。

- どのようにして言語は時間を経ても存在し続けられるのか？　答え：話者の共同体というものがあり、そこにいる者たちは、音声と意味を関係させるのに(おおよそ)同じ体系を利用していて、古い話者が死んでいく一方で、新しい話者がその体系を身につけることで継承される。
- どのようにして言語は消滅するのか？　答え：その言語体系を使うすべての話者が死に、誰も新しくそれを身につけなくなったとき、言語は消滅する――このことは今日、世界の大多数の言語において起こっている。いわゆる危機言語である。
- どのようにして言語は時間とともに変化するのか？　答え：微妙に異なる体系だが、理解できなくなるほどには違わない体系を使い始める人がいる(若者とか映画スターとか政治家とか)――かれらは新しい語彙を持ち込んだり、母音を少しだけ異なる形で発音したりする――そして他の人々がそれを真似る。しばらくすると、古い体系を使っていた人が、新しい体系に切り替えるか、もしくは死んでいなくなる。最終的にできるのは、依然として互いに理解し合える人々の共同体だ。しかし、人々が使う体系は、五〇年前に人々が使っていた体系とは異なっている。
- 「正しい英語」とは何か？　答え：言語共同体の中で社会的支配力をもっている集団によってたまたま使われている体系の一種にすぎない。社会的アイデンティティを示す最も重要なしるしと言えそうなものは、見た目と話し方だ。だから「正しく」話すことで、あなたはエリート層に属しているというしるしがつく。「間違った」話し方をすると、あなたはそこに属していないというしるしがつく。支配層とは別の言語や別の変種を話して成長したために、その話し方しかできないこともあるだろうが、あえて「間違って」話し、反抗的な(あるいはクールな)仲間たちとの連帯感を示すこともできるかもしれない。もちろん、この「正しさ」の問題は、英語に限らない。他の言語でも同様に現れる問題であり、例えば英語や移民集団の諸言語からの借用語が強く蔑まれることもあるだろう。

余談。何世紀にもわたって、社会においてより大きな力をもつ集団は、他の人々に慣れ親しんだ話し方をさせないことで支配力を強めるのが常であった。例えば、スペイン語、ナバホ語、カンボジア語の使用が、学校、職場、公共の場において禁止されるといったことがあった。支配力をもつ限られた文化集団のメンバーは、他の人々をよく理解しておらず、かれらをいくらか恐れているのかもしれない(「あいつらは私たちのことを何か話している!」)。だから、「あいつらは馬鹿だ(もしくは、いい加減だ、論理的でない、野蛮だ)。あいつらの影響から私たちの文化を守らなければ!」などと言うのである。実際、他の民族を理解することが難しい理由の一つは、かれらが異なる体系をもって相互理解を行っているということにある。そして異なる文化集団が馬鹿に見える理由の一つが、かれらにはわれわれのことがよくわからないということなのだ。

(注1) この段落は、現代言語学の根本的な前提となる議論を要約している。多彩な著作でこのことを最も強力に主張してきたのは、先駆的な言語学者であるノーム・チョムスキーだ。

(注2) これは理想的な状態を言ったものだ。人は同じ言語を共有しているときでも相互理解に失敗する。かなりの

場合、それは話し手と聞き手が異なる、そして表に出ない意図や言外の含みをもっていることが理由である。これが多くの結婚生活カウンセリングの主題となっているのも、その一例だ。表に出る言葉以上の内容を言語が伝えるやり方のいくつかについては、第12章を参照。

頭の中に完全に異なる体系をもっていて、それでもなお相互理解ができていると信じられるようなことがありうるだろうか？　少なくとも人間言語のように豊かで繊細な体系については、それが可能だとは私には思えない。

（注3）　一つの興味深いテストケースが、一九八〇年代以降のニカラグア手話の発生である。これは新設されたろう者の学校で現れた言語で、音声、手話どちらの言語経験ももたないろう者たちからなる集団の中で生まれた。この言語は今なお急速な発展をしており、その話し手がどの部分を自分たちで意図的に作ったと考え、どの部分が「たまたまそうなった」もので、そうなった理由もわからないものなのかは、興味深い問いである。

3　英語に対するさまざまな視点

英語（そして他の言語）について今まで話してきたことからは、こんな解釈もできるだろう。本当は英語などというものは存在しない――あるのは何億人もの話者たちの頭の中にあるいくつもの体系のごちゃ混ぜだけだ。もう少し違った取り方をすると、次のようになるだろう。英語は確かに存在しているが、ほとんどの人は英語が何であるか誤解している。それは実際には何億人もの話者たちの頭の中にある体系のごちゃ混ぜなのだ。

こうした解釈は、どちらも私からすると喜ばしいものではない。それらは英語に対する「日常的視点」とでも呼びうるもの、すなわち人々が往々にして採っている見方の入る余地を与えない。その見方とは、英語を現実世界に存在する統一された構造物と見なし、その使い方を身につければ一種の道具のように使うことができると考える見方だ。

しかし第2章では焦点を少しだけ変えてみた。「英語とは何か」と問う代わりに、「英語を話すとはどういうことか」と問うことにした――つまり、人々が話す内容、そして他の人々を理解する仕方において、「英語」はどのような役割を果たしているのだろうか、という問いだ。この観点からすると、英語を話すということは、こちら側の頭の中の体系を使って、似たような体系を「あちら側の」頭の中にもった人たちとコミュニケーションができるようにすることだ。この場合、「英語」とはすべての話者の中にあるすべての体系の近似値、平均値、もしくは理想化したものだということになる。もっと特定のこと、例えば異なる方言や子どもの話し方などを研究したいのならば、このような理想化は考慮から外してよい。だがたとえそうしたとしても、私たちは言語を話者の頭の中にある体系として常に考えている。(注1)私はこの考え方を、「認知的視点」、もしくは「機能的視点」と呼びたい——それは言語が心の中でどのように機能しているのかを考える見方だ。この視点からすると、英語という言語も日常的視点から見るのとはかなり違った姿をとる。

日常的視点と認知的視点の二つだけが、言語に対する見方というわけでもない。人の頭の中にあるすべての体系——言語体系だけでなく、視覚系、運動系、動機の体系などがそこには含まれる——が機能するのは、究極的には話者の脳にあるニューロンが活動しているからだ。このような「神経的視点」からは、「英語」と呼びうるような独立したユニットはもはや存在しない。英語とは化学的・電気的に伝えられる神経の発火の部分集合にすぎず、それは巨大な神経ネットワーク内に分散している。

言語の科学的研究では、これらの見方がどれも用いられる。多くの哲学者——および少数の言語学者——は日常的視点に根ざしたアプローチを採っており、かれらの主張(または少なくとも想定)するところでは、言語とはどの話者からも独立した抽象的な存在物である。(注2)

その一方で、言語学者の圧倒的大多数は認知的視点を採り、言語を話者の頭の中の体系として扱う。認知的視点を採る言語学者の中でも、共同体の中で多様性を示す体系をどのくらい理想化するかには違いがある。例えば、方言の違い、言語変化、社会における言語の役割などに興味があるのなら、話者個人の言語能力の詳細にもっぱら関心をもっている場合よりも、異なる話者の体系に見られる差異を考慮することになる。

最後に、多くの言語学者、心理言語学者、神経言語学者は、認知的視点とともに神経的視点に立って研究に取り組んでおり、脳における言語使用の部位やタイミング、脳損傷による言語能力の細部への影響について研究している。

言語学者が各視点を自由に行き来して、ある視点を用いることによって別の視点におけるある種の特徴の説明に役立てることも珍しくない。これは第2章でも行ったことだ。そこでは日常的視点にともなうある種の特徴、たとえば時間を経て言語がどう変化するのかということを説明するために認知的視点へと切り替えた。

このようにして視点を切り替えることは、一方の理論からもう一方の理論への「還元」と呼ばれることもある(生物学者E・O・ウィルソンはそれを「コンシリエンス(知の統合)」と呼んでいる)。還元という作業の背後にある発想は、ある視点における現象のすべては、他の視点によって余すところなく説明できる、というものだ。科学史における古典的ケースだと、熱伝導を分子運動の統計によって説明することが挙げられる。

私としては、言語に対するさまざまな視点について、これが正しい考え方だとは思わない。すべての言語使用が神経回路のはたらきに依存しているのは確かだし、そのため言語についてのあらゆることをニューロンに還元しようとしたくなるのかもしれない。だが言語について知りたいことのすべてが、ニューロンを見るだけで説明できるわけではない。日常的視点と認知的視点から出てくる問題がすべて解決されるわけではないのだ。例えば、ノルマン征服が英語にどのような変化をもたらしたかを理解するために、神経的視点が助けとなるだろうか? まあ、何かしらわかることはあるかもしれないが、多くの人々が一番面白いと思うタイプのものではないことはほぼ間違いない。例えば、古き良きアングロサクソン語の cow や pig が表した動物の肉を指すのに、どうしてノルマンフランス語から beef や pork が借用されたのかについては、神経的視点は何も語らない。ここはまず確実に日常的視点の出番だ。

けれども、この問題に対して認知的視点と神経的視点が全く無関係というわけではない。例えばこれらの視点は、人々の頭の中の体系——特に言語学習者の頭の中の体系——が多言語のインプットに対して一般にどう反応するのかについて教えてくれる可能性がある。そしてそうした知見は、英語が一二、一三世紀にどのように変化したのかについて関係することを提供するかもしれない。

そこでもう一度、英語とはいったい何か？　それはあなたが採る視点による。どれが正しい視点か？　それはあなたの関心と目的による。

（注1）ここで言語についての日常的視点と私が呼んでいるものは、ノーム・チョムスキーが「E言語」（外在言語）と呼ぶものと多かれ少なかれ対応する。認知的視点は彼が「I言語」（内在言語）と呼ぶものとおおよそ対応する。

認知的視点においては、英語を成り立たせる体系は、頭の中で起きている他のあらゆることを用いているため、実際にはいくつもの層をなすものと見られる。そこで次のように問うことができる。私たちが英語を話すとき、それを司るもののどこまでが英語固有なのか、またはより一般的に言語固有なのか？　そしてその中のどれほどが、私たちの世界の理解の一般的な仕方、社会的相互行為についてのより一般的な体系、記憶と注意のはたらき方などの要因からくるものなのか？　このような見方において、「英語」と言われるもののかなりの部分が他の心的機能の諸側面へと分解していく。

（注2）例えば、論理学者ゴットロープ・フレーゲは言語（特に意味）を話し手の内面にあるものとして扱うことに強硬に反論した。彼のアプローチはほとんどの英米言語哲学の土台となっている。より最近では、デイヴィッド・ルイスが言語を音と意味の写像関係として扱っている。話し手はこの写像関係には含まれておらず、その写像関係を「信頼する」という約束事に従っているとされる。言語哲学者ジェロルド・カッツ（かつてはチョムスキーの信奉者

であった)は言語とは抽象的なプラトン的実在であるとはっきり主張する。言語学者の中では、テレンス・ランゲンドーンとポール・ポースタルがカッツの見方の代表的な支持者である。

4 日没、トラ、水たまりに対する視点

このような視点の選択、つまり、日常的なものを選ぶか、認知的なものを選ぶか、神経的なものを選ぶかは、「英語」という言葉の特殊性によるものではなさそうだ。日没とは何だろう。日常的視点では、太陽が沈んでいくことだ。天文学的視点からすると、地球が回転し、日光が私たちのいるところに届かなくなることだ。認知的視点からすると、太陽があたかも沈んでいくように見えるのはどうしてか、説明を与えたくなるかもしれない。物理的視点からすると、光子があるだけで、それが網膜細胞の何らかの分子にぶつかったりぶつからなかったりということだ。以上のことから、日没といったものはそもそも存在しない、あるいは日没について話す人々は単に誤っているとか勘違いをしているとかいうことになるのだろうか。そうではないと思いたい。何といっても、日没の時刻は新聞やインターネットに載っているし、人々はそれらの情報源を頼りにいろいろなことをする。全員が大きな間違いを犯しているというのはさすがに変だ。科学哲学者トーマス・クーンは、星々を目印として航海していく上では、実は日常的視点が最良のものであるという指摘をしている。

視点によって姿が変わるもう一つのよく知られた例が「お金」である。言語と同じく、お金は人間のみが使う。お金の物理的形状――コインや、紙幣、小切手、銀行のコンピュータ上のビット情報――に意味があ

るのは、それらの物体がお金として勘定され、それゆえ金銭的取引で利用できるときだけだ。お金については、機能的視点を採ると面白い行動が見えてくる——いくらのお金が買い物の支払いに必要かという点だ。物理的視点が出番となるのは、財布はどのくらいの大きさでないといけないか、どうやって偽金を見破るか、それからもちろん、どこにへそくりをしまっておくか、などお金の物理的形状に関わることついて話をするときだけだ。(注1)

哲学者ヒラリー・パトナムは、「「意味」の意味」と題された影響力の大きい論文の中で、ほとんどの人は「金《ゴールド》」のような語の意味を知らないと主張している。金の本当の意味は、パトナムによれば、その原子組成を決定することができる専門家——冶金学者や化学者——しか知り得ないものだ。同様に、「トラ」の本当の意味は、トラのDNAに関係している。その含意は、(パトナムは都合よくそのような指摘を避けているけれども)現代の化学や生物学が到来するまで、「金」や「トラ」といった語の意味を誰も知り得なかったということだ。なんてことだ!

私としては、次のように考えるのがよりよいアプローチだと思う。原子組成やDNA配列は「物理的」視点の関心と目的の領域に属するものであり、科学者(およびパトナム)が話題にしているのはこの物理的視点なのだ。確かに、ほとんどの人は「金」や「トラ」という語を右に述べた科学的概念と結びつけては考えない。それでも、人は金やトラに出くわしたことがある限りにおいて、それらについての日常的概念を常にもっていて、日常のほとんどの関心や目的のためにはそれで全くもって十分なのだ。そしてこのような日常的概念こそが、人々の心の中で「金」や「トラ」という語に結びついている。

パトナムへの別種の反論としては、このようなものもある。「水たまり」という語の意味は何か。もちろん、水たまりについての日常的な考え方はあるが、他の考え方はあるだろうか。機能的もしくは物理的視点が、水たまりを構成するものについての問いに何を貢献しうるのか——未来の科学がそれについて言うべきこと、「水たまり学者」が研究に値すると考えることは何か——は想像しにくい。

同じく、「洗濯物」の意味とは何か。「ガラクタ」の意味は。「相棒」の意味は。誰でもそれらが何かを知っている。それは「トラ」が何を意味しているのか知っているのと同様だ。誰も完璧な定義を与えることはできないだろう(これは第11章でも見る)。とはいえ、誰かが「水たまりに気をつけて!」とか「このガラクタを捨てよう」とか言うときには、みなまちがいなく適切な反応を見せる——誰かが「あの素敵な日没を見て」とか「トラに気をつけて!」とか言うときに適切に反応するのと同様に。唯一違うのは、「英語」や「日没」とは異なり、「水たまり」や「洗濯物」や「ガラクタ」や「相棒」のような語は日常的視点以外とは結びつかないということだ。

反対に、日常的な概念化をもたない語もあって、そのような語は何らかの専門的見方からでないと理解できない。三つ例を挙げよう。「c統御」(統語理論の専門用語)、「微分可能」(数学の専門用語)、それから「エルブ」(ユダヤ教の専門用語として英語に借用されたヘブライ語の単語)。これらは「水たまり」とは違って、ほんの一握りの人だけが知っている語だ。

パトナムの議論は、長年の哲学的伝統から出てきたものであると私には思える。つまり、本当の知識とは科学的方法によってのみ達成できる、とする考えだ。この理由によって、パトナムの意味へのアプローチは「金」や「トラ」のような語——それらが表すものについての科学的理論が存在する語——については多少はもっともらしいかもしれないが、その一方で「水たまり」や「洗濯物」のような語についてはを何も言えないのである。

私がここで気にかけているのは、パトナムの意味へのアプローチが、ある語だけを説明できてほかの語は説明できない、ということだけではない。それが世界に対する私たちの日常的な理解の方法を否認するという妙なはたらきも気になる。一面では、このアプローチは役に立つだけでなく、楽しいものですらあるかもしれない。それは「見慣れたものを不思議に感じさせ」、新しい仕方で考えることへと誘うからだ。また一面では、それは権力を行使する一つの方法だと思う人もいるかもしれない――すなわち知識によって与えられた権力だ。この手の修辞的手段は、ソクラテスまでさかのぼる(「私はあなたよりも賢い。なぜなら少なくとも私は自分が何を知らないかを知っているのだから」)。ここでは、日常的な概念化をもっと尊重したいと思う。なぜなら結局のところ、それもまた一種の概念化だからだ――それは世界を理解するうえで、多くの場合とてもいい仕事をしてくれる方法なのだ。ありがとう。

金と水たまりをめぐるこの簡単な議論から、三つの点を導こうと思う。一つ目、「英語」という語をさまざまな視点から扱ったが、これは偶然ではないことが明らかになった――この一つの例だけのために話を作ったわけではない。むしろ、さまざまな視点からのアプローチは、あらゆる種類の語について何が起こっているかを理解する助けとなる。この点において、「英語」についての理解の仕方は、他の語の場合とそんなに違いはしない。

二つ目、これからの章では、意味とは何かを問うことになる。本章では、意味について大事なことを学んだ。語の意味とは、それが埋め込まれる視点に部分的に依存しているのだ。

三つ目、私たちがどのようなときに複数の視点で取り組んでいるかを知り、どの視点がどの目的に最も有効かに注目することは大切だ。この考え方もまた、一つの視点だと思う。これは「視点を俯瞰する視点」とでも呼ぶことができるだろう。

（注1）哲学者ウィルフリド・セラーズは日常的な世界理解を「明白なイメージ」と呼び、これを「科学的イメージ」と対比している。後者は私のいう認知的、神経的、物理的視点を包含する。哲学者ジョン・サールは「制度的事実」という用語を使って、商取引におけるお金の使用を表すとともに、ゲームの得点や境界標識などの現象をそこに含めた。彼はこれらを一〇ドル紙幣のサイズや色といった「生《なま》の物理的事実」と対比している。

5　語とは何か

意味に取り組む前に、言語とは何かということをもう少し深く掘り下げる必要がある。言うまでもなく、言語の重要な一部は語だ。だから次の問題は「語とは何か」ということになる。

日常的視点からすると、語には言語について見たのと同じ不思議さがいくつかある。「水たまり」という語は外部世界に存在し、それを話し手が使っているようにも思える。だが、その語はどこに存在するのだろう？　水たまりの中ではない！(注1)

では、語についてはどう考えるのがよいだろうか。「水たまり」という語は常に存在しているのか、それとも誰かがそれを使ったときだけ存在するのか？　私が思うには、その語は常に存在しているように見える。それはよいのだが、ここでもっとやっかいな疑問が出てくる。「水たまり」という語はいったいどのような種類の存在なのだろうか？　私たちはときどき、語というものについて、それがハンマーか何かであるかのように言うこともある——必要なときに引き出しから引っ張り出して使うというわけだ。(「よし、次の文で「水たまり」を使わないと」「その段落では、「賢い」じゃなくて「知性が高い」と言ったほうがよかった」。)一方で、私たちは語というものについて、同じ種類の釘が無限に出てくるようなもので、毎回新しい語を使うことができるかのように言うときもある。(「この段落では、この文も含めて、四回「水たまり」を使った」。）このような喩えはばかばかしいと思われるかもしれないが、語というものが奇妙な存在であると感じることができる。

　ときには何かの辞書（あるいは特定の辞書）に載っていないと本物の語ではないと言われることもある――あたかも辞書には外部世界に存在する「本物の」言語についての深遠で魔術的な権威が備わっているかのように。しかし辞書は天国から舞い降りてきたものではない。辞書は、他の人が語を話し言葉や書き言葉の中でどのように使っているかの観察にもとづいて人が書くものだ。そして次の章で見るように、辞書を書いている人は、語がいくつの意味をもっているのか決めるときや、すべての語についてもれなく定義を書くとき、精緻な調整をすることを迫られる――色々な辞書が同一の語（例えばdouble, doubt, down）をどう扱っているかちょっと比べてみるといい。

　新しい語が「言語に入ってくる」のは、誰かがその語を作って、他の人がそれを使うからだ。新語が辞書に入ってくるのは、編集者の誰かがその語が使われていることに気づくからで、特に、紙媒体に何度も現れるとそう判断される[注2]。語は「正式な意味」を――つまり辞書の定義を――編集者が用意した編集方針に従って、辞書編集者の誰かがそれを書いたことによって獲得する。この意味で、私たちが辞書に認める権威というのは、その「客観性」から出てくるとは考えにくい。それは編集者の判断への信頼にもとづいていると考えるべきだ。（これは、辞書にまつわる問題の一つにすぎない。より重要な問題を第11章の終わりでは議論する。）

　とにかく、辞書とは語が存在している場所ではない。第2章で言及したように、書かれていない言語もたくさんある。文字をもたなければ、辞書も存在しない。しかしそのような言語でも、語というものが英語の語と同じような奇妙な仕方で存在しているのだ。

このような不思議な性質があるのは語だけではない。他にも語と同じく時間の中で現れるものの中に、似たような奇妙な兆候を私たちは見てとることがある。例えば、「漕げ漕げお舟(Row, Row, Row Your Boat)」という歌が存在していて、それは誰かが作ってからずっと存在し続けている。だが、それが存在している場所というものはない。たまたま誰も歌っていないとき、それはどこにあるのだろうか？　それは外部世界の「音楽空間」にあって、誰かが歌いたいときに引っ張り出してくるのだろうか？　それとも、世界のどこかでコピーが無限に供給されて、誰かが歌うたびにコピーの一つが消費されるのだろうか？　どちらをとるにしてもあまり意味がない。

火曜日、ヴァレンタイン・デー、九月のような日や月についても同じことが言える。「また火曜日が来た」と言うことがあるが、それは全く同じ日が行ってしまって、そして戻ってきたかのようだ。また、「うげっ、また火曜日だ！」と言うこともあるが、このときは火曜日というものの無限のストックがどこか(未来？)にあって、今は新しいやつがここに来ていて、それが終わるまでここにあるかのようだ。火曜日について考えるには、どちらも「正しい」やり方であるようには思えない(注3)。

そこで語の話に戻って、認知的視点から何が言えるか見てみよう。この視点では、語とは人々の頭の中にある体系の一部であり、人はそれを使ってメッセージを組み立てる。「水たまり」という語を口に出していなくても、または誰かがそう言うのを聞いていなくても、「水たまり」は記憶の中にある。人々が理解し合うためには、頭の中に相当数の語が共通して蓄えられている必要がある。個々人の語の蓄えのことを、個人的な「心的辞書」と呼ぶこととしよう。もし、あなたが私の知らない語を使ったとしたら——つまりその語が私の心的辞書の一部でなければ——私は困惑し、あなたの心にどんなメッセージがあるのか推測する必要があるかもしれない。もちろん、これは言語を学習している子どもが常にやらないといけないことでもある

(そして、小さい子どもが話しかけてくるときにたいてい私たちがやらないといけないことでもある)。

そうすると、認知的視点からは、例えば「トマトという語」の概念は「英語という言語」とよく似ていることになる。それはある言語共同体のメンバーの頭の中に蓄えられたものを、心的辞書の一部として抽象化もしくは理想化したものであり、人々はそれを互いのコミュニケーションの一部として使っている。それぞれの話者が蓄えているものは他の人が蓄えているものと全く同じかもしれないし、そうではないかもしれないが——あなたは「トメイトゥ」と発音し、私は「トマートゥ」と発音するとしても——普通は同じだと考えて大丈夫だ。新しい話者がそれを学習し、使い続けるならば、語は時を経ても「言語の中にとどまる」。誰もその語を使わなくなり、以前使っていた人々がすべて死んだとき、語は「廃れる」(とはいえ、その語は依然として辞書に記録されるかもしれない)。

このアプローチを物理的視点と比べてみたい。物理的視点においては、語とは基本的に単なる音だ。この視点からは、語というものを特徴づけることが全くもって難しい。一つには、人々がどのように語を用いて意味を伝えているのかがわからない。だが音のレベルにおいてすら問題がある。あなたが「トマト」と言い、私が「トマト」と言うとき(たとえ二人とも「トマートゥ」ではなく「トメイトゥ」と言っていても)、私たちの声は音響的に異なり、異なる音波を発している。私個人についても、「トマト」とささやくときと「トマト」と叫ぶときでは、異なる音波を発しているのだ。そして、「トマトって言うの」と言うとき、私たちは各々の語が別個のものであると理解しているにもかかわらず、「トマト」と「って」の間、もしくは「って」と「言うの」の間に音声的な区切りは存在しない。

現代の音響音声学を確立した一人であるアルヴィン・リバーマンは、一九四〇年代後期にコンピュータに言語を理解させようとした最初の試みについてよく話をしていた。彼と同僚たちは、次のように考えていた。

音響信号は[p]や[ɑ]や[t]のような言語音に分割することができて、それらの言語音を組み合わせれば(「標準的な」アメリカ英語話者の発音での)potができるのではないか。ところが、それが全然ダメだということがわかり、リバーマンはその理由を見つけ出すことに学者人生を捧げた。彼と同僚たちは、それぞれの言語音と結びついた音響特徴は、話者の声質だけではなく、前後にある言語音の音響特徴によっても左右されるということを発見した。例えば、[ɑ]という音は、pot, top, mobなどで音響的に異なる――たとえ私たちの耳には同じに聞こえてもだ。加えて、話者は多くの音響の細部を「飲み込む(＝明瞭に発しない)」傾向があるし、いずれにせよメッセージの理解を無意識のうちに聞き手に頼るものだ。極端な例を挙げると、誰かが口に物をいっぱいに詰め込んだまま話しているのを聞いて、ひどく乱れた音響ではあっても(それなりに)理解できる。他方で、音響だけしか手がかりがないとしたら――例えば知らない言語の書き取りをしようとしたら――何の音を聞いているのか弁別することはほぼ不可能だし、まして一つの語がどこで終わって次の語がどこで始まるか聞き分けることなど無理だ。

これまでの研究からは次のことが明らかになった。どのような語を聞いているのかを特定する方法とは、部分的にはその音とすでに知っている語との最もよい合致を見つけることであり、部分的には話者が何について話しているかを推測することだ――これらはみな完全に無意識的に行っている。言い換えれば、発せられた言葉の理解は、音響を特定するだけでなく意味にも大いに依存していることになる。今ではコンピュータに音響を扱わせる方法がかなりよくわかっているけれども、意味の方はまだ捉えどころがない。このことは、コンピュータによる話し言葉理解についての六〇年にわたる研究を経ても、今なお解決までの道のりが遠い理由の一つとなっている。

音響特徴についての問題は、方言差を加えるとさらに難しくなる。「標準的」アメリカ英語を話すのであれば、parkのrを発音して[paːrk]と言う。ボストン出身であれば、[paːk]という感じに言うかもしれない。ニューヨーク出身であれば、[pɔːk]という感じに言うかもしれない。それでも、これらはみなparkという語であると見なされる。なぜならそれらの変種が属している体系が、一貫して同じ方向に異なるからだ(heartの発音[haːrt]と[haːt]と[hɔːt]、guardの発音[gaːrd]と[gaːd]と[gɔːd]、等)。それだけではない。異なる体系の下では、全く同じ音が異なる語と見なされることもある。[gaːd]と中西部の人が話せばgodとして、ボストンの人が話せばguardとして、テキサスの人が話せばguideとして理解する。その方言に「同期」できる限りにおいて、私たちはそれを自分の方言に合わせて再解釈する。だから、何が同じ語と見なされるかということは、それがどんな体系(もしくは、その下位の変種)に入っているか、この場合はその語がいかなる方言で話されているかに依存する。語はその固有性を体系内での位置づけから部分的に得ている——すなわち他のどんな語と対照されるのか、他のどんな語と韻を踏むのか、等の情報が関わっている。同時に、体系とはそれを作る各部分(そこには語も含まれる)が存在してはじめて体系となる。これは循環論法だろうか? 答えはイエスだ。

しかしこれは悪循環ではない。すでに見た「火曜日」の例でも似たようなことが起こっていることに注意しよう。ある特定の日が火曜日となるのはなぜだろうか? 月曜日の後に来て、水曜日の前に来て、最後の火曜日から七日ある、ということにすぎない。曜日を名づける人がいなければ、火曜日というものは存在しない(OK?)。だが同じ体系の内部で活動している限り、私たちは難なく相互理解できるのだ。

火曜日は「慣習」だと言うかもしれない。だが私たちは、直接目的語を動詞の後ろに置く場合と同じく、通常はそれに従うか否かについて選択の余地はない。この慣習の一部として、火曜日がいつ始まるかについての考えがある。私たちは普通、火曜日は深夜〇時に始まることを当然だと思っている(これはさらに、時計の時間や標準時間帯のような慣習に依っている)。けれども伝統的なユダヤ式の時間の数え方では、新しい日は日没に始まる(だから聖書の創世記には「夕と朝とが第一日となった」と書いてある)。少なくともある種の宗教的な目的のためには、このやり方でもうまくいく。

以上の議論のポイントは、物理的視点からは語について語る有効な手段が得られないということだ。二つの音が同じ語だと同定するのに何が必要なのだろうか? それには個々人の声質、場面ごとの声のトーン、そしてなまりから抽象化しなければならない。そしてなまりから抽象化するには、それが埋め込まれる音体系という概念が必要だ。これらのことは、純粋に音響の観点からだけではわからない。それは認知的視点から描き出されるような、人々の頭の中の体系として見てはじめてわかるものだ。

(注1) そうであっても、私たちは語というものが、それが名指す対象の本質的な属性の一つであると感じる。例えば、私の娘の一人は、七、八歳のときにこう尋ねた。「もし恐竜が生きていたころ人間がいないんだったら、どうやって恐竜の名前がわかるの?」――まるでステゴザウルスの名前が、その大きさや食性と同じような自然の属性であるかのようだ。(とはいえ、名前というのは人が作ったものなんだよ、と教えたら娘は納得したのではあるが。)

(注2) 二〇〇九年六月、マスコミは「英語の一〇〇万個目の語」が新たに加わったと書き立てた。その語とは、グローバル・ランゲージ・モニターと呼ばれる会社の調査によれば、「Web 2.0」だった。「英語の新語」として含める基準は、いささか恣意的ではあるが、インターネット上で二万五〇〇〇回出現することだった。当時は多くのブロガーが、一〇〇万個目の語だというのに面白くないものだったことに当惑した。これは一体どういうことだろうか? 実際、英語の語の数を厳密にはどうやって数えるのだろうか? 一つの難点は、次の章の例で見るように、二つ(あるいは六つ)の異なる単語が存在するのか、それとも同一の語が二つ(あるいは六つ)の用法をもつのか、明確とは限らないということだ。

（注3）ジョージ・レイコフを始めとする認知言語学者は、私たちの時間についての概念化はメタファーによるものであり、それは私たちの空間についての理解をモデルとしていると提案している。この主張の基本的な根拠となるのが、多くの言語において時間を表すほとんどの前置詞が空間も表すという事実である。例えば **at** 10:00, **on** Tuesday, **before** breakfast, **after** the concert, **in** five minutes などだ。（その一方で、英語には during, until, since のように、空間には使わず、時間だけにしか使えない語もある。また、to the left, behind, beneath のように、時間には使わず、空間だけにしか使えない語もある。）語、歌、火曜日といった時間的な存在についての私たちの考え方が、ハンマーや釘といった空間的な存在の型にうまくあてはまらないことはすでに見たとおりである。並行性は確かにあるものの、時間の中で存在するものについての私たちの理解が、空間の中で存在するものの理解を全面的にモデルとして成り立っている、あるいはメタファーによって派生しているとは考えられない。

6　何が同じ語とされるのか

語についてはさらに、その意味するものを考慮に入れると全く別の問題が出てくる。こういう問題は私のような言語学者にとってはお馴染みのものだが、それがどれほど難しくなるか感じてみてほしい。簡単な例から見てみよう。次の二つの文の最後にある語は同じだろうか。

She went down to the river and stood on the bank.（彼女は川まで出かけて土手の上に立った）
She went to town to take some money out of the bank.（彼女は街に行って銀行からお金を下ろした）

スクラブル（文字を並べて単語を作るゲーム）をしているときなら、綴りだけが大事になるわけだから、語の同一性について答えることは重要ではない。しかし語が何を意味しているかを気にかける場合は、右の例文が示す状況を説明する方法は二つある。一つは、bank という同じ語が二つの意味をもっていると言うこと。もう一つは、異なる意味をもつ語が二つあって、発音と綴りがたまたま同じだと言うこと。次に見る例と比べると、今の例については二つ目の方法の方が理に適っているとわかるので、ここでは bank と発音する異なる二つの語があると言いたい。専門用語で言うと、二つの bank は「同音異義語」ということになる。

では次の四つの文はどうだろう。各文の最後にある語は同一だろうか?

The ice will melt.（氷が溶けるだろう）
Every spring the ice melts.（毎年春には氷が溶ける）
The ice is melting.（氷が溶けているところだ）
The ice has melted.（氷が溶けてしまった）

スクラブルでは、各語は異なるものとして見なされる。だが伝統的な文法——および心理言語学的な実験——によると、ある意味これらは同じ語であり、文法形式が異なっている（不定詞、三人称単数現在時制、現在分詞、過去分詞）ということになる。

次の六つの文における smoke という語についてはどうだろう?

（＃1）The fire gave off a lot of smoke.（火からたくさんの煙が出た）

（＃2）The fire smoked a lot.（火が大いに煙った）

（＃3）Bill smoked the cigar.（ビルは葉巻を吸った）

（＃4）Bill smoked the fish.（ビルは魚を燻した）

（＃5）Do you have a smoke?（タバコを持っていますか?）

（＃6）Let's smoke him out.（彼を燻し出そう）

一見、二つの bank と同じ状況のように見えるかもしれない。しかし今回は、六つの用法が意味的に関連している。火が煙る(♯2)ときには、煙(♯1)が出るものだ。葉巻を吸う(♯3)ときには、煙の出る物体(=葉巻)の一端を口にくわえ、息を吸い込んで吹かしながら煙らせる(♯2)。魚やハムを燻す(♯4)のはかなり違う。息を吹かすことで、魚やハムから煙(♯1)が出るようにするのではなく、密閉した容器を火にかけることで、煙が魚やハムの中に入るようにするのだ。

どんどん見ていこう。タバコ(♯5)とは、吸う(♯3)ものだ。それは鮭のように燻す(♯4)ものでは絶対にない。最後に、誰かを燻し出す(♯6)ということは、家や洞窟といった閉鎖された空間に煙(♯1)が強制的に入るようにすることで、そこから誰かを出てこさせることだ——または比喩的に、正体を暴露させることだ。こうしたリスト全体を見ると、次のどちらの言い方もできるだろう。第一、これらは異なるけれども関連した六つの語である。第二、これらは同一の語がもつ異なる意味である。後者の状況を専門用語で表すときは、smoke は「多義的」だと言う。つまり同一の語が六つの関連した意味をもっていることになる。(人によっては、smoke は二つの語——名詞と動詞——があってそれぞれが多義的だと言うだろう。(注1))

もうちょっと話を進めて、smoker という語について考えてみよう。smoke に接尾辞 -er がついたものだ。この語は習慣的に喫煙する(♯3)人を表すこともできるし、物を燻製する(♯4)仕掛けを表すこともできる。これら二つの用法は遠い親戚のようなもので、どちらも煙(♯1)に関係しているという点のみにおいて互いに関連づけられる。smoker には三つ目の用法があり、それは今ではかなり廃れてしまったものだが、喫煙する(#3)ことが許可されている鉄道車両を表すこともある。結果的に、smoke や smoker の用法全体を通して見えてくるのは、九つの関連した語から成るネットワークであり、全く同じ発音のものもあれば、同一ではないが関連した発音をもつものもある。もちろん、このネットワークは smoky や smoked のような語を加えることでさらに広げることができるだろう。

このような問題は、何をもって一語とするかをめぐる日常的な考え方からは一切出てこない。そうは言っても、人々が語とは本当はどのようなものか知らないというのはおかしい。私としては、異なる目的に適した、語についての異なる視点があるのだと言いたい。綴り字の競技や文書内の語を数えるといった目的だったら、日常的視点でも十分だ。けれども言語と思考や意味との関係を見るという目的だったら、ここで探った次の区別を意識することが必要だ。

- 同音異義語——音は同じでも意味的に全く関連がない二つの語(土手の bank, 銀行の bank)
- 同一の語の異なる形態(melt, melting)
- 多義語、すなわち二つ以上の関連する意味をもつ語(smoke #1, smoke #2 など)
- 音的にも意味的にも関連した語(smoke, smoker)

これらの区別は、辞書では大事になってくる。同音異義語は、典型的には別個の見出しを与えられる。同一の語の異なる形態は、不規則形でもない限り(think と thought のように)、特に言及されることもない。多義語については、一つの語の下に別個の小見出しが設けられることが多い。音的にも意味的にも関連した語は、小見出しとして載せられるかもしれないし、一方が他方の定義の中で使われるかもしれない(例えば

「smoker：smoke する人」と定義するような場合)。

認知的視点に戻って考えると、人々のもつ心的辞書の内容はどうなっているだろうか？　次のように言っても差し支えないと思う。(実際の)辞書を書く人は、語の分類をするときに、異なる語や意味が人々の頭の中でどのくらい密接に結びついているかについての自身の感覚に応じて行っている。また、言語学者や心理言語学者たちは、語の関係に見られる特徴をより明確にすることに多大な努力を費やしている。ここでは表面をなぞったにすぎない。例えば、over という語がもつ多くの意味についてかなりの数の文献が出ている。somewhere over the rainbow(虹の向こうのどこか)と he turned the pancake over(彼はパンケーキをひっくり返した)の over は同じ語だろうか？　それとも、同音異義語だろうか？　overeat(食べ過ぎる)や overthrow the government(政府を転覆させる)の over はどうだろうか？

一般の人々は、綴りが同じなら同じ語に違いないという先入観をもつことが時々ある。bank や smoke については、そうでないことが容易にわかるし、それは別に大したことではない。ややこしい議論をこうして行っているのは、同じような兆候がもっと哲学的比重の大きい語、例えば「意味」「意識」「真理」などについて現れたときに、今まで見てきた語が分析の基準として役立つからだ。「煙(smoke)」という語(および関連する用法)がかくも複雑であるなら、どうして「意味」という語が単純だと思えるだろう？

(注1)「多義」という用語を、実は私は好まない。英語の多義語の中には、一方の意味が物体なり物質なりを表し、もう一方がその物体なり物質なりを除去する過程を表すものがある。例えば、dust は物質を表す名詞用法では「ホコリ」だが、動詞用法で家を dust するというときには「ホコリを除去する＝掃除する」ことを表す。魚のウロコは scale というが、魚を scale するという動詞用法は「ウロコを除去する」ことを表す。けれども、同じ意味関係が

関連した形態をもつ別の語で伝えられる場合もある。ロブスターのハサミ claw を切り落とすことは de-claw (de- はこの場合除去を表す動詞接頭辞)で、人の首 head を刎ねることは behead だ。多義性を何か特別なものとして扱うことは、これら四つの語のペアが同じ意味関係を表すという事実をかえって見えにくくしている(少なくとも共通性を重視していない)。だから、smoke, dust, scale のようなケースは、関連した意味をもち発音も同じ別の語からなっていると考えるようにしたい。このように見ることで、同形の語のペアは、接頭辞や接尾辞の部分は異なるが関連した意味をもつ語のペアとほとんど同じものになる。とはいえ、私たちが本章で考えていることに対しては、こうした用語についての議論が特に影響するとは思えない。

7 「意味(する)」という語の用法

ここで、意味とは何かについて考えよう。だが待て！　私たちが考えようとしているのは、何らかの深遠な意味における本当の意味なのか？　それとも、単に「意味」という語なのか？　まあ、どちらも考えねばなるまい。まずは、これまでの章で「言語」「語」「煙」について考えたのと同じやり方で、日常的視点の中で「意味(する)(mean/meaning)」という語がどのように使われているのかを見ていきたい。認知的視点については第9章で目を向けよう。

意味とは何かを明らかにしたいのなら、何を見ればいいのか、そして何を探せばいいのか？　二〇世紀初期の傑出した哲学者であるルートヴィヒ・ヴィトゲンシュタインは、その著作『哲学探究』において次の有名な発言をしている。「意味を見るな、使用を見よ」。この言葉は、言語使用を見てそこで終わり、というように解釈されることが多い。なぜなら文脈内における言語表現の使用のほかには意味などというものは存在しないから、というわけだ。私はこれとは違うメッセージを受け取った。私の考えでは、彼が言っているのは、少数の使い古された伝統的な事例をもとに、語の意味とはこうであるはずだとするような先入観に捕らわれるべきではない、ということだと思う。するべきことは、証拠を集め、語の使用をすべて探し出すことだ――用例調査のためだけではなく、より大きなパターンを見つけるために。「語がどのように機能するのか推し量ることはできない。使用を見て、そこから学ばなければならない」。別の言葉で言えば、言語学者であれということだ。

（とはいえ、標準的なヴィトゲンシュタイン解釈にも妥当性はある。同時代の多くの哲学者と同様、彼は言語の科学的説明は心のような観察不可能なものにもとづくことはできないと信じていた。だから彼にとって、認知的視点からの説明は考えられないものだった。）

『哲学探究』はデータに対する創造的で遊び心に富んだ考察でいっぱいだ。しかしヴィトゲンシュタインはデータ提示の先に進むための分析テクニックは示さなかった。実際、彼は自分自身が以前に立てた形式化テクニックを酷く拒絶し、次のように言う。「説明はすべて捨て去らなければならない。記述のみがそれにとって代わる必要がある」。個人的には、これは試合放棄だと思う。説明する努力をしないで、どうしてものごとの理解に到達できるだろうか？ 過去半世紀にわたる言語学と認知科学の努力は、いくらかなりとも助けとなる道具立てを開発してきた。だからここでは言語学にもう少しつきあって、「意味（する）」という語の用法を見ていこう。シートベルトを締めることを推奨。

まず基本的な文法フレームである「XはYを意味する」から始めてみよう。このフレームでは、「意味する」という語は「煙」の場合といくらか似ている――それはいくつかの関連する意味をもっている。ある種の意味において、文の目的語（Y）は文の主語（X）を説明もしくは解釈するのに用いられていて、後者は聞き手があまり知らないだろうと話し手が想定しているものだ。

「XはYを意味する（mean）」の解釈用法

（ドイツ語の）Rauchは「煙」を意味する。（翻訳）

「ねばらか」は「なめらかでねばねば」を意味する。(定義)

(『鏡の国のアリス』のハンプティ・ダンプティより)

「接吻する」は「これ」をするのを意味する。(実演)

赤信号は止まれを意味する。(記号の説明)

文の主語は目的語よりも知られていないものと思われるので、これらの文を逆にして、より知られている項目を最初に置くことはできない。(「*」は文がおかしいということを記録するための言語学的表記法、「?」と「??」は後で使うが、これらはどちらも、文が絶対にダメというわけではないが、よいわけでもないということを表している。)

*「煙」は Rauch を意味する。(注1)

*「なめらかでねばねば」は「ねばらか」を意味する。

*「これ」をするのは「接吻する」を意味する。

*止まれは赤信号を意味する。

語、句、文の意味について話すとき、普通は定義や翻訳のことについて言っている。モノリンガルの辞書には、「定義」としての単語の意味がその言語で記されている。バイリンガルのドイツ語辞書には、「翻訳」としてのドイツ語単語の意味が英語なり日本語なりで記されている。

「XはYを意味する」の異なる用法として、「意味する」の主語と目的語の間の何らかの連関を表現するものがある。

「XはYを意味する（mean）」の連関用法

煙は火を意味する。

脇腹の刺すような痛みは虫垂炎を意味することがある。

ケツから血が出てるからと言って、お前がチャンピオンって意味じゃない。

（ノーマン・メイラーの発言、一九八九年九月四日の『ニューズウィーク』から）

これは戦争を意味する！

煙は火の結果として生じるので、それゆえ火があるかもしれない証拠になる。同様に、痛みは虫垂炎の結果として生じるもので、それゆえ虫垂炎を患っているかもしれない証拠になる。同様に、メイラーが言っているのは、出血がチャンピオンだということの証拠ではないということだ。ただし最後の例では関係が逆になっている。「これ」（何を指すにせよ）は戦争の結果として生じるものではなく、むしろ戦争の理由、原因、もしくは動機を表す。(注2)

これらの用法では、「意味（する）」は同じ語なのだろうか？ smoke の六通りの用法のように、いくつかは関連した意味なのだろうか。それとも、二つの bank のように、同音異義語なのだろうか？ もう少しよく理解するために、明らかに同音異義語と見なされる mean の三つの用法を示す。

What does he mean to do next?［＝意図］（次に彼は何をするつもりですか）

That's one mean and ugly dog. [=性悪]（あれは一匹の性悪で醜い犬だ）

The mean temperature in Lower Slobbovia is minus 6. [=平均]（低地スロボヴィア[訳注]の平均気温はマイナス六度だ）

これら三つの用法と比べると、解釈用法と連関用法の例はみなかなり近い関係にあるように思える。とはいえ、これら五つの用法は全く同じというわけではない。違いを見る一つの方法は、二つの別の文法フレームを見てみることだ。次に示す文法フレームに入れても、最初に使ったフレームと同じことが伝えられる用法もある。だが次の文法フレームでは変に聞こえる用法もある。

文法フレームA：「Xの意味はYだ」

Rauch の意味は「煙」だ。

[=Rauch は「煙」を意味する]（翻訳）

「ねばらか」の意味は「なめらかでねばねば」ということだ。

[=「ねばらか」は「なめらかでねばねば」を意味する]（定義）

？「接吻する」の意味は「これ」をするのだ。[注3]（実演）

?赤信号の意味は止まれだ。（記号の説明）

*煙の意味は火だ。（連関）

文法フレームB：「XはYと同じ意味をもつ」

（ドイツ語の）Rauchは（日本語の）「煙」と同じ意味をもつ。（翻訳）
「ねばらか」は「なめらかでねばねば」と同じ意味をもつ。（定義）
*「接吻する」は「これ」をするのと同じ意味をもつ。（実演）
*赤信号は止まれと同じ意味をもつ。（記号の説明）
*煙は火と同じ意味をもつ。（連関）

つまりこれらの文法フレームによって、これら五つの用法を三つのグループに分けることができそうだ。文法フレームAとBともに問題ない翻訳用法と定義用法、文法フレームAではまあまあで文法フレームBではおかしく聞こえる実演用法と記号の説明用法、どちらの文法フレームでもひどくおかしい連関用法の三つだ。

しかしこれで終わりではない。「意味（する）」のさらなる用法は、「XはZにとってYを意味する」という文法フレームに現れる。この用法では、何らかの状況XがZにどのように影響を及ぼすのかをYが説明している。この用法を「影響」用法と呼ぼう。次の例では、影響を受ける対象を傍線で示した。

影響用法：「XはZにとってYを意味する」

株式市場の下落が私たちにとって意味することは、すぐには退職できないということだ。
脳画像からの最新の知見は音楽理論にとって何を意味するのか？

さらに別の用法は「感情的影響」と呼んでもいいかもしれない。この用法が表すのはあるものがどの程度の意味・意義をもつかであり、「有意味・有意義（meaningful）」と言い換えることもできる。

感情的影響用法：「XはZにとって大きな意味をもつ／小さい意味しかない」「XはZにとって有意味・有意義だ」

あなたのお礼のメッセージは私の妻にとって大きな意味をもっていた。
ルワンダの状況は大半のアメリカ人にとってほとんど意味をもたない。
タフツ大学を卒業することはカレンにとって大変有意義なことだった。

解釈用法と連関用法を感情的影響用法の文法フレームに無理矢理入れたとしても、ナンセンスな文ができるだけだ。このことから、感情的影響用法が他の用法からどれだけ違うかがわかる。

*Rauch はサムにとって「煙」という大きな意味をもつ。
*赤信号はイゴールにとって止まれという大きな意味をもつ。
*煙は火にとって大変有意義だ。

できる限り包括的に考えようとすると、次の用法がある。「人間であることの意味」や「アメリカ系ユダヤ人であることの意味」と言うときの「意味」はどんな意味だろうか？ 私が思うに、これは連関用法と影響用法の組み合わせだ。一方では、人間であることのあらゆる帰結を探り、もう一方では、人間であることが自己の存在にとってどのような重要性があるかを表している。この意味は、また別の「人間であるということは、苦しむということを意味する」という文法フレームにも現れる。

では「人生の意味」はどこに入るのか。思いつく限りで一番しっくりくる言い換えは、「人生は何のためにあるのか」「人生の目的」、さもなければ「人生の深淵なる価値」だ。最後のものは「あなたのお礼のメッセージは私の妻にとって大きな意味をもっていた」における感情的影響用法にちょっと似ている。

ボトル入りのミネラルウォーターのラベルにはこんな用法もある。「ポーランド・スプリング：メイン産であることの意味」という広告だ。（私の作例ではない！）これが何のことか、何やら深淵な装いをしていること以外は私にはさっぱりわからない。たぶん、メイン州から連想される素敵なことをまるごと詰め込みました的なことを、ポーランド・スプリングというミネラルウォーターの銘柄が表しているというように受け取ることが期待されているのだろうが。

以上の「意味（する）」の分析は無茶苦茶にゴテゴテしたものだと思うかもしれない。「きっと、より簡単な説明があるはずだ——しょせんは一個の単語なんだから」。だがこのような態度こそ、ヴィトゲンシュタインが声を大にして拒絶する先入観なのだ。(注4) 気休めになるかはわからないが、「意味（する）」について見たことはごく普通なのだということを保証しよう。実際、どんな語を無作為にとってきても、同じような困難に直面する。これまで「言語」「語」「煙」の複雑さを垣間見てきた。先へ進みながら、この種の不思議をもっと見ていこう。

（注1）まあ、この文も「煙」にあたる日本語を知らないドイツ語話者に向かって日本語を話しているという設定下なら、言うことがあるかもしれない（あくまで「かも」レベル）。けれどもこの場合は、他の例と同じく、文の主語が知らないもので、目的語が既知のものとなっている。

（注2）この原因・結果が反転する関係は「意味（する）」という語に特有のものではない。それは「理由（reason）」

や「なぜ(why)」といった語でも見られる。例えば、次の二つの文では、一つ目の節が表す状況は二つ目の節が表す状況の結果である。

The reason that leaves are green is that (or because) they have chlorophyll.（木の葉が緑色である理由は、葉緑素をもっているからだ）

Why are leaves green? Because they have chlorophyll.（なぜ木の葉は緑色なのか？　それは葉緑素をもっているからだ）

だが次の二つの文では、二つ目の節が表す状況は一つ目の節が表す状況の結果となっている。

The reason that leaves have chlorophyll is to be able to metabolize carbon dioxide.（木の葉が葉緑素をもっている理由は、二酸化炭素を代謝できるようにするためだ）

Why do leaves have chlorophyll? So they can metabolize carbon dioxide.（なぜ木の葉は葉緑素をもっているのか？　二酸化炭素を代謝できるようにするためだ）

場合によっては、こうした違いは二つ目の節につく文法形式によってマークされる。第三と第四の例では、動詞に時制をもつ節は原因を表し、不定詞(to be able)や法助動詞(can)をもつ節は結果を表している。第一と第三の例で時制を変えたら、どちらの文も何やら奇妙な事態を言おうとしているような状況になる。

??The reason that leaves are green is to have chlorophyll.（木の葉が緑色である理由は、葉緑素をもつようにするためだ）

??The reason that leaves have chlorophyll is that they're able to metabolize carbon dioxide.（木の葉が葉緑素をもっている理由は、二酸化炭素を代謝できるからだ）

（注3）?マークは、話し手によってはこの例文と次の例文がＯＫだと判断するが、そうとは考えない話し手もいるということを表す。

（注4）論理学者ジョン・バーワイズとジョン・ペリーはかれらの提唱する状況意味論という理論全体を、「意味（する）」の説明用法（「「ねばらか」は「なめらかでねばねば」を意味する」）は連関用法（「煙は火を意味する」）として理解されるという仮説の上に基礎づけた。本書の分析から見れば、こうした考えは葉巻の吸い方をニシンの燻し方で理解しようとするようなものだ。

（訳注）架空の国の名。アル・キャップ（Al Capp）の漫画に出てきて以来、アメリカ人が未開の地を指すのによく使う。

8 「客観的」意味と「主観的」意味

「意味（する）」の話はまだ続く。前章で見た用法すべてに加えて、「意味（する）」は登場人物の状況に対する主観的な捉え方を描写するためにも使われる。この登場人物を「解釈者」と呼ぼう。

この用法には二つの下位タイプがある。一つ目は以下に示すもので、さまざまな文法フレームに入る。

（各例文中の解釈者には傍線を引いた。）

語、句、文の主観的解釈

ビルの考えでは、「不法侵入者は標的とする」という看板は自分以外の人間「が標的となること」を意味することになっている。

『哲学論考』において、「言語ゲーム」は文脈内におけるあらゆる言語使用を意味する。

言語学者にとっての「言語」と、コンピュータ科学者や哲学者にとっての「言語」は異なるものを意味する。

君には「ノー」が「イエス」を意味するのかもしれないが、それは僕には「ノー」の意味だ！

僕が「ノー」って言ったら、僕には「ノー」って意味だ！

「指示」という用語によって、デイヴィッド・ルイスはすべての可能世界における指示を意味している。「使用を見よ」という言葉によって、ヴィトゲンシュタインは、先入観に捕らわれてはならないということを意味している。

「不可侵性」という言葉で私が意味するのは、その話題についてはお互いうんざりしていて、君が次に何をするつもりなのか言った方がよかろうってことだ。君も残りの人生ずっとここに留まるつもりでもあるまいしね。

（再びハンプティ・ダンプティのセリフ。原文では mean を「……するつもりだ」という意味でも使っていることに注意）

前章で見た「意味（する）」の解釈用法と同じように（例えば、「Rauch は「煙」を意味する」）、この用法も何らかの語句の解釈または説明を提供するものだ。だが前章で見た用法とは違って、ここでの「意味（する）」は、この解釈が解釈者固有の語句の理解の仕方であるということを明示するはたらきをもつ。文を発する人は、これが正しい解釈だということに同意していないかもしれないし、その句をみなが同じように理解するわけではないとほのめかしているのかもしれない。そこでこの用法を「意味（する）」の「主観的」用法と呼ぼう——それは解釈者の視点を描いているのだ。

これとは対照的に、前章で見た「意味（する）」の解釈用法は、句の解釈を事実として提示する。Rauch が「煙」を意味することは事実であり、そう思わない人は単純に誤っていることになる。そこでこの用法を「客観的」解釈としての用法と呼ぼう。

二つ目の新たな「意味（する）」の用法もまた誰かの理解を描くものだが、今度は状況間の連関についての理解だ。

二つの状況間の主観的な連関

ある人々の考えでは、大統領のとっている行動は、彼が権力の掌握を失いつつあることを意味している。

私から見ると、ビルの顔に浮かんだその表情は、私たちが一刻も早くここから出て行くべきであることを意味していた。

この用法も、前章で議論した連関用法とは違っている。これらの文では、表される連関が二つの状況の関係についての誰かの解釈であるということが加えられている。解釈用法の場合と同じく、元々の連関用法では連関を単純に事実として提示している。煙は直に火を意味するわけだ。そこで前章で提示した用法を「客観的」連関用法と呼ぼう。

ここで「客観的」をカッコに入れたのは、言うまでもないことだが、話し手は状況に対する自身の捉え方を表現しているにすぎないからだ。私たち聞き手は異を唱える余地もある。話し手は文によって解釈を事実として提示してはいるが、事実だと言うことで本当に事実になるわけではない。

「客観的」用法と「主観的」用法のこのような二重性は、実は語においてもよく見られることである。（もう私がそう言うだろうと察していたかもしれないが！）以下のさまざまな文法フレームで現れた例について考えてみよう。

トムはオリーブを深く愛している。

トムはチェッカーをするのを楽しむ。

（嫌がる、憎む、嫌悪するなど他多数）

統語論はノームにとって魅力的だ。

統語論はノームを魅了している。

ノームは統語論に魅了されている。

（恐怖を与える／感じる、驚かせる／驚く、嫌悪感を与える／感じる、興奮させる／興奮する、など他多数）


これらの例は、誰か（ここではトムなりノームなり）が何らかの物・人や活動に対してとっている態度を伝えている。文を発する人は必ずしも文中の人物と同じ態度を有しているわけではなく、人によって見方が違うということを示唆しているととることもできる。この意味で、これらの例は「意味（する）」の「主観的」用法と並行的だ。

だが一方で、同じ語か関連した語を、単に純然たる評価を伝えるために用いることもできる。


オリーブは愛すべき人だ。

チェッカーをするのは楽しい。

統語論は魅力的だ。

（嫌だ、憎むべき、嫌悪に値する、恐怖を与える、驚かせる、嫌悪感を与える、興奮させる、など他多数）

ここで話し手は、オリーブという人、チェッカーのゲーム、そして統語論についての「事実」を伝えている。ここでも「事実」をカッコに入れておこう。なぜなら文を聞いた人は同意しないかもしれないし、話し手がオリーブ、チェッカー、統語論について誤った理解をしていると思うかもしれないからだ。だからこれらの例は「意味(する)」の「客観的」用法に似ている。

ここでの「主観的」と「客観的」の区別は、それ自体でも興味深いものだ。しかし私がこの区別を話題にしたのは、それが第三部で真理(あるいは**真理**)とは何かを論じるときに大きく立ちはだかる問題だからでもある。

9 意味には何ができなくてはならないのか

ここまで、「意味(する)」という語について話をしてきた。ここで本当の意味——それが存在するのなら——とはどのようなものかを問うことにしよう。ここからの数章では、この問いがよりよい定義と辞書を作れば済む話でないということを示していきたい。

まず、ヴィトゲンシュタインが提起したやっかいな問題から始めてみよう。「これ」という語は何を意味するのだろう——何かを指差すときではなく、単純に「これ」という語そのもののことだ。第7章で話題にした「意味(する)」の用法ではうまくいかない。「これ」の定義は、「「ねばらか」は「なめらかでねばねば」を意味する」のように、よく知っているものをもとに行うことはできない。また、「「接吻する」は「これ」をするのを意味する」[実演しながら]のような実演もできない。だからどう答えていいのかわからない。「これ」という語に意味はない、それは「ろれ」や「わえ」と同じく無意味な音節だとは確かに言いたくない。「これ」は意味のない音節ではなく、有意味に決まっている。

そうは言っても、「これ」という語はどういう点で有意味なのだろう。私たちは仕事や恋愛沙汰が有意味だとか無意味だとか言う——それは感情的影響があるという意味でだ。だが「これ」が有意味だということは、感情的影響とは何の関係もない。「これ」の有意味性はいったい何と関係しているのか。

次に挙げる文も似たような謎を提起する。

「クマがライオンに追いかけられた」と「ライオンがクマを追いかけた」は同じことを意味する。

「戦争に負けたように思われる」と「戦争に負けたようだ」は同じことを意味する。

次の例も挙げずにはいられない。

「XとYは同じことを意味する」と「XはYと同じことを意味する」は同じことを意味する。

ここでは語の意味ではなく、文の意味について述べている。これらの文のペアが同じことを意味するというときの「こと」とは何か？　両者に共通するのは何か？

肝心なのは、単に同じ語が使われていることではない。このことは次の二つの文では同じ語が使われているが、同じことを意味するわけではないことからも明白だ。

ライオンがクマを追いかけた。

クマがライオンを追いかけた。

また、次の二つの文では同じ語が使われているが、二番目の文は全く意味を成さない。

戦争に負けたように思われる。
＊た思われに負け戦争るように。

つまり語の組み合わせ方が肝心で、それが文の意味において役割を果たしているわけだ。

私たちはこうした現象に、より深い何か、つまり語やその連なりの背後に隠れた何ものかを感じることだろう。それはある語の定義を他の語を使って行うというだけのことではない。「これ」という語が有意味だというのは、それは「ろれ」とは違って何らかの意味をもつということだ——それがどんな意味であるにしても。だがその先に面倒なことが待っている。この隠れたより深いものとは何だろう。

プラトンの考えでは、「犬」のような語の意味は、時間を超越した「犬性」という本質のようなもので、私たちが決して直接には経験できないものとされた。しかし彼は「文」の意味については話していないし、「これ」という語（または対応するギリシャ語）の意味についても話していない——いったい「これ性」の本質とはどんなものだろう。他の哲学的アプローチでは、語や文の意味を、類（「犬」）の意味はすべての可自然類）、集合（「犬」）の意味はすべての犬の集合）、すべての可能世界における集合（「犬」）の意味はすべての可能世界におけるすべての犬の集合）といった点から明らかにしようとしてきた。言語学のいくつかのアプローチでは、語や文の意味を、抽象的な「深層構造」や「論理形式」の点から解明しようとしてきた。これらの意味へのアプローチの仕方は違っているが、次の一点では一致している。私たちは意味を直接は認識できないということ——意味は実は隠れたものということだ。

意味とは何かを述べるにあたり、問いを重ねることで段階的に進めていきたい。語や文の意味がどんなものであり、意味とは何をする必要があるのか。意味の設計仕様はどうなっているのか。以下に示すのは、心に留めておかなければならない六つの性質だ。

1 意味は発音と結びついている

意味が満たすべき仕様の第一は、それが言語の発音された(かつ/または、書かれた)形と結びついているということだ。「これ」という形には意味がともなっているが、「ろれ」という形には意味が結びついていない。語を語たらしめているのは、それが発音可能な音声――「音構造」もしくは「音韻構造」――と意味のペアをなすということだ。

ここで「音韻語」という用語を導入して、意味とペアになっているかどうかに関わりなく、発音をもつものをそう呼ぶことにしよう。音韻語が特に意味とペアになっている場合には、それを「有意味語」と呼ぼう。一九世紀から二〇世紀初頭の言語学者フェルディナン・ド・ソシュールは、そのようなペアを「記号」と呼んだ。例えば、日本語における「ろれ」や英語における bliff はただの音韻語だ――発音と意味の結びつきはそこにはない。「これ」は有意味語(あるいは記号)だ。対して thqs は音韻語ですらない、ただの文字の連なりということになる。

『クラテュロス』(プラトンの対話篇の中でも破天荒なものの一つだ)の中で、ソクラテスは自分が思いつく語という語には、その意味に完全に相応しい発音があるということを発見して嬉々としている。(どんな奇妙な基準をこしらえていたにせよ)発音が意味に相応しくない語に出くわしたら、次のように考える。ある時点では発音と意味が合致していたが、歴史的な音変化によって、発音が元々の「完全な」形から堕落してしまったのだと。ソシュールはもっとよくわかっていた。彼の今に残る貢献の一つは、「記号の恣意性」、すなわち「イヌ」という音声と、犬がどのようなものかということの間に何の関係もないという考えである。言うまでもないが、同じことを表す語であっても、「ケムリ」、smoke, Rauch のように言語ごとに大きく違うのはこれが理由である。

（何にせよ、語の音声とその意味するものの間には普通は何の関係もない。ごく少数の語、特に「ニャー」「ヒューッ」「ヒック（しゃっくり）」のような音を表すものはオノマトペ的だ——すなわち、名づけられる対象が発する音をある程度まで模倣している。でも、ある程度止まりだ。例えば、フランスの犬は bow-wow（バウワウ）ではなく gnaf-gnaf（ナフナフ）と鳴く。mama や papa や dada のような語は世界の言語に幅広く見られるが、それは母や父の出す音に似ているからではない。むしろ、これらの音は赤ちゃんがはじめて発する音なので、親というものは赤ちゃんが自分たちについて話しているのだと勝手に思い込んでいるのだ。）

手話の身振り手振り（＝サイン）にも、指示対象と似ているものがある。だがこれも、ある程度止まりだ。サインがどのような意味なのか誰かが教えてくれれば、その類似性がわかることもある。けれども、サインだけを見たとしたら、何との類似が意図されているのか当てるのはとても難しい。

発音と意味のペアはどこに存在するのか。言語への日常的視点からすれば、言語は「外部世界」にあり、意味もまたそこにある。一九世紀末の論理学者ゴットロープ・フレーゲはこの視点を主張し、英米の言語哲学者たちはそれに倣ってきた。私はこれに異を唱えたい。認知的視点からすると、話者が語や文を使うことができるためには、それらを頭の中にもっていなければならない。だから意味も——発音と意味の結びつきとともに——話し手の頭の中に入っていなければならない。

発音と意味のペアという点から考えることは、第6章での smoke についての意味の分析をより明確にするのに役立つ。smoke a cigar（葉巻を吸う）における smoke という語と smoke a ham（ハムを燻製にする）における

smokeという語は、発音は同じだが、二つの異なった意味と結びついている。そして各々の意味はcigar smoke(葉巻の煙)におけるsmokeという語の意味を一成分としてもっている。だからこそ、これら三つの語は関係しているのだ。

2　文の意味はその部分の意味から組み立てられる

文の意味がその中にある語の意味と関係していることは自明のように思われる。「ライオンがクマを追いかけた」という文には、ライオン、クマ、そして追いかけることが関わっている。だが文の意味は、語を単に足し合わせた以上のものだ。「クマがライオンを追いかけた」では同じ語が使われているのに、同じことを意味していないのだから。理由は次の通りだ。追いかけるという動作には異なる役割をもった登場人物が二者関わっている。追いかける者と、追いかけられる者だ。二つの文は、どの役割をライオンが果たし、どの役割をクマが果たしているかという点で違っている。文の文法構造が、どれがどれだか示している。つまり、文の主語は追いかける者の名を指し、文の直接目的語は追いかけられる者の名を指す。

もう少し例を複雑なものにしてみよう。「太ったライオンが眠そうなクマを追いかけた」はどうだろうか。誰が太っていて、誰が眠そうなのだろう? それは語が文中のどの位置にあるかによる。「太った眠そうなライオンがクマを追いかけた」「眠そうなライオンが太ったクマを追いかけた」などなど。ここでも違いは文法構造からきている。(日本語や英語では)形容詞が名詞の前にある場合、形容詞の示す性質は名詞の示す登場人物に帰属する。

「クマがライオンに追いかけられた」のような受身文では、小さな文法標識「られ」が含まれている。これによって、どの登場人物がどの役割を果たすのかが逆転することを示している。そこで、クマは追われる者となり、ライオンは追う者となる。結果として、この文は「ライオンがクマを追いかけた」と同じ(もしくはかなり近い)意味となる。

これとは違う例として、「た思われに負け戦争るように」というナンセンスな語の連なりは、発音はともなっているが文法構造は全くない。結果として、個々の語は意味とペアをなすものと見なせるけれども、それぞれの意味の断片を結合することができず、そのため語の連なり全体は意味とペアになることができない——つまりは有意味な文にならない。

このような例は、「構成性」と呼ばれる一般的な考えに通じる。それはフレーゲによって提案された。

「フレーゲ流の構成性」:複合的な表現(句や文)の意味は、その部分の意味と、それらを組み合わせる文法規則の関数である。

伝統的には、フレーゲ流の構成性は次のことを含意するものと考えられてきた。句や文の意味は、それが含む語の意味を、文法構造が与える指示に従ってつなぎ合わせることによって全面的に作り上げられる。「太った」と「ライオン」の意味をくっつけて「太ったライオン」の意味を形作るのだから、太ったライオンと言えば太っていてかつライオンである存在だ。「追いかける」と「クマ」の意味をくっつけて「クマを追いかける」の意味を形作るのだから、クマを追いかけると言えるのは、それが追いかけるという動作であり、かつ追いかけられる者がクマである場合だということになる。同じことは他の例についても言える。だが現実には事はそれほど単純ではない。(注1) 第12章では、言語表現の驚くべき豊かさを捉えるためには、いくつかの点でこの伝統的な見方が拡充されなければならないことを見る。

3　翻訳は意味を保持しなければならない

意味についての要求事項の三つ目は，語や文を別の言語に翻訳するときには意味が保持されていなければならないというものだ――そもそも翻訳とはそういうものだ。英語の smoke とドイツ語の Rauch は異なる言語の音韻語だが，どちらも同じ意味と結びついている。物語をイディッシュ語から日本語に翻訳するとしたら，日本語の音韻語の連なりを作って，イディッシュ語の連なりと同じ意味に結びつけることになる。(だからと言って，イディッシュ語のすべての語について日本語に直接対応する訳が必ずしもあるわけではない。ときにはイディッシュ語の単語を翻訳するのに，日本語ではより長い句が必要になることもある。)

こういうことを聞くと，言語間で完全に翻訳することはできないと反対する人が必ずでてくる。確かに，多くの場合，特に文学や詩を翻訳する場合，翻訳しているものの微妙なニュアンスすべてを伝えることは難しい。だが多くの実用上の目的には，外交のような重要な目的の場合でさえも，翻訳において意味をかなりうまく保持できることを当然のことと受け取っている。そのレベルの近さがあれば，私の主張を述べる上では十分だ。(第14章では，より正確な翻訳のために潜在的な障害となるいくつかのことについて話したい。)

4　意味は言語を世界と結びつけるものでなければならない：指示機能

意味にしてほしいことの四つ目は，言語を世界と結びつけることだ。私が何かを指差して，「目の前に見えるこれは短剣か?」と聞くとしよう。私の質問に答えるには、私が思っている対象を特定し、それが「短剣」という語の意味に合うか否かを確かめなければならない。もう少し細かく言うと、「これ」という語は、私が指差しているものをあなたが特定できるように合図している。(そうか!「これ」が意味するのは大体そういうことか。少なくともこの文脈では。)これが意味の指示機能だ。

意味が頭の中にあるとしたら、それは世界とどのようにしてつながりうるのか。この疑問については、第二部と第三部で扱う。

5 意味は相互につながっていなくてはならない:推論機能

意味にしてほしいことの五つ目は、推論の仲介をすることだ。「エイミーはお腹が空いていて、トムは料理をしている」と言ったら、エイミーはお腹が空いているということが推論できる。このことは、標準的な論理の公理であるP&Q→P(PかつQであれば、Pである)から導かれる。これほど自明ではない例として、標準的な論理的公理から自動的に導かれないものを挙げてみよう。例えば、私が次の文を言ったとしよう。

エイミーは、週末にニューヨークに行くようトムを説得した。

そうしたら、次のことを推論できるはずだ。

元々、トムは週末ニューヨークに行く予定ではなかった。今は行くことにしている。

これが意味の推論機能だ。ある文から、別の文が導かれるわけだ。

哲学の長い伝統においては、推論のプロセスを形式化して明示することはアリストテレスの三段論法に始まり、ライプニッツ、フレーゲ、ラッセルを経て現代の形式論理学に至り、さらには人工知能や発見的推論（一番有力な憶測による推論）へと枝分かれしながら試みられてきた。またこの伝統は、計算の理論へも続いていて、後にデジタル・コンピュータ、人工知能、そして言語の形式理論（これはノーム・チョムスキーの功績）を生み出すこととなった。

認知的視点においても、推論を明示的に説明することが求められる。けれども、それは論理学者のアプローチとは異なる。というのは、認知的視点は推論の形式的システムだけでなく、人がどのように推論を実行するのか——つまりどのように推論が頭の中で行われるのかにも関心をもっているからだ。

どのような視点を採るにせよ、推論は音韻語から導かれるものではない。右の例を取り上げるなら、「ヨテイデハナカッタ」という音声は「セットク」という音声とは何の関係もない。両者の間の推論関係は、意味の側に関係している。

語の意味どうしの関係は、推論という点から表せることも多い。例えば smoke の例に戻ると、Bill smoked (#3) the cigar（ビルは葉巻を吸った）から、Smoke (#1) came out of the cigar（煙が葉巻から出てきた）を推論することができる。同様に、The room was smoky（部屋は煙たかった）から、There was smoke (#1) in the room（部屋に煙があった）を推論することができる。これらの推論の例から、smoke (#1 = 煙) が smoke (#3 = ［葉巻などを］吸う) や smoky (= 煙たい) の意味の一部を成している様子がわかる。

6 意味は隠れたものである

この章の最初で述べた問題に戻ると、意味の決定的な性質とは、隠れたものであるということに尽きる。(私がここで「隠れた」を厳密にどういう意味で使っているのかは、話を進めていくにつれて明らかになるだろう。何やら神秘的なことを念頭においているのでないことだけは確かだ。)意味と発音のペア、例えば音韻語「これ」において、発音は耳で聞くことができる(書かれているなら見ることができる)。そして即座にその音韻語は有意味だという確信を得る。しかしその意味を説明することはできないし、それが頭の中にあるにもかかわらず、意味なるものを聞くことも見ることもできない。

言い換えれば、音-意味ペアの意味サイドは、それと結びついた音声が有意味であるという感覚を生み出すことを除けば無意識のものだ。この考えをより大きな全体像の中で描くことは第二部で行うが、そこでは意識の理論に対しての驚くべき帰結が示されることになる。

意味が隠れたものや無意識のものである必然性はないのではないか、という反論もあるかもしれない。「イヌ」という語を聞いたら、犬の視覚的イメージを意識的に浮かべるのだから。心の中のその映像が意味としてはたらくのではないか? 短く答えるならノーだ。次の章で詳しい説明をするつもりだ。

要約しよう。認知的視点では、語や文の意味とは、言語使用者——話し手や聞き手——の頭の中にあるもので、次のような性質をもつ。

- 話された形もしくは書かれた形と結びついている、あるいは連合している。

・文中の他の部分の意味と結合する。
・表現を他の言語へと翻訳したものと結びつけられる。
・世界と結びつくことができる。
・推論の媒介物としてはたらく。
・意識からは隠れている。

この話をまとめ上げるためには、次の三つの大きな疑問にゆくゆく答えなければならない。

・意味はどうやって意識から隠れているのか?
・意味は世界とどうやって結びついているのか?
・そして何より、意味はいかにして頭の中に存在しうるのか?

(注1) 一つには、互いに結合して句や文の意味を作る「部分」は単語だけではないという事実がある。以下に単語以外が関わる可能性をいくつか例示する。

・イディオム、例えばkick the bucket(くたばる)やcut and dried(型どおりの)は普通に使う単語から成り立っているが、その意味は(比喩的な取り方をするのでない限り)部分の意味からできているわけではない。これらの句はひとまとまりで学習するしかない。

・複合語、例えばsnowman(雪だるま)やhot dog(ホットドッグ)は有意味な単位としてはたらく。複合語を作る語は、snowmanの場合のように部分の意味が全体に寄与することもあれば、そうでないこともある——hot dogは犬の一種ではないし、honeymoon(ハネムーン、蜜月)はhoney(蜂蜜)ともmoon(月)とも直接の関係はない。ある種の複合語では、cranberry に見られるように、その一部(この場合 cran)は音韻語であるだけで、有意味な単語ではない。そして複合語の部分を構成する語が全体の意味に寄与していることが明らかな場合でさえ、全部の意味を予測できないことがある。garbage man(ごみ収集員)はごみでできた人ではないし、snowman は雪を収集する人ではない。

- イディオムや複合語の場合、意味的に文中の他の部分と結びつく単位は、単一の語よりも大きい。しかし一方では語よりも小さい有意味な単位も存在する。次の句の下線部はそうした例だ。

a ketchup<u>less</u> hot dog[=a hot dog <u>without</u> ketchup(ケチャップ抜きのホットドッグ)]
an <u>ex</u>-copilot[=a <u>former</u> copilot(元副操縦士)]
an <u>un</u>zipp<u>able</u> jacket[=a jacket that <u>cannot</u> be zipped(ジッパーをしめられないジャケット)]

このような接頭辞・接尾辞は語で言い換えることができるということから、これらの接辞はどれも固有の独立した意味と結びついていることが了解される。接頭辞・接尾辞の意味がそれらの結合する語の意味と結びつく仕方は、語の意味が結びついて句を作る仕方とほとんど同じである。

10　意味は視覚的イメージではありえない

前章で未解決の問いの一つは、語や文の意味とは、語を用いた定義というよりも視覚的イメージではないかという可能性だった。これがうまくいかない理由を以下で見ていこう。

一八世紀の哲学者ジョージ・バークリーによる有名な例が三角形だ。仮に「三角形」という語の意味が三角形の視覚的イメージだとしてみよう。だとすると、三角形のイメージは特定の形をしているはずだ。例えば、あなたが思い浮かべるイメージは次のようなものだとしよう。

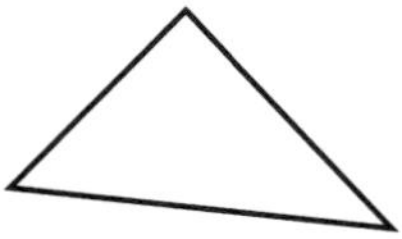

問題は三角形がすべて同じ形をしてはいないということだ。次の二つの図形を見てみよう。「まあ、これなら自分が思い浮かべた三角形と形が十分似てるから、三角形と見なそう」と言いたくなるかもしれない。

では次のものを見てみよう。右の二つよりも、最初に思い浮かべた三角形に似ているのではないだろうか。

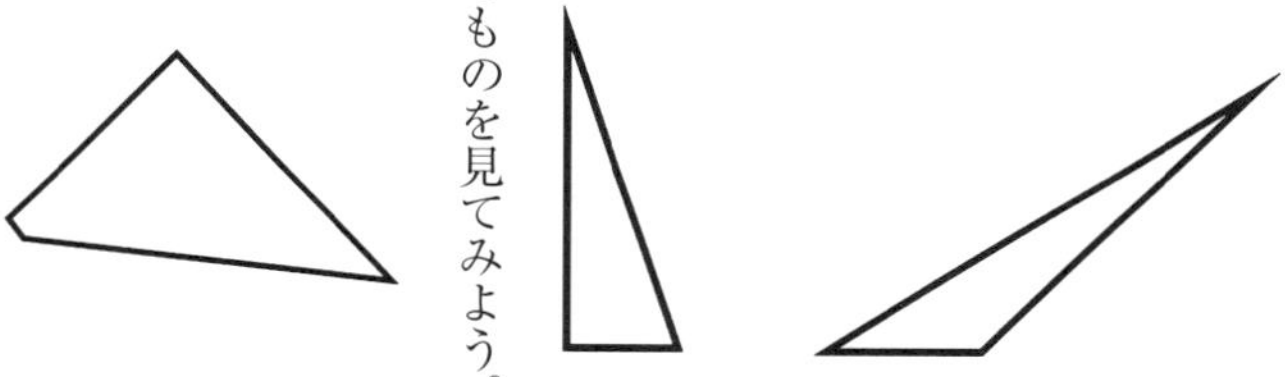

しかしこれは三角形ではない。「ふむ」とあなたは言うかもしれない。「この最後の図形の辺の数は三本ではないから」。いや待ってほしい。視覚的イメージ自体からは、三本の辺をもつことが三角形であることにと

狼　犬　犬

って重要だということは出てこない。それを決定的な特徴として陳述した瞬間に、視覚的イメージの領分の外に踏み出してしまうことになる。もし私たちがもっているのが画像だけだとしたら、個々のものをどのように「理想像」と比べるかをどうやって知るのだろう。

同様に、犬は見た目がみな似ているわけではなく、実際ジャーマンシェパードはトイプードルよりも狼に似ている。そうすると、犬についての視覚的イメージを一つ取り上げて、それを語の意味とすることがどうしてできるのだろうか。結論としては、一つのイメージ——それを頭に浮かべるにせよ紙に描くにせよ——では特定的すぎて、三角形や犬の見た目の違いのすべてを表すことは不可能だ。

あるいは次ページの絵はどうだろう。ヴィトゲンシュタインは次のように言う。

> 特定の構えをしたボクサーを表す絵を想像してみよう。そうすれば、この絵を使って誰かに、ボクサーが立っている様子やじっとしている様子、じっとしていない様子、あるいは特定の男がかくかくしかじかの場所に立った様子、などを伝えることができる。

この場合も、視覚的イメージは、それのどこに注意を払うことが肝心なのかを教えてはくれない——つまりどのような意味が伝えられることになるのかわからない。

もう一人の哲学者、一八世紀のデイヴィッド・ヒュームが挙げる有名な例として、因果関係がある。次の文の意味はどんなものだろう。

白いボールが緑のボールに当たり、それが緑のボールの移動を引き起こした。

視覚的に表現されるのは、白いボールが緑のボールに当たり、引き続いて緑のボールが移動するイメージだ。これは次の文について思い描くのと同じ視覚的イメージだが、こちらは因果関係については何も述べていない。

白いボールが緑のボールに当たり、その後ただちに緑のボールが移動した。

因果関係は私たちが日常的に世界を理解する際に必然的に関わってくる側面だが、視覚的イメージ自体の中には存在しない——それはイメージの解釈、すなわち私たちが付与する意味の中だけにある。（この問題には第二部で立ち戻る。）

次の文の意味を伝えるとしたら、視覚的イメージには何を含めることになるだろうか。ただし、小さな矢印やその他の注釈を持ち込むのは不可。私たちの視覚的イメージにそんなものはないのだから。

あの木に鳥がいる。

昨日あの木に鳥がいた。

あの木に鳥はいる?
あの木に鳥がいるかも。

視覚的イメージでは、現在と過去の時(一つ目の文 対 二つ目の文)、平叙文と疑問文(一つ目 対 三つ目)、事実の陳述と可能性の陳述(一つ目 対 四つ目)を区別できない。

さらに進んで、次の文を考えてみよう。

鳥たちはあの木を好んでいる。
あの木は鳥のように見える。
すべての鳥が木に止まっている。
私はあなたに一〇ドル借りている。
ミラード・フィルモアは第一三代アメリカ大統領だった。

視覚的イメージでは、一つ目の文が伝えるような鳥の心的状態を説明できない。二つ目の文の視覚的イメージは鳥の形をした木の線画かもしれないが、それは木の鳥らしさを具体的にどうやって示すのだろうか。同様に、視覚的イメージでは「すべての」が表す意味(三つ目の文)や、金銭や借りのような社会的概念や価値の意味(四つ目の文)を描くこともできないし、最後の文にあるような視覚化できない概念は描くことができない。この文の意味はフィルモア大統領がどのような容貌だったかについての知識に依存していない。そして最後に、元々の問題に戻ってみると、「これ」という語が視覚的イメージで捉えられないことは言うまでもない。

要約すれば、語や文の意味は視覚的イメージをときには喚起するが、意味のすべてが視覚的イメージということはありえない。よって私は、意味は(大部分は)隠れたものだという主張を支持する。

意味が隠れていると言っても、意味が何の効果ももたないと示唆しているわけではない。意味がもつ効果は、私たちがそれによって行いうることの中に見出すことができる。私たちは世界の中の物を識別し、カテゴリー化することができる。また、指示に従い、推論を行い、絵を描き、他の人が理解すると思われる文を発することができる。これらはみな、意味の「把握」にかかっている。逆説的なのは、私たちはその形は意識しないのに意味を把握しているということだ。このことは、第二部でより明らかにしたい。

11　語の意味は型にははまらない（滑りやすい斜面は避けられない）

意味がどのようなものか、もう少し深く探ってみよう。この章では語の意味の「相貌」とでも呼べる部分を見ることにする。

日常的視点では、語ははっきりとした境界をもつカテゴリーを表している。何であれ、雪であるか否か、金か否か、トラか否か、水たまりか否かの二者択一だ——すなわち事の真相がある。どちらか決めるのが難しいとしたら、それはカテゴリーの真の性質を知らないか、語の真の定義を知らないからにすぎない（第4章で見た、パトナムのトラと金についての議論を覚えているだろうか）。

多くの目的に対しては、この視点でうまくいく。だがそうでない場合、明瞭な境界がないところに境界を期待してしまうことになる。よく知られたお馴染みの例の一つが「ハゲ頭」という語だ。

次ページのアルは確実にハゲ頭ではないし、ハンクは確実にハゲ頭だ。しかしハゲた人とハゲていない人を振り分けるような決まった髪の毛の量は存在しない。デイヴはハゲ頭か否か。エドはどうか。フレッドはどうか。確たる事実をここでは規定できないのだが、その理由が「ハゲ頭」という語の意味がわからないからだとは私は思わない。ハゲ頭についての科学的、論理的、数学的理論がこれを確定させることはないだろう。（古代の哲学ではこのような議論は「砂山の逆理（ソリテス・パラドックス）」と呼ばれている。）

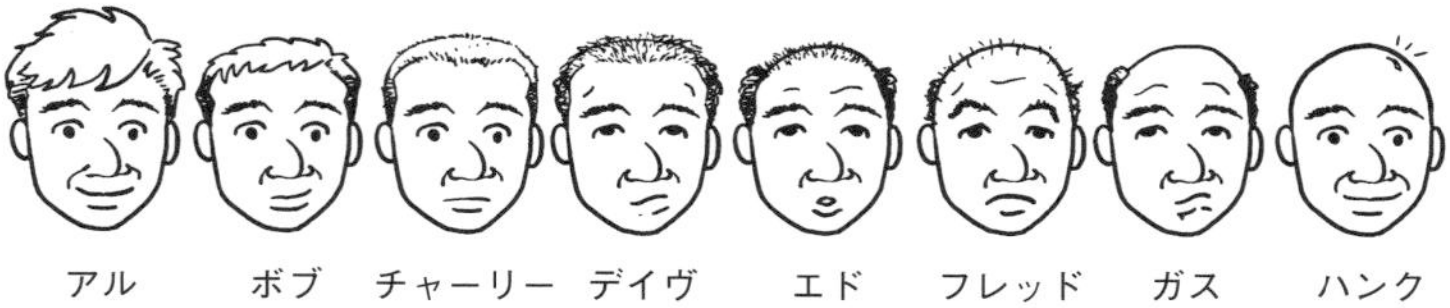

もう一つのよく知られた例が、色彩語だ。「赤」や「オレンジ色」は中心的（もしくは基本的）な色、つまり赤やオレンジ色のクレヨンの色、もしくは血やオレンジの色だ。しかし両者の中間にはなだらかな色相の推移がある。一方が絶対に赤色で、もう一方が絶対にオレンジ色だと明確に分ける線はない。事態を解決するために中間に新しいカテゴリー、例えば「赤オレンジ色」を入れてみても、結局は赤と赤オレンジ色の境界という同じ問題に直面する。

次のような実験を仮定してみよう。被験者にさまざまな色を見せて、それが何色か尋ねる。被験者の判断は、中間色の方が基本色よりも少し遅くなり、また一貫しないことがわかる。また、中間色への反応はより文脈に依存することもわかる。例えば、オレンジ色の範囲の色を見ていた場合、〔赤とオレンジ色の〕中間色は「赤」と呼びやすい。反対に、直前まで赤を見ていた場合、全く同じ中間色を「オレンジ色」と呼びやすい。

これら二つの答えの一つが「正しい」もので、もう一つは「違う」ものだと言うのは変に思われる。また、気の毒な被験者たちが「赤」や「オレンジ色」の意味を知らないというのは確かにおかしい。もちろん、意味ならわかっている。光に関するより優れた科学的理解が得られたところで、状況は変わらない。光物理学では、境界線もなく波長がなだらかに推移しているだけだ。

より認知的にこの状況を考えると、次のように言える。話し手の頭の中にある「赤」という語は基本的な赤色と、「オレンジ色」という語は基本的なオレンジ色と強く結びついているが、その一方で基本的ではない色あいはこれらの語との結びつきがそれほど強くない。だから話し手が中間色を目の前にしたとき、二つの色彩語との結びつきは同程度に強く(もしくは弱く)、脳は二つの選択肢のどちらか決められない状態になる。結果として、反応は遅くなり、判断はより不安定になる。

人は難しい決断をするときには、これと同じような葛藤をより広い範囲で常に経験する。食事には鴨を注文すべきか、それともオヒョウ？ どちらも美味しそうだ。その晩、魅力的に映るものが一つだけのときよりも、決断は遅くなるだろうし、誰か他の人が頼んだものやウェイターのオススメにもより大きく影響されるだろう。中間色を名づけるときも、ここまで心の中の葛藤をはっきり意識してはいないかもしれないが、話者が判断をためらっていることは注意深く実験すれば測定可能である。[注1]

語の意味の境界線が見えにくくなるもう一つの場合は、いわゆる「家族的類似性」を示す概念と関わっている。climb という語は何を意味しているのだろうか。あなたは次のような文を思い浮かべるかもしれない——

The bear climbed the tree.（クマが木に登った）

——そして climb とは「垂直面を摑みながら(もしくは這いつくばって)身体を上方向へと移動させること」のように定義されると結論づけるかもしれない。だがここで言語学者になって、他の例も見てみよう。

The bear climbed down the tree.（クマが木を這って降りた）
The bear climbed across the cliff.（クマが崖を這って渡った）

ここでは、クマは垂直面を摑みながら移動しているけども、上方向には移動していない。この意味で、上方向に進むというのは climb の定義にとって本質的ではない。では、次の例を見てみよう。

The snake climbed the tree.（ヘビが木を這って登った）
The airplane climbed to 30,000 feet.（飛行機は三万フィートまで上昇した）

ここでは、ヘビや飛行機は確かに上方向に移動しているけども、ヘビや飛行機に手足はないので、四つんばいで這いつくばって進んでいるわけではない。実際、飛行機は垂直面に接触すらしていない。だから、這いつくばって進むことと垂直面の存在はどちらも本質的ではない。
ならば本質なるものは一体全体、存在するのだろうか。それでは、上方向に移動することと這いつくばって進むことの両方をいっぺんに取り除いてしまおう。すると、文がおかしくなることがわかる。

*The snake climbed down the tree.
*The airplane climbed down to 10,000 feet.

何が起こっているのか。
一つの可能性は、実は climb と発音される二つの異なる語があるということだ。それは bank と発音される二つの語があるのと同様だ。一方は The snake climbed the tree のように「上方向への移動」を表し、もう一方は The bear climbed down the tree のように「這いつくばって進む」を表す。大いに結構。だが、もともとの例 The bear climbed the tree に戻ってみよう。どちらの種類の climb を意味しているのだろうか。クマは上方向に移動しているのか、それとも這いつくばって進んでいるのか。同音異義語という筋書きに乗るならば、どちらか一方でないといけない。

これはインチキな選択問題という感じがする。この文は最初に思ったとおり、上方向に移動することと這いつくばって進むことの両方を確かに表していて、それはステレオタイプ的な climb——一番普通で標準的な動作——を表しているのだ。対照的に、climb down（這って降りる）やヘビの climb up（這って登る）はちょっと普通ではない。これらは「ちょっと」ハゲである人と似た状態である。

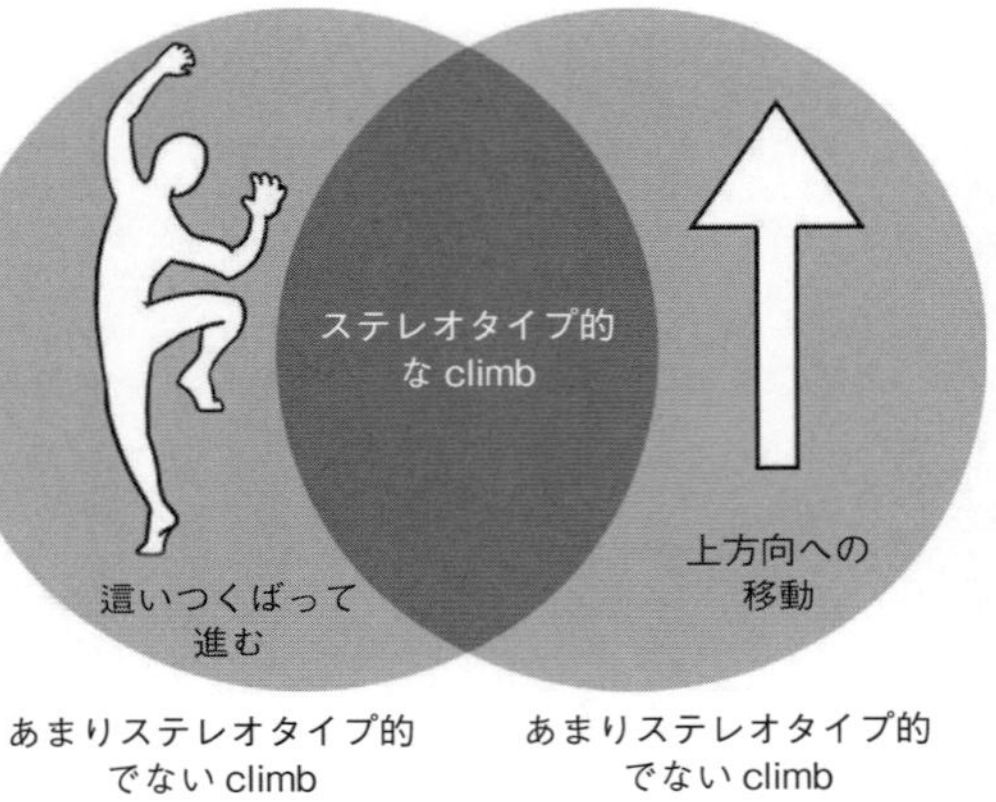

こうした次第で、climb について言いたいのは、それが確かに一つの語であり、二つの bank のように無関係な同音異義語のペアではない、ということだ。climb の意味には二つの条件が関与している——上方向への移動と這いつくばって進むことである。ある動作が両方の条件を満たしていれば、それを確実に climb と呼ぶことができる。他方で、ある動作が climb としての資格を得るために両方の条件を満たす必要はない——それほど自信満々にとはいかなくても、一つだけで用は足りる。

あなたは次のように反論するかもしれない。「いや、climb についてのこのおかしな事態はただの例外。別に大して悩む必要などない」。だが実際には、このようなケースは至るところにある。本という語について考えてみよう。ステレオタイプ的な本というものは、綴じられたページからなり、絵や語の書かれた形でページに情報が刻み込まれている。他方で、白紙の本、つまり語や絵が載っていない本もある。そして、私が今書いているこの本は、執筆時点では綴じられたページに刻み込まれていない情報のみからなっている。昔は本の物理的形状というのは紙を束ねたものだったが、今では電子ファイルの集まりだ。電子ファイルと白紙ページを綴じたものとでは全く共通点がない。それでも、どちらも本として見なされる。なぜなら各々がステレオタイプ的な本のある側面を体現しているからだ。このようなものは「名誉本」(「名誉総裁」などにならって)とか「慣例上の本」と呼んでもいいかもしれない。

家族的類似性の概念の最も有名な例——この用語の導入に用いられた例——はヴィトゲンシュタインによる「ゲーム」という語の分析だ。彼が指摘しているのは、思いつくどんな要因——競争である、規則がある、娯楽のためである、などなど——についても、それが当てはまらないゲームがあり、すべてのゲームが共有する本質的な特徴は存在しないということだ。(このことは原典であるドイツ語ではより明瞭である。ゲームにあたる Spiel という語は英語の game にも play にも対応する。)ヴィトゲンシュタインは次のような言い方をしている。さまざまなゲームは家族のメンバーが似ているのと同じように、互いに類似していて、それぞれのメンバーは他のメンバーとそれぞれ別々の特徴を共有している。そして彼はこのことが「ゲーム」という語に特有のことではないということを明確に打ち出している。同じことはあらゆる種類の語について普通に言えるのである。

家族的類似性の概念のもう一つの例は、ジョージ・レイコフが取り上げた「母」という語だ。ステレオタイプ的な母とは、子どもに遺伝物質を与え、子どもを産んで育てる人のことだ。だが代理母、養母、子どもを養子に出した生みの母は、いずれも右の条件の一つもしくはそれ以上を満たしていない。どれが子どもの本当の母なのだろうか。たいていはたった一つの答えを以ってすべての人の求めに応じることはできない。それは日常世界で用いられる意味がいくつにも割れているからだ。

固定した語の意味を求めることが現実の生活と衝突するとどんなことが起こるだろうか？ 面白い事件が二〇〇六年に起こった。太陽の周りを遠くで回っている物体がどんどん発見され、国際天文学連合がそれに対処しようとしたのだが、その多くは冥王星に近い大きさだった。連合側では、太陽系にどんどん惑星が増えていくと言わねばならない事態を避けたかった——収拾がつかなくなるかもしれないからだ。そして科学的規範からすれば、「惑星っぽいもの」などについて云々することは許されなかった。結果、これらの物体は「準惑星」と呼ぶことになった——色彩でいえば「赤オレンジ色」のような中間的なカテゴリーだ——そして準惑星を排除するような「惑星」の定義を採用した。不幸なことに副作用として、冥王星が惑星としての名誉ある地位から降格しなければならなくなり、多くの天文学者や素人を苛立たせることとなった。こうした次第で、「冥王星は惑星だ」という文は真から偽になったのだ。

このクーデターの首謀者の一人は、次の発言をしたとして引用される。「冥王星が惑星か否かについての議論は、私たちの太陽系についての理解には重要である。それは意味の問題ではない。根本的な分類なのだ」。失礼ながら私はこれにには賛成しかねる。それは意味の問題に他ならず、意味の一部は分類そのもので成り立っている。太陽系の何が変わったというのだろうか。何も変わってはいない——何かあったとすれば、天文学者によって太陽系の外縁部に物体がどんどん発見されていっただけだ。では冥王星の何が変わったのだろうか。変わったのは天文学者が決めた呼び名だけだ。

天文学者たちによるこの決定も、本当の最終解決だったわけではない。いつの日か、太陽よりもさらに遠くに、冥王星と水星の間の大きさの物体がたくさん発見されたとしよう。それらは惑星と見なされるのだろうか。それとも、準惑星だろうか。砂山の逆理に戻ってしまう。結局、呼び名は実際どのような違いをもたらすだろうか。惑星だと認定されたところで、発見者がより大きな名声を得て、学童がその名前を暗記しないといけないというだけの話だ。（ここで注意。「惑星」は科学用語、つまり正確かつ客観的であるはずのものだ！）

場合によってはずっと深刻な結末が待っている。政府がこんな法案を可決したとしよう。「ハゲ頭の人は兵役を免除する」。すると、デイヴとエドは自分たちがハゲ頭だと言いたくなるだろうし、それを正当化する理由を探しにかかるだろう。だが、代わりに法案が次のものだったとしてみよう。「ハゲ頭の人は兵役に従事しなければならない」。すると、エドとフレッドは自分たちがハゲ頭ではないと主張したくなるだろうし、今度はそのことを正当化する理由を見出すことだろう――そしてガスとハンクは植毛しようとするだろう！　政府はこんな趣旨の説明を発する必要に迫られる。「この規則の運用にあたっては、次の条件の者はハゲ頭である……」。その結果、エドやフレッドのようなケースを判断するために審査会を設置しなければならなくなる。やがてある学派の学者は、ハゲ頭とは内在的な性質ではなく社会的構成物である、などと議論を始めることになるかもしれない。これは馬鹿ばかしい例だが、「ハゲ頭」を「黒人」とか「ユダヤ人」に置き換えたら、もうそんなことは言ってられない。

さらに現実のケースを紹介しよう（あなたも他にもっと思いつくだろう）。

- 「虐殺」と呼ぶには、何人殺さないといけないのか？　三人ではノーだ。六〇〇万人ならイエス。だが、一五〇万人ならどうだろう？　五〇万人は？　どこで線を引くというのだろうか？

- 受精した人の卵子は人か？　たぶんノー。九か月の胎児は人か？　たぶんイエス。この間のどの時点で変わるのだろう？　これはすべてが科学的事実の問題というわけではない。それ故に中絶についての議論が出る。
- 罪を犯した人物が自分の犯罪を理解できなかった、だから彼を刑務所に入れる代わりに精神医療施設に収容しよう――そう言うにはどの程度正気を失っている、もしくは精神的に障害がある必要があるのだろうか？

日常的視点ではたいていの場合、明確なカテゴリーがあるものと想定し、滑りやすい斜面を忌み嫌う。実際には、カテゴリーはたいていそれほど明確ではないし、連続した変異の上を滑り落ちて行くことを受け入れた上で、注意深く折り合いをつけていく必要がある。

辞書の定義は基本的に、言語の実践についてのこうした事実をすべて無視している。だから私は、議論の始めにウェブスターや他の辞書を引用して、問題を含んだ語の意味がそれできれいに解決できたかのように振る舞う人を信用しないのだ。

そしてヴィトゲンシュタインが指摘するように、「ハゲ頭」「登る」「本」のような日常的な語がここで見たようなものであるなら、「言語」「意味(する)」「真」が違うなどと考える理由は全くないことになる。

(注1)　ある言語がどのような色の集まりを語によって命名したとしても、得られる結果は同じである。色彩語の境界はいつでも不明瞭なものだ。もし色彩を名づける語の形が、色彩と同じように一つのものから別のものへとスム

ーズに変形していくのであれば、話は違ってくるだろう——あらゆる中間色に対して名前があって、その発音が両隣の色を表す語の中間の音であったりすれば、「赤」と「オレンジ色」の発音の間にも明瞭な境界は存在しないことになる。しかし人間言語はそのようにはいかない。

12 意味のすべてが語の中に入っているわけではない

それでは、どのように語の意味(これも手に負えないものだが)が組み合わされて句や文の意味になるのか見てみよう。第9章で示したように、基本的な直観とは、文内の文法的まとまりの意味は、そのまとまりの中にある語の意味を一つに結合して作られるというものだ。この直観はフレーゲ流の構成性という考えによってはっきりと示されており、この考えによれば句や文の意味はそれを構成する語の意味からなり、文法構造が語の意味どうしをどのように結合するかを教えてくれる。

哲学者たちはしばしばフレーゲ流の構成性をほとんど神聖なものとしているように見える——それなしでは言語が全く手に負えずに使用に堪えないものになるとでも言いたげに。実は、お知らせしたいことがある。言語は完璧とは程遠い。フレーゲ流の構成性に違反する事実(言語における準惑星というべきか)が人間言語には次々と発見されているのだ。だからと言って、言語が手に負えず使用に堪えないものだというわけではない。私たちが言語を使っているのは自明のことだ。私は構成性を次のように言い換えたいと思う。

「拡充された構成性」:複合的な表現(句や文や談話)の意味は、その構成要素の意味と、それらを組み合わせる文法規則、およびその他の要因の関数である。

この「その他の要因」とは何か。以下にフレーゲ流の構成性が問題に出会う四つの場面を簡単に説明する。それは「その他の要因」がどのようなものかの手がかりをつかむ助けになるだろう。言いたいことは、こうした現象は言語の欠陥などではなく、言語の相貌を作り上げる上で不可欠な側面だということだ。

推意と談話の連結

哲学者ポール・グライスによって一九七〇年代に広く知られるようになったいくつかの例から始めよう。私がドアから出ようとしているとき、妻が次のように言ったとする。

郵便ポストの近くを通る？

妻が意味しているのは、もちろん「私の代わりに手紙を投函してくれる？」ということだが、彼女は上品な言い方をしたのだ。他にも次のような例がある。

エイミー：ねえねえ、ランチ食べる？
トム：そこの角を曲がったところにいいイタリアンがあるよ。

トムの言わんとする意味は自分が発した言葉以上のことだ。暗黙裏には彼は「イエス」と答えていて、続けてどこでランチをとるか提案している。また、「イタリアン」が「(イタリアンの)レストラン」という意味として理解されていることも気がつくだろう――語の意味だけでなく、談話文脈からの助けによって完全な意味を得ているわけだ。だから、「その他の要因」のあるものは文を社会的文脈の中で理解する必要性から来ている。つまり、この特定の状況でこの言い方をする理由は何かという問いかけだ。

これらの例、そして以下に見ていく例において、理解される内容を正確に特定の言葉で言い換えることはできない。この意味で、語はそこに存在していて意味を構成しているが、表に現れていないだけだ、という理屈でフレーゲ流の構成性を保持することはできない。

このようなケースに対して、それを「語用論的」推論(またはグライスの用語を使えば「推意」)と呼び、文の意味に関する理論の外にあるものと解することによって言い訳をする人々も少なくない。しかしそれが常に相互理解の一部であることは間違いない。

省略

次の例は第9章に出てきたものだ。

元々、トムは週末ニューヨークに行く予定ではなかった。今は行くことにしている。

二つ目の文は「今はトムは週末ニューヨークに行く予定である」と理解される。どのような仕組みでこの意味が得られるのだろう。

この疑問に対する一つの答え方は次のようになると思われる。二つ目の文の「本当の姿」と呼ぶべきものは「今はトムは週末ニューヨークに行く予定である」である——けれども話し手は先行する文と重なるすべての語を省略したのだ、と。これはチョムスキー流の古典的変形文法のアプローチであり、多くの哲学の理論でも採用されている。文の完全版はその「深層構造」や「論理形式」であるが、その多くの部分が発話される前に消去される、というものだ。この答え方はフレーゲ流の構成性を満足させる。それというのも語は論理形式の中にちゃんと存在しているからだ。だがその場合、発話には実は発音されない語が含まれていて、先行する文中の語と同じだから発音されないのだ、と言わざるを得なくなる。

代案としては、次のように言うことができる。二つ目の文の意味は、文を構成する語の意味と、それらを文法に従って結合する仕方だけをもとに組み立てられるわけではない。そこには先行する文における部分の意味と、そうした部分の結合の仕方が含まれている。隠れた語などは存在せず、より複雑な意味の構築方法があるだけだ——そしてそれは拡充された構成性によって実現される。

どちらの方法が良いか、どうすれば決められるのだろうか。それは単なる好みの問題ではないのか。答えはノーだ。一つには、ある種の省略では、文脈中に略された語が全く含まれていない場合がある。それでも話し手が伝えようとしている意味は完全に理解可能だし、実際に全く同じ発話が大きく違う意味をもつこともある。上の状況を見てみよう。この中では、キスすることや屋根から足を踏み出すことについて誰も言及していない。したがってこの絵の中の女性は、先行する文中に同じ語があるから省略したということはありえない。現実には、彼女が意味することは明らかに非言語的な文脈の理解に依存している。この場合、非言語的な文脈が拡充された構成性における「その他の要因」としてはたらいている。

もっと複雑なケースとして、一九三〇年代のロジャーズ&ハートの今では古典となった曲の歌詞を見てみよう。

> 前もこんな風に会って話したね。前も同じように見つめ合ったね。けれどいつどこだったか思い出せない。

先行する二つの文から単語を闇雲にコピーするだけでは、最後の文の理解内容を書き出すことは不可能だ。良い言い換えを作り出すには、それなりの創意工夫がいる。次の面妖な文が、私にできる精一杯だ(あなたの方がうまくできるのではないか?)。

> ……けれど前もこんな風に会って話したり、今見つめ合うのと同じように見つめ合ったりしたのがいつどこだったか思い出せない。

ロジャーズ&ハートの歌詞が、フレーゲ流の構成性の要求通りに、これらの語をすべて含んだ「論理形式」をもっていると考えるのは滑稽に思える。拡充された構成性の立場からは、この歌詞に隠れた語はなく、その意味のある部分は先行する文の意味から来ている、という主張が可能である。こうした考えが行きすぎたものだと見なすことには反対だ。というのも、さきに見た短い会話の中で、トムのエイミーに対する返答もまた、エイミーの発した文中の語から導かれるものではないのだ。（そう言った後で、ただちに認めねばならないのだが、このような間接的な結びつきがどうはたらくかに対する詳細な理論は誰も提示していない。）

指示転位

拡充された構成性のもう一つのケースは、あるものの名前を別のものについて話すために使うときに見られる。

プラトンは棚の一番上で、ヴィトゲンシュタインの横。
［「プラトン」＝「プラトンの著書」］
蠟人形博物館を見てみよう。ビートルズが展示してあるんだ！
［「ビートルズ」＝「ビートルズの像」］
ジョーは裏の方に駐車してある。
［「ジョー」＝「ジョーの車」］
［ウェイトレスが別のウェイトレスに言う］隅のハムサンドがコーヒーが欲しいって。
［「ハムサンド」＝「ハムサンドを注文した、もしくは食べている客」］

私たちがこれらの文を理解する仕方を説明するには三通りの戦略が可能だ。一つは、今まで気づかなかったけれども、「プラトン」という名前は実は多義的なのだ、とするものだ。それは哲学者も彼が書いた本も意味することができて、右の例ではたまたま著書を意味しているというわけだ。このアプローチをとれば、フレーゲ流の構成性を保つことができる。だがそれは奇妙な帰結を招く。人の名前を覚えるときに毎回、その名前がその人の書いた本やその人の像やその人の車の名前でもあるということを学習せねばならないことになる――これらは名前に対する完全に別々の意味だ。私たちがすべての名前に対してこのようなことを一つ一つ学習すると考えるのはおかしい。名前を学習するときには、その名前が右の諸々を同じく表せるということも自動的に知ることになる。

フレーゲ流の構成性を保持するもう一つの戦略は、一つ目の例文における「プラトン」はプラトンその人を意味すると主張することだ――そこには多義性はない――しかし文の論理形式には「~の著書」という語句が含まれている。その上で、便宜的に「~の著書」が削除される。このアプローチは省略に対する削除アプローチと同様だが、(まさにさきほど見たように)困った問題に直面する。

だがもっと簡単な戦略がある。これらの例には語が表現していない意味の成分があると言えばいいのだ。言語の話し手としてあなたがもっている意味と発音を関係づけるシステムは、ある種のショートカットを可能とする――すなわち、これらの意味は実際には表現しないで済ませることができる。(表現したければ、「~の著書」「~の像」などのように表現することはできるが、その必要はない。)聞き手も同じシステムをもっているので、自分が意味していることを聞き手が理解すると当てにできるのだ。もちろん、意味を表現する語が目の前に存在しないのだから、このアプローチはフレーゲ流の構成性に違反している。しかしそれは言語の体系性を危うくするものではない。(注1)

アスペクト強制

以下にさらに微妙なケースを引く。次の文を比べてみよう。

ジョーはベルが鳴るまでジャンプした。
ジョーはベルが鳴ったときにジャンプした。
ジョーはベルが鳴るまで眠った。

一つ目の文は、ジョーが繰り返しジャンプしたと理解できる。だが二つ目の文のように「まで」を「ときに」に換えると、ジョーは一度だけジャンプしたことになる。さらに、三つ目の文のように「ジャンプした」が「眠った」に換わると、ジョーが繰り返し眠ったものとしては理解されない。すると、繰り返しの意味(いわゆるアスペクト強制)はどこから来るのだろうか。

ここでも指示転位の場合と同じく三つの可能性がある。第一に、「ジャンプする」やその他の何百というアスペクト強制を受ける動詞は、実際には二つの互いに関係した動詞のペアであると言うことで、フレーゲを救済することができる。つまり「ジャンプする」は「一度ジャンプする」という意味と「繰り返しジャンプする」という意味があるわけだ。けれどもこのアプローチでは、これらの動詞を一つ学習するたびに両方の意味を学習することが要求される。あまり良いやり方ではない。

第二に、「ジョーはベルが鳴るまでジャンプした」の論理形式には「繰り返し」という語が含まれているが、話し手はそれを省略していると言うことができるかもしれない。だが、厳密に言って、何が省略されているのか。論理形式が含んでいるのが「繰り返し」でも「何度も何度も」でも「多くの回数」でも同じくらい適切であろう。決まった言い方は存在しない。これらの選択肢で共通しているのは、言うまでもなくその意味だ——発音ではない。

第三に、「ジャンプする」と「まで」の意味を組み合わせるときには、意味の一部が追加されることになると主張できるかもしれない。お望みなら「繰り返し」や「何度も何度も」という語句でその追加される意味を表すことも可能であるが、そのように言う義務は全くない。これは追加された意味が語から来ているわけではないので、フレーゲ流の構成性に違反している。しかし追加される意味を導く原理がしっかりと定義されていれば、万事うまくいく。

談話の連結、省略、指示転位、アスペクト強制のそれぞれのケースにおいて、個々の語の意味を文法構造と結びつけるだけの作業を越えたところで得られる意味があることがわかった。それは言語的・非言語的文脈から得られる意味であることもあるし、語の意味を非フレーゲ流の方法で結合することを手助けするような、表現されない特別な意味であることもある。ここではこうした現象の例をほんの少しだけ示したにすぎない。この種の現象は言語の全体にわたって見られる。それが拡充された構成性における「その他の要因」なのである。それは恐れるべきものではないし、全く手のつけようのないものでもないし、また言語のありようを無秩序によって脅かすものでもない。

これまでの議論では、メタファーのような文学的技巧については触れることすらしていない。メタファーは語や文法構造の中にあるものをさらに越えていくものだ。ここでの私の目標は、最も素朴な日常的言語使用においてさえ、拡充された構成性があちらこちらに見られるという事実を示すことだ。

言語は「思考の鏡」や「人間の本質を覗き見る窓」(後者はスティーヴン・ピンカーの著書『思考する言語』の原書副題)と言われることがある。このような言い方は、言語が透明な媒体だという期待を起こさせる。言語を覗きこんでごらん、そうすれば思考がどのようなものかがわかる、といった考えだ。それはフレーゲの考えたことでもある。とはいえ、私の学生たちの中には、ここで論じたようなことを目の当たりにして、言語とは実際には「キュビズム的な鏡」や「ビックリハウスの歪んだ鏡」や「思考の漏斗」に似ていると考えることにした者もいた。ピンカーの「窓」をよくよく見てみると、言語というのは歪んだレンズが付いた、小さくいびつな形の覗き穴の集合体のようなものだということがわかる。それらの覗き穴を目を細めながら正しいやり方で見てみると、さまざまな視点からの姿を総合して、背後にあるより大きな枠組みを把握することができる。そのために、私たちには言語学が必要なのだ。

(注1) この記述からは、語を削除する戦略と拡充された構成性を採用する戦略はほとんど同じようなもので、両者を区別することは不可能だと考えるかもしれない。だが技術的な細部まで詰めて考えることを始めれば、別物だと明らかになることは保証する。勇者たちには、ピーター・カリカヴァーと私が共著『より単純な統語論』の中で展開した議論を追うことをすすめる。ここでは拡充された構成性の考え方が勝利するとだけ宣言しておく。

13　意味、概念、思考

私たちは今、第1章で示した最初の問いに答える入り口にたどり着こうとしている。すなわち言語と思考の関係はどのようになっているのだろうか、という問いだ。

認知的視点からは、語や文の意味とは、話し手の頭の中にあって発音と結びついているものだ。それは第9章で私が挙げた一連の興味深い特徴をもっている。文の意味は語の意味(プラス「その他の要因」)から作られる。翻訳においては意味が保持される。意味は指示や推論の基礎になる。そして、意味は隠れたものである。

一般に、語は概念を表し、概念もまた話し手の頭の中にあるとされる。ここでは意味と概念をひとまとめにして、語の意味とはすなわちそれが表現する概念であると言おうと思う。

同様に、文は(完結した)思考を表現していて、思考もまた話し手の頭の中にあると一般に言われる。そこでこの場合にも両者を結びつけて、文の意味とはすなわちそれが表現する思考であると言おう。

とはいえ、すべての概念や思考が語や文の意味とは限らないということははっきりさせておく必要がある。多くの概念や思考は言語でうまく表すことができない。あなたの机の明暗のパターンの詳細、あるいは(ヴィトゲンシュタインの例を使うと)クラリネットがどんな音色か、といった思考なり概念なりはそうした例だ。このような種類の概念・思考は語という言語単位との結びつきなしに頭の中にそれ自体で存在しうる。だが概念・思考が発音と結びつくことが可能である場合には、そうした音の連なりに対応した意味としてはたらくと言いたい。

私たち大人の人間だけが言語で表現できない思考をもっているわけではない。類人猿や赤ちゃんは言語を全くもたないが概念や思考をもっている。かれらは環境の中で目指すところに移動し、身の回りで起きることに対して複雑かつ一貫した仕方で反応し、問題を解決する。ゆえに何かがかれらの頭の中で起きていて、世界の理解やその中での動作に指示を与えているに違いない。頭の中にあるこうしたものを概念や思考と呼ばない理由はあるまい。

もっとも、人によっては次のように主張するかもしれない。概念と思考は定義上、語に結びついている必要があるのだから、言葉に出すことができなければ概念や思考と見なすことはできない。結構。ならば「語に結びついていない概念と思考」とここで呼ぶものに対しては違う用語が必要になる。それらを「カイネン」や「シュコウ」という造語で呼ぶことにしよう。この用語法を採るならば、私が言おうとしているのは、語の意味とは「カイネン」であり、それは発音と結びつくことで「概念」の地位を得るということになる。他方、クラリネットの音がどのようなものかを理解する方法は「カイネン」にすぎず、「概念」ではない。そして類人猿や赤ちゃんは、「概念」をもたず「カイネン」しかもっていないことから、「思考」ができずに「シュコウ」することだけができる。

このような用語法を用いることで、類人猿や赤ちゃんのもつ「カイネン」と大人の人間のもつ「カイネン」との違いは何かと問うことができるし、「概念」でもあり「カイネン」でもあるもの、例えばどのようなものが三角形かということと、「概念」ではないような「カイネン」、例えばクラリネットが正確にはどのような音を出すかということの間の違いは何かを問うこともできる。どの用語法を採ったとしても、整序すべき問題群は私の理解する限りでは全く同じである。ということで、元々の用語法を保持することにしよう。読者は自分のお好みの用語法に翻訳してくれて構わない(注1)。

ここには例の滑りやすい斜面が潜んでいると心配するかもしれない。概念を類人猿がもつと考えるならば、ブタについてはどうか? トカゲは? まさかゾウリムシは? コンピュータは? サーモスタットに一票入れる人は? 私はそれほど心配していない。前章で見たように、他の多くの概念が滑りやすい斜面になる可能性をもつが、だからといって一貫性のないでたらめなものになるわけではない。「概念」という概念も同じではないか?

「思考」について語る代わりに、哲学者たちはよく「命題」について議論する。命題とは、実際にどのように言うかに関係なく、文が表現する事柄であるとされる。例えば、英語の My dog is dead とドイツ語の Mein Hund ist tot は同じ命題を表現している(注2)。このような言い方は、ここまでの「文の意味」という表現の使い方と同様に聞こえるかもしれない。だが少なくとも二つの違いがある。第一に、ほとんどの哲学者は命題を話し手から独立したものと考えていて、話し手の頭の中にあるものとして考えていないように思われる。第二に、哲学者たちがよく言うことなのだが、「命題は真か偽かどちらかに決められるものだ」。日常の言語においては、平叙文は真か偽か決められるが、「その文の意味」が真もしくは偽だと言うのはおかしい。そして非平叙文——疑問文や命令文、さらには「ああ、金曜日だったらよかったのに!」のような文——は間違いなく意味をもっているが、それらの文もしくは文の意味が真か偽かということはありえない。

こうした事情によって、命題がどのようなものとして意図されているかをめぐる混乱が起きていると思われる。第4章で見た「微分可能」という語と同じく、「命題」という語は専門用語として意図されている。

だがそれは日常的な使用における「文の意味」という用語や、「文」という語の日常的な使用に対応すると思われているのだろうか？　このような混乱が根強く残るのは、「雪は白いという命題について考えよ」のような言い回しのためだ。この言い方はしばしば使われるが、命題がすなわち文（＝「雪は白い」）であるかのようである。この理由から、ここでは「命題」という用語は用いないことにする。

「思考は言語のようなものだ」と言われることがあり、この考え方は「思考の言語」という用語を冠して祭り上げられてきた。(注3)私はこの用語も誤解を招くものだと思う。言語とは概念や思考と発音を結びつけるシステムのことだ。だが概念や思考自体は発音をもっているわけではなく、発音と結びついている。言い換えれば、思考は言語のようなものではなく、言語の一部として機能するものだ。「思考は言語のようなものだ」と言うことは「車輪は自転車のようなものだ」や「桃の種は桃のようなものだ」と言うのと同じくらいナンセンスだ。

このような言い回しが出てきたのは、発音は単なる発音にすぎず、非本質的で、言語の中でも文化によって変わる部分だと人々が考える傾向があるからではないかと思われる。発音とは単に**真の本質**たる思考を人から人へと受け渡すための便宜的な手段にすぎない。発話の音の連続の中に、いったいどんな哲学的な関心事が見出せるというのだろうか？　対照的に、**真の意味**がもつ真理は深淵きわまるもので、ただの人間に依存するようなものではない、というわけだ。

けれども認知的視点に立ち、言語が人間にとってどのように機能するかを問うならば、発音の特徴はきわめて重要だということがわかる。それは思考を伝達するために不可欠な媒介なのだ。さらに、これまでの章で見たように、言語の音構造の科学的研究は豊かで複雑なパターンの組織を明らかにしており、真剣に取り上げるに値するものだ。

(なお、「私的言語」の位置づけが気になる人は、第36章まで待ってほしい。)

(注1) 心の哲学の一派には、「非概念的な内容」なるものが存在しうるか否かを問うものがある。私が理解する限り、この問いは「概念」ではない「カイネン」というものが存在しうるか、または「概念」の中に「カイネン」にすぎない「部分」が存在しうるかというものだ。答えはもちろんイエスだ。

(注2) 用心のために言っておくと、専門的には命題は文脈から得られる必要のある意味を部分的に含むと考えられる。もし私が「私の犬が死んだ」と言えば、それはあなたが同じことを言うのとは異なる世界内の状況を指す。だから私が「私の犬が死んだ」と言うときに私が表している命題は、「レイ・ジャッケンドフの犬が死んだ」というようなことになる。もし私が「雨が降っている」と言えば、「二〇一〇年一〇月一五日、午後二時四六分、マサチューセッツ州メドフォード、タフツ大学において雨が降っている」のような命題を表していることになる。

(注3) この用語は哲学者／心理学者ジェリー・フォーダーによって広く知られることとなった。それは一部の専門家の間では「言語」という語が「煙」と似ているという事実、すなわち「言語」という語の多義性の上に繰り広げられている。一つの意味は、本書で私たちが話題にしている意味の言語、すなわち話し手の頭の中での思考と発音の間の体系的な写像だ。もう一つの意味は、あらゆる形式的な結合体系を指し、コミュニケーションの体系であるかどうかは問わない。後者の意味では、音楽や数学の表記法を形式言語として語ることもできる。実際、一つ目の意味における言語の音構造は、それ自体で二つ目の意味での形式言語である。この二つ目の意味では、思考もまた言語だということになる。しかし人々が「思考は言語のようなものだ」と言うときには、残念なことに第一の意味で考えているのが常である。

14　言語は思考を決定するか

言語と思考のつながりについてはもう一つの見方がある。言語学には門外漢の人がよくする質問だ。「私たちが話す言語が考え方に影響を与えるということは認めないんですか？」これは根強く、そして広く見られる考えであり、私がここで推している見解――同じ思考は異なる言語でも等しく表現される――と対立しているように思われる。言語が思考に影響を与えるという考えの最も極端なものは、「言語相対論」「言語決定論」「サピア－ウォーフ仮説」（二〇世紀初期の言語学者エドワード・サピアとベンジャミン・リー・ウォーフにちなんでいる）としばしば呼ばれる。この考えによれば、人の思考は自分の話す言語の構造によって深部にわたって構造化されるものであり、それゆえ異なる言語の話者は互いに理解不可能な仕方で話しているだけでなく、互いに理解不可能な仕方で考えているかもしれない、ということになる。言語は思考の鏡ではなく、むしろ思考が言語の鏡なのだという主張だ。

言語相対論と関係する有名な話の一つが、エスキモーは異なる種類の雪に対して多くの語をもっていて、そのため雪について私たちとは違った考え方をしているのではないか、というものだ。だがそれが正しかったとしても、エスキモーの言語が話者の考え方を決定しているという証拠にはならない。どちらかと言えば、影響の方向性は逆だ。エスキモー語話者は私たちよりも雪に接することが必然的に多いため、より多くの語を作り出しているのだ。同様に、私たちはエスキモー語話者よりもソフトウェアに関係する語を多くもっているだろう——私たち自身の文化の中でも五〇年前と比べたら間違いなく増えている。私たちの語彙はほとんどの場合、人間の関心と必要性によって形作られているのであって、その逆ではない。

語彙が思考に影響を与えることを否定するつもりはない。何かを表す語があることは、私たちが何に注意を向けるか、および物体や出来事をどう切り分けてカテゴリーにするかに影響を与える。これは良い方にはたらくこともある。例えば「虐殺」という出来事の存在を認識するのは大事なことと言えるだろう(第11章を思い出してほしい)。他方で悪い方にはたらくこともある。はっきりとした境界がないところに線を無理矢理引こうと言い張るようなときだ——「虐殺」と認定された場合には制裁の対象となるが、そうでない場合には深刻な事態ではないから無視してもよい、といった二者択一に陥る恐れがある。

過去一〇年にわたって、心理言語学者たちは言語のこれほど明白ではない領域について、言語相対論を調査する実験を行ってきた。一つの典型的な事例を挙げよう。マヤ語族のツェルタル語は山腹にある村で話されている言語だが、この言語には「左」や「右」に訳される語が存在しないという。その代わり、何かがどこにあるかを別の何かとの関係で言いたければ、山腹を使う。つまり、あるものが他のものに対して「山の上の方」か「山の下の方」か「山を横切って」か言わなければならない(マンハッタンの中で「山の手(uptown)」「街の中心(downtown)」「街を横切って(crosstown)」と言うのを彷彿とさせる)。そこで問題は次のようになる。空間関係が関与するけれども言語は関与しない課題に取り組むようツェルタル語話者に指示したならば、標準的なヨーロッパ語話者と異なる振る舞いをするのだろうか? もし異なる振る舞いをするのであれば、話していないときでさえも言語によって異なる考え方をしていることが示されたことになる。実際、結果には若干の違いが見られ、それは課題がきわめて曖昧な場合に顕著であった(例えば「ここに並べられ

ている物をあそこに並べられているのと同じに見えるようにしてください」)。こうした実験結果がもつ意義は、多くの論争の的となっており(私にはどちらの側の友人もいる)、ここでさらなる詳細に立ち入る紙幅はない。ただ次のことに注意してもらいたい。これは大勢に影響ないことだ。ツェルタル語話者が私たちと比べて、世界を全く違うものとして知覚しているわけではない。

言語によっては、英語と比べて基本色に対して異なる語彙をもつものもある。例えば、日本語には green と blue の両方を一つでカバーする語があるし、ロシア語では英語話者が light blue と dark blue と呼んでいるものに対して全く別の語がある。語を使わないときでさえも、これらの言語の話者は色を異なる仕方で分類し、第11章で話題にしたようなカテゴリー境界における中間効果が見られるときには、スペクトル上の異なる点で起きることが知られている。だがこの場合もまた、これらの言語の話者の思考が英語話者にとって理解不能だということの証明には到底ならない。

フランス語、ドイツ語、その他多くの言語において、名詞はいくつかの「性(ジェンダー)」に分類され、さまざまな文法的手段によってマークされる。例えば、英語の the はフランス語では、男性名詞の前に来るときには le と、女性名詞の前に来るときには la と訳される。「太陽」を表す語はフランス語では男性名詞として訳されて、「月」を表す語は女性名詞として訳されるが、ドイツ語ではちょうどその逆だ。そこで、フランス語話者に太陽と月にともなう特徴を自由連想するように言うと、太陽に対してはより「男性的な」特徴を与えて、月に対してはより「女性的な」特徴を与えることがわかる——そしてドイツ語話者はちょうどその逆だ。だからあるレベルではフランス語話者とドイツ語話者は太陽と月を異なる仕方で考えているし、それは自由連想がメタファーなどの契機となる詩歌のような文脈では明瞭に現れることもあるだろう。だがここでもまた、大勢に影響があるとは言い難い。

もっと根本的な違いが生じる言語の分野は、数だ。多くの言語において、たかだか二や三までしか数を表す語がないことが報告されている。その中の一つがアマゾン流域の言語であるピダハン語であり、最近多くの注目を集めている。一般に、任意の大きさの数の概念を子どもが獲得するのは、まずは1、2、3、4……といった数列を覚えることを通してであるように思われる。その後で、子どもはその数列が何のためのものか理解する。それはものを数えるためだ。数えるための語をもたなければ、商業に従事したり、正確なカレンダーを作ったり、科学したりすることはきわめて困難だ(不可能だろうと言いたいが、ここでは保留にしよう)。この意味で、言語的な発明によって人間の広大な営みが切り開かれる分野の一つが数であると言える。

だが人々の考え方が根本的に違うところを探すのなら、ずっと多くの収穫が期待できるのは、言語よりも文化だ。同じ言語の中で見ることだってできる。例えばアメリカ人の中でリベラル左派と宗教右派の思考プロセスを比べてみよう。道徳、外交政策、経済、教育のような問題について、とてつもなく大きな違いがあることがわかる。これらの違いは、実験を通じて発見された言語による微妙で小さな違いよりも、はるかに重要な帰結をもたらす。

まあ、左と右とでは異なる言語を話していると言ってもいいだろう(実際、そう言うこともある)。だからお互いに理解し合えないわけだ。そう、私が思うに——「結婚」「自由」「愛国」といった語の意味の間に成り立つ関係のネットワークが全体にわたって体系的に違っているのだ。そして自分たちの立場を支持するような業界用語を選んで使う。pro-choice(中絶合法化支持、母親の「選ぶ」権利優先)とpro-life(中絶合法化反対、胎児の「生きる」権利優先)といった語はそうした例だ。けれども言語の構造はどちらの立場の者にとっても同じであり、語彙が文化に仕えるべく操作されているのであって、その逆ではない。

重要な点は、思考の根本的な違いを生み出す上で言語の違いは必須ではないということだ。文化の違い——それが言語の違いを生み出すことがあるにしても——だけで事足りる。そして文化的な違いは、言語自体から出てくるいかなる違いよりもずっと衝撃的なものとなる可能性がある。だとすれば、大きな文化的相違をさしおいて、言語が思考に与える些細なバイアスに大騒ぎすることはないのではないか?

ここで予告。第38章では、言語をもつことである種の思考が本当に可能になるということを話題にし、それがどのようになされるのかを論じる。ただし、それは言語ごとに異なる方法でなされるわけではない——すべての言語が基本的に同じ方法で関与するのである。

第二部　意識と知覚

15　思考するとはどういうことか

これまで、語句や文の意味は隠れたものだということを繰り返し主張してきた。今からこの点をより注意深く考えていこう。それによって、私たちは驚くほど遠い地点まで連れてゆかれることになる。

第9章で触れたように、プラトンは語の意味とは神ならぬ人間にはアクセス不能な、永遠の本質（＝イデア）であると考えた。例えば、「犬」の意味は「犬性」という永遠の本質だというわけだ。見方によっては、意味とは隠れたものであるという主張を、プラトンも支持していることになる。

もしあなたが言語を外在的なものと考えるなら、永遠の本質という考えはそれなりに意味をもつだろう。だがちょっと待ってほしい。二一世紀のアメリカ英語が永遠の存在だと思えるだろうか。今から二万三〇〇〇年後にも存在していると？　「キャブレター（発動機の気化装置）」や「電話機」の永遠の本質は二〇〇〇年前にも存在したが、人々はその実物を長らく造らなかっただけだというのだろうか。「文」や「足の爪」の永遠の本質が、地球上の生物といえばバクテリアしかいなかった時代にも存在したのだろうか。まあ、このような珍妙な問いにイエスと答えたとしても、プラトンの言う永遠の本質は、人々が言語をどのように使用するかを説明するにはあまり役に立たない——つまり、人々がアクセス可能な何らかのもの、それによってキャブレターやら足の爪やらについて他者が言う発話が理解できて、同時に自分自身の発話を組み立てることを可能にするものを明らかにする助けにはならない。

見ようによっては、プラトンは意味とは「私たちからあまりに隔たった」ものと考えていたとも言える――それは私たちにはアクセス不能な世界に属しているというわけだ。私はその代わりに、意味とは「私たちにあまりに近しい」ものであり、心の中のアクセスできない部分にあると提案したい。もっと率直な言い方をするなら、「意味とは大部分が無意識的なものだ」という主張だ。この考えをより明確にするために、読者はちょっと注意を配って自分の胸の内を覗いてみてほしい。

思考するとき、人は何を意識しているだろうか。あなたがどうしているのかはわからないが、私自身は思考のかなりの部分を自分自身への語りかけとして経験している――それは言語的イメージであり、ジョイス的な意識の流れだ。多くの人間にとって、思い浮かぶことに次々とコメントをしていく作業はまず終わることがない。瞑想やヨガの修行によって短いあいだ思考を遮断できる人もいることはいるが。

もちろん、私たちは他の種類のイメージも経験する。特に視覚的イメージはよく経験する。実際、イメージのほとんどは視覚的なものか身体運動的なものだと報告する人もいる。腕のいい料理人なら、味や香りの生き生きしたイメージをきっと持っているだろう。私自身はといえば、頭の中でほとんどいつも音楽が鳴っている。だがほとんどの人にとって、特に言葉を使う仕事をしている者にとっては、言語的イメージこそが「本当の思考」と感じられるものである。

プラトンはこのような印象を(ソフィストの中に)見てとった。

異邦人：思考と言葉は同じではないのか？　違いと言えば、思考と呼ばれるものは魂と自己との間の声にならない対話という点だけではないか？

テアイテトス：そのとおり。
異邦人：だが唇から出て耳に聞こえる思考の流れは言葉と呼ばれると？
テアイテトス：然り。

現代でも多種多様な方面の書き手が同じ結論に達している。次に引くのは行動主義の父の一人、ジョン・B・ワトソンの発言である。(注1)

いわゆる「高次の思考」過程はすべて元の筋肉の動き(ここでは言葉を含む)を微弱な形で再現したものとして展開するという仮説は……支持できるものだと私は考える。

哲学者ピーター・カラザースは次のように言う。

私たちの意識的な思考の主要な運び手は自然言語の文のイメージに他ならない。[私の四歳半の息子ですら]「ボクは英語で考える……ボクが考えているのが聞こえるよ」と言う。

ノーム・チョムスキーもまた、思考とは声に出ない言語だと示唆している。

言語をコミュニケーション体系と見なすことは妥当ではない。それは思考を表現するための、全く異なる系である……言語は大部分が自らのために使われる。大人にとっては「内的発話(内言)」であり、子どもにとっては独り言である。

ヴィトゲンシュタインもこの立場をとっていた。

私が言語によって考えるとき、言葉による表現の他に心の中を通り過ぎる「意味」は存在しない。言語はそれ自体が思考の運び手なのだ。

だが彼はこの考えがやや落ち着きが悪いことを認めている。

「するとあなたが本当に言いたいのは……」人は次のような状況を使って説明しようとするだろう。かれが本当に「言いたかった」こと、つまり「意図した」ことは、言葉による表現を与えるよりも前にすでに心のどこかに存在したのだと。

――この見方は、言語とは独立して何らかの意味が存在することを含意する。

私の頭の中の声はどのようなものだろうか？　何といっても、私にはそれが聞こえるのだ。私の内なる声はまさに英語で話す。それは英語の発音、英語の語順、英語の動詞の一致、等々をそなえている。英語とフランス語を話す人であれば、「どちらの言語もちゃんと話せるけど、自分はフランス語で考える」と言うことがあるかもしれない。チェロキー語を若い世代に教える努力について述べるさい、この部族の学区の教育長は次のように語ったといわれている。「チェロキーの思考がなくて、どうしてチェロキーの一員になれるというのだ？」（言語が思考の性質を決めると同時に、民族的アイデンティティを固めるものだという考えに注目。）

思考は頭の中の言葉であるというのは、きわめて自然な見方だ。だがそれは第9章で出てきた思考と意味についての議論とはすんなり適合しない部分がある。思考はそれが何語で行われるかとはほぼ完全に独立したものだと想定される。思考あるいは意味は一つの言語から別の言語に翻訳するときも同じだと考えられる。「あなたは何語で意味していますか？」「あなたの意味は何語ですか？」と問うことはできない。だがそれでも、右で引いた人たちと同じく、私たちは頭の中で流れる英語の（あるいはギリシャ語なりチェロキー語なりの）句や文が自分の思考であると信じないわけにはいかない。

ここで、読者には当面この信念をカッコに入れるよう礼を尽くしてお願いせねばならない。認知的視点を採るようになれば、議論は異なったものになることを約束しておく。さて、発音と意味はどちらも私たちの心の中にある。語や文の発音は、誰かがそれを実際に声に出したときに私たちの意識に入ってくるが、それだけでなく内なる声が「話している」ときにも同じことが起きる。一定のまとまった発音、例えばthisは有意味だ――それは何らかの概念・思考と結びついている――が、他のあるもの、例えばthirはそうではない。

だが重要なのはその先である。発音のまとまりが実際に有意味であるときでも、私たちはその意味を直接に知覚することはできないのだ！　私たちが意味の存在を意識するのは、発音が意味と結びついた知覚可能な「取っ手《ハンドル》」としてはたらくからに他ならない。意味そのものは舞台裏にとどまるのだ。（他のイメージ、特に視覚的イメージも思考の「取っ手」としてはたらきうる。そのため人々はしばしば視覚的イメージもまた思考であると考えがちである。視覚的イメージについては第25章でまた触れる。）

この話には続きがある。思考の「取っ手」としてはたらく発音の切片は「有意味性」という意識的な感覚

意識的な思考をもつということ

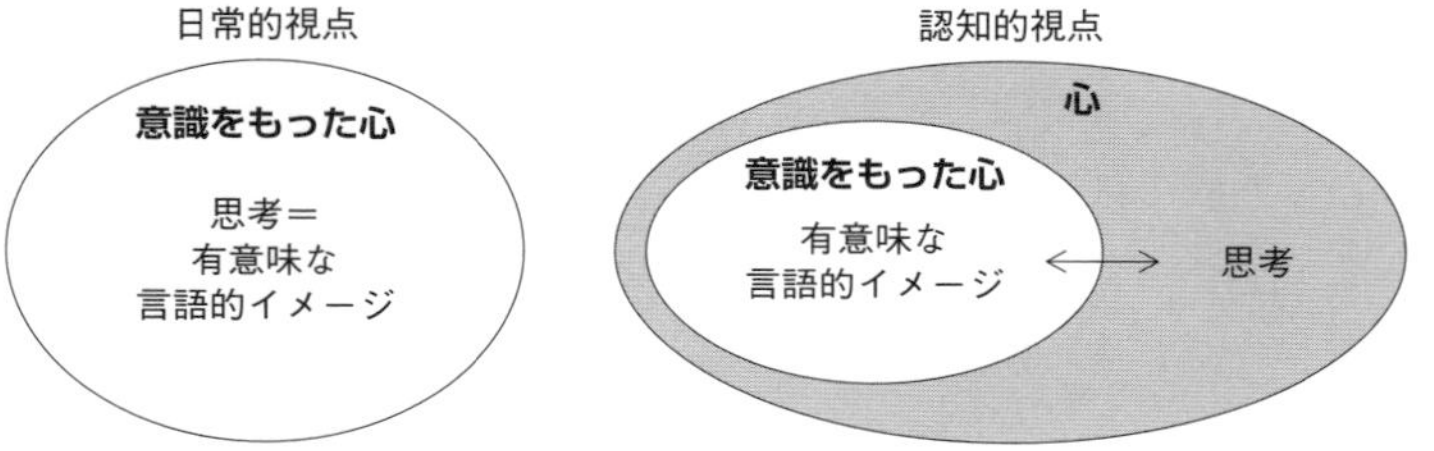

をともなっている。この感覚は thit や fendle のように、何に対しても「取っ手」としてはたらくことのない発音のまとまりを聞いたときには生じない。私たちは有意味性の感覚を通じて、発音は思考そのものであり、単なる記号や思考の運び手ではないのだという信念をもつ。

このことを偶像破壊的な言い方で表せば、意識的な思考など本当は存在しないということになる(夕日など本当は存在しない、英語など本当は存在しない、と同じように)。もっと穏やかな言い方をすればこうなる。日常的視点では、右に見たように、言語的イメージが意識的思考そのものであるという信念を私たちはもっている。だが認知的視点からは、事はそれほど単純ではない。私たちが「意識的思考」と呼ぶものは実際には三つの構成部分をもっている。そのうちの二つ、言語的イメージと有意味性の感覚は、意識されるものである。第三の構成部分は発音と結びついた意味である。それは推論や指示を成立させる重要なはたらきを一手に担っている――だがそれ自体は意識にのぼらないのだ。

別の言い方をすれば、私たちは言語的イメージを思考として経験するが、それは(イメージされた)発音が有意味性の感覚をともなっているからである。私たちの直観的な信念はある意味では正しい。言語的イメージそれ自体は思考と同一ではないけれども、思考と結びついているのである。

私の考えていることを大まかに言えば上のようになる。日常的視点は、私たちがそうだと思っているあり方である。認知的な見方は、実際のはたらきにより近いものである。

この議論にはまだ足りない部分がある。私たちは言語的イメージを思考と同一とみなす信念にどうやってたどり着くのだろうか？　認知的視点からは、心のはたらき方を問いかける性質上、それがどれほど強い信念であっても、魔法のように突然現れるものではないことを心に留めておくことが大切である。信念もまた頭の中で起きていることから生まれるものに他ならない。そこで認知的視点に立つならば、文の発音と意味だけでなく、発音に寄り添う有意味性の感覚もまた説明せねばならない。

ここで便宜上、〈意味の無意識仮説〉という言い方で次の主張の集合体を指すことにしたい。

- 発音は意識的なものである。
- それは意識的な有意味性の感覚をともなっている。
- それは無意識的な意味——発音が表す思考や概念——と結びついている。

意識について論じるとき、しばしば「クオリア」、すなわち青い物体の青さ、痛みをもたらすものの痛さ、といった経験の構成部分が話題になる。クオリアという言い方を好む読者ならば、〈意味の無意識仮説〉は、いわゆる意識的な思考と結びついたクオリアは、概念的ではなく音韻的な性格をもつのだと解してもよいだろう。(注2)

（注1）一九世紀末から二〇世紀初めにかけての心理学の中心的課題の一つは、「イメージなき思考」なるものが存在しうるか否かという問いであった。そのようなものが存在しうると考えた者たちは、きわめて薄弱な内省的証拠を

報告するのみであり、やがて信用されなくなった。だが思考はイメージであると主張する者たちも勝利したわけではない。むしろ(心理学の通説的な学説史によれば)思考を頭の中にあるものとして科学的な研究を行うという考えそのものが、行動主義者たちによって全否定された。かれらは同時代の哲学で興隆しつつあった反心理主義(例えばフレーゲ)によって助けられ、増長した。第18章での行動主義についての論評を参照。

(注2) ここで、第一部で見た、「意味する」という語の異なる用法についての議論をもとに、言語学的な論法の一端を示そう。次の例文は、私たちが見た用法のうちの二つを示している。

「元副操縦士」は「以前の副操縦士」を意味する。(第7章参照)

「元副操縦士」は「以前の副操縦士」と同じものを意味する。(第9章参照)

これら二つの文はおおよそ同義である。これは文法的には奇妙だ。というのも、「パットはサンディーに抱きついた」という文は「パットはサンディーと同じものに抱きついた」という文と同義ではないからだ。

「元副操縦士」についての二つの文が同義である理由は次のとおりである。「XはYに抱きついた」という文では、Xは人でありYは別の人であると考えられる。人でなくても、犬なり木なりのある大きさをもった具体物だ(言語学者の用語では、これは「抱きつく」についての「選択制限」である)。「XはYを意味する」という文では、Xは語や句でありYは意味であると考えられる。単語を引用することはできるから、Xに語や句を入れることは何の問題もない。だが〈意味の無意識仮説〉によれば、意味を引用することはできない。ではYはどうやって埋めるのだろうか?

この問題を避ける一つの方法は、Yにあなたが考える意味と結びついた語を入れることである。つまり、第一の例における「以前の副操縦士」は実際には語ではなくそれと結びついた意味を指していると考える。この見方に立てば、この例は第12章で見た「ハムサンドがコーヒーが欲しいって」と同じく指示転位の一例となる。Yに意味を入れることからくる問題を避けるもう一つの方法は、言い換えを利用することだ。それは第二の例で見られる。つまり「元副操縦士」が何を意味するかを直接には教えないけれども、それは「以前の操縦士」(これがどんなものであれ)と同じなのだ、というやり方である。

ここでの要点は、右の「意味する」を使った二つの文はどちらも、人は意味を言うことはできず、言えるのは音韻だけであるという事実に対処するための方法だということである。そして私たちは音韻とは意味そのものであるという信念をもっているために、それは全く問題のないものと感じられ、右のどちらの言い方も完全に自然であるように思えるのだ。

16 〈意味の無意識仮説〉を検証するいくつかの現象

〈意味の無意識仮説〉は奇妙なもので、直観に反すると思うかもしれない。たぶん、「電話機」の永遠の本質などと言うのと同じくらいおかしなことではないか。私はこれから何章かをさいて、この仮説を精緻化し、読者がそれになじめるよう力を貸したい。最初に、この仮説が思考と意味について私たちがもつ経験のどのような側面を説明するのかを見ていこう。

意味が隠れたものだという考えは、第9章で最初に触れた。そのときには、「ライオンがクマを追いかけた」と「クマがライオンに追いかけられた」という同義関係にある文を見た。これらの文は同じ意味と結びついている(どちらも同じ思考を表している)。だがその共通の意味とは何なのかを述べることは容易ではなく、できることといえば絵を示すか、言い換えをさらに繰り返すことくらいだった。〈意味の無意識仮説〉はこれがまさに予測される状況であると主張する。意味は私たちの頭の中にあって、それを使って推論を行い、その文が描く場面を表す絵を選ぶことができる。だがそれは無意識的であるために、他の文で重ねて説明する以外に意味を記述する手段はない。言い換えれば、二つの文は同じ一つの無意識的な思考と結びついた二つの異なった「取っ手」だということだ。

翻訳についても同じ話をよく聞く。ドイツ語の文 Der Bär hat den Löwen gefangen は「クマはライオンを捕まえた」と同じ意味をもつ。だが両者に共通するものは私たちの耳には聞こえない何かだ。もしドイツ語を話せる人ならば、両者が同じ意味だということはすぐわかるだろう。ここでもまた、二つの文は同じ一つの無意識的な思考を指す「取っ手」であり、いずれかの言語で別の表現を用いるか、絵で示すかするくらいでしか明示できないものだ。

さきに第12章では、語によって表す必要のないあらゆる種類の意味要素を見た。もちろん、語によって表すことも可能ではあるが、どの語が正しいか判断するのはたいていの場合容易ではない。例えば、アスペクト強制（「ジョーはベルが鳴るまでジャンプした」）では、言葉に現れない意味は「繰り返し」「何度も何度も」「多くの回数」のどれだろうか？　これらのいずれも意味の隠れた部分を表すために使うことができる。だとしたらこの隠れた部分は、言葉そのものでないのならいったい何だろうか？

〈意味の無意識仮説〉に立てば、意味とは心的構造の中の無意識的な要素であり、ここで見ている意味要素は「取っ手」をたまたまもっていない。私たちは推論において現れる効果によってその存在を知る。「ジョーはベルが鳴るまで眠った」と言えば、ジョーが一度眠ったことがわかる。だが「ジョーはベルが鳴るまでジャンプした」と言えば、何度もジャンプしたことがわかる。追加のジャンプは隠れた意味の部分から出てくるのであり、発音とは何の結びつきももたない。

〈意味の無意識仮説〉についてのもう一つの視点は次の有名な引用にもとづいている。「言葉に出すことがわかるまで、考えていることを知ることなどできるだろうか？」これは普通、言葉にするまでは思考が形成されないということを言うために引用される。言い換えれば、思考と言語は同一というわけだ。だがこの引用が本当に言わんとするところは、人は思考を——それが何かを知らないので——言葉という衣をまとって現れるまで意識していないということだ。それ以前の、思考が音韻という「取っ手」を得る前の段階では、思考は無意識的なものなのだ。

「考えが閃いた」と言う場合はどうだろうか？　ここでは自分の言いたいことを知っているという感覚があるが、それを表す文をすべて形にするにはかなりの時間がかかるだろう。あなたは自分がある思考をもっていることを知っているが、それが発話という音韻的な衣や言語的イメージ——あるいは他の種類のイメージ、例えば視覚的イメージ——という形をとったときに限ってその思考を「知覚」することができる。

次に、単語や何かの名前が喉元まで出かかっているときに何が起きるかを考えてみてほしい。自分の言いたいことは正確に把握していて、候補を試しては却下することもあるだろう。「えっと、refrangible だっけ？　いや。refractory？　ええいクソッ」。どんな発音か漠然とわかっていることもあるかもしれない。「r で始まって、di-DA-di-da(四音節で二番目にアクセントがある語)だというのは確かなんだけど」。あるいは、「あそこにいる人知ってる、名前も確か知ってたと思うけど、あれ何だっけ？」ここで起きているのは、ある意味の切片をある発音の切片と結びつけることに失敗しているということだ。その結果、あなたは有意味性を確信してはいるが、それは経験の中でぼんやりとした形でしか感じられないか、さもなければ大きなギャップ——知覚可能な形式の欠如——として映るのである(注1)。

このような状況では、意味は想像される発音と結びついていなければ形のない存在となる。発音との結びつきなしには、意識に残るのは有意味性の確信だけだ。

手話の話し手にとっては思考とはどのようなものだろうか？　私が聞くところでは、頭の中で音が聞こえる代わりに、手の動きを感じたり見たりするのだという——それは手話にとって音声言語の発音に相当する。単語や名前を思い出せないときには、「喉元まで出かかる」状態にあたる、「指先まで出かかる」とでも呼べそうな感覚を経験するという。これはまさに〈意味の無意識仮説〉の予測と合致する。

では全く言語を話さない人たちにとってはどうだろうか？〈意味の無意識仮説〉に立てば、かれらは私たちが普通に経験するような言葉による意識の流れを経験しないと予想される。なぜならかれらは思考と結びつく音韻的な「取っ手」をもたないからである。言語を話す以前の幼児はその好例だろう（そのような子どもたちに思考をどのように経験しているかを問うことはできないが）。そうした子どもたちも、話が実際にできるようになるころには、言語以前の思考がどのようなものだったかを思い出せなくなっている。

これよりも多くの知見を与えてくれそうな証拠は、先天的なろうで、手話に接したことのない人たちから得られる。かれらが成人してから手話を学習したのであれば、それ以前の思考がどのようなものだったかを尋ねてみることができる。BBC放送で、比較的最近生まれたニカラグア手話のドキュメンタリー番組があったが、そこではこうした境遇にあった人が（放送では英語の翻訳だった）、「考えるというのがどんなことかさえわからなかった。考えるということは、私には何の意味ももたなかった」と述壊していた。もちろん彼も手話によって話すことができるようになる以前から思考能力はあったに「違いない」――彼はロボットでもゾンビでもないし、ある程度までは社会の中で役割を果たしていたのだから。しかし――〈意味の無意識仮説〉の予測するとおり――彼はそのことを意識していなかった。(注2)

前章ではヴィトゲンシュタインの苦悩を垣間見た。彼の直観は、思考を表現する言語を消去したら、心の中を通り過ぎるものは何も残らないということだった。だが同時に、彼は「今言ったことは、「言おうとしていた」ことを表していない」と言うことの重要性も認識していた――言葉とは別に何かが実際存在するかのように。

〈意味の無意識仮説〉はこの謎を解いてくれる。それが主張するのは、私たちが思考の内容を意識できるのは発音と結びついているときだけだということである。だから思考を言葉に変換する前の段階では、私たちは「思考の進行」を意識するのがせいいっぱいで、その思考が「何」であるかまでは正確には把握できない。そうして文を発話すると、それが表す思考を、意図した思考内容と無意識のうちに比較し、その発話が不十分だという感覚をもつことにもなる。これはまさに私がこうして本書を書いているときにつきまとう感覚であり、執筆に時間がかかっている理由でもある。(「不十分だという感覚」とはどのようなものか——この点については第35章であらためて取り上げる。[注3])

(注1) 言葉が喉元まで出かかるというのはどんな感覚かということについての説明は、一九世紀後半の哲学者/心理学者ウィリアム・ジェームズによって提供された。それは「既知感覚」と呼ばれてきたものの最も顕著な例である。しかし既知感覚についての研究は、何かを想起はできないが、それを知っていると感じられる場合だけを考察の対象とすることが通例であった。私はこれをより日常的な状況、すなわち実際に何かを想起し、かつそれが正しいと確信している状況の一つの変種として見たい。

これとは異なった状況が、ある種の脳卒中を起こした人々が経験する、より大規模な単語の想起困難(失名辞失語症)では発生する。私が聞いたところでは、こうした人々は要するに空くじを引くのだという——適切な語が何か全く思い浮かばないというのだ。そして思考に対応する語が存在するはずでありながら、この空くじには有意味性の感覚がともなっていない。(この点についての議論につきあってくれたデイヴィッド・カプランに感謝。)

(注2) もう一つの報告では、九—一〇歳になるまで英語の文を組み立てたことがなく、大学に行くまで手話に接することのなかったろうの人の経験が報告されている。彼は世界がどのように動いているのかと不思議に思いはしたが、それを問うやり方を知らなかったと述懐している。また、他の人たちが互いにコミュニケーションを行うことができると察してはいたが、自分にはそれができなかったという思い出を述べている。彼はこれらの疑問を、それ

らを問う方法を獲得するまで保存していたのだという。

例えば、彼は五―六歳のときに人々がどのように電話でコミュニケーションをするのか不思議に思ったことを報告している。ある日、彼は母親に電話で話すのをやめてほしいと思った。彼はそれまでの観察から、ホースを折り曲げて水の流れを止められることを知っていたので、この推論を電話のコードに応用して、コードを折り曲げることで音が出るのを止めようとした(もちろん、失敗に終わったのではあるが)。

この報告によれば、このろうの少年は思考を生じさせるべき言語をもたずに、心の中で疑問をもったことになる。さらに、電話についての挿話は、彼がアナロジー的推論を頭の中で言葉によって進めることなしに使えたことを示唆する。

〈意味の無意識仮説〉によれば、ここから次の疑問が生まれる。彼はどのような形でこうした疑問や推論を経験したのだろうか? これは「イメージなき思考」の何らかの形を体現しているのだろうか? このことについて問われたときの彼の報告からは、彼の経験が何らかの視覚的あるいは運動的イメージ――「物事がどうはたらくか」について人がもつ感覚――およびそれにともなう物事の連結の感覚、または観察される動作の間の結びつきを問う感覚から成り立っているかのように思える。第37章と第39章で見るように、このような連結と結びつきを問う直観的な感覚は内的言語によって伝えられる思考の本質的な部分でもある。(この報告を知ったのはネイオミ・バーラヴのおかげである。)

(注3)〈意味の無意識仮説〉に近い考え方は一九世紀の哲学者/心理学者/ユダヤ学者であったハイマン・シュタインタールの著作に見られる。その曖昧模糊ぶりは、ついつい引用したくなるほどだ。一八八一年に出た『言語学概要』の中で、彼は多くのページをさいて思考と言語が同じものだという考えに反論している。その証拠として彼は翻訳の可能性、動物そして言語に接したことのないろう者の知的行動、機械の仕組みについての非言語的理解、美術と音楽の鑑賞における知性のはたらきを指摘する。そしてこうした現象は「言語は論理から独立して、完全な自律性をもってその形式を創造するということを認識してはじめて可能かつ理解しうるものとなる」と述べている。

彼は「私たちにとって思考は言葉の助けがあればより容易である。なんとなればこの補助に私たちは慣れているからである」と認める。しかし彼は自らの得た証拠に照らして、「思考と言語の不可分性を断定することは誇張にすぎず、人は音声に依拠して、また音声を通じて思考するということがなく、音声とともに、また音声を随伴して思考する」と結論づける（傍点はシュタインタール）。言い換えれば、思考は言語から独立しており、思考に意識的な音声がともなうということはまさにそれだけのこと、つまり随伴するだけだということを彼は認めていることになる。

〈意味の無意識仮説〉は実際にはシュタインタールよりも少し踏み込んでいる。それは思考と言語を同一視することが人をかくも惹きつける、まさにその理由を説明しようとする——内的言語とともにある有意味性の感覚がその答えである。（シュタインタールに目を向けさせてくれたピム・レヴェルトに感謝。）

17　意識と無意識

〈意味の無意識仮説〉をより明確な形で述べようとすれば、あるものが意識をもつ／もたないとはどういうことか、より注意深く考えることが求められる。この問いかけはいつでも危険をともなう作業だが、過去二〇年の間にいくらかの尊敬を集める（あるいは再びそうなる）に至った。

手始めに、もう少し言語療法を行いたい。今度は「意識（consciousness）」「意識している（conscious）」および関連語の使い方についてだ。それは意識についての日常的視点がどうなっているか——つまり私たちはふだん意識とはいかなるものと考えているのか——を理解する手助けとなる。その後で、認知的視点について考え始めることができる。

「意識」のあるなしと関わる言葉には次のような用法がある。

Pat is conscious of the noises out in the street.（パットは街の喧噪を意識している）

Pat is conscious that there are noises out in the street.（パットは街に喧噪があふれていることを意識している）

Pat was unconscious of the smell of gas in the kitchen.（パットは台所のガスの臭いを意識しなかった）

Aware と unaware もほぼ同じ意味で同様に使われる。

Pat is aware of the noises out in the street.（パットは街の喧噪を意識している）
Pat is aware that there are noises out in the street.（パットは街に喧噪があふれていることを意識している）
Pat was unaware of the smell of gas in the kitchen.（パットは台所のガスの臭いを意識しなかった）

この用法では、「意識」とその関連語は、ある人（これを「経験者」と呼ぼう）の頭の中で、世界の中の何か（これを「刺激」と呼ぼう）に関して起きていることを描いている。右の一連の文では、経験者はパットで、刺激は音や臭いだ。

刺激はまた、次に挙げる例文の最初の二つにあるように経験者の身体の中にも現れうるし、後の二つの文にあるように経験者の頭の中に現れるということもありうる。

Pat is conscious of the pain in her leg.（パットは足の痛みを意識している）
Pat is aware of her hunger.（パットは自分の空腹を意識している）
Pat is conscious of a tune running through her head.（パットは頭の中を流れている音楽を意識している）（注1）
Pat is aware of the nagging suspicion that she left her keys at home.（パットは自分が鍵を家に置いてきたのではないかという拭いきれない疑念を意識している）

「意識」のあるなしと関わる言葉の別の用法では、刺激は全く出てこない。

Pat is conscious.（パットは意識がある）

Pat is unconscious.（パットは意識がない）

この用法は覚醒状態一般を描写するもので、「ものごと全般を意識している」と言い換えることができるかもしれない。「意識がない」は「昏倒状態」、より正確には「ものごと全般が意識されない」と言い換えられるかもしれない。刺激は名指しされていないが、「意識」という語の意味の中に含まれている。[注2]

「意識」のあるなしと関わる語の第三の用法では、次の例のように刺激ではなく経験者を除外する。

The pronunciation and the feeling of meaningfulness are conscious. But the attached meaning is unconscious.（発音と有意味性の感覚は意識的である。しかしそれと結びついた意味は無意識的である）

だがここでも、経験者は私たちがふだん理解するような意味で存在している。「発音は人々にとって意識される」、または「人々は発音を意識している」というわけだ。

そこで、consciousness（意識）という用語である。この語は少なくとも三通りの用法がある。一つ目はconscious（意識している）という語の単なる名詞形であり、すでに見た例文の「喧噪を意識している」と完全に並行する句に現れる。

Pat's consciousness of the noises out in the street grew more acute.（パットの街の喧噪についての意識はさらに強くなった）

Pat's consciousness of the tune running through her head drove her nuts.（パットの頭の中を流れている音楽についての意識は彼女の理性を失わせた）

この言葉の否定形はunconsciousness（意識の不在状態）で、Pat's unconsciousness of the noises out in the street（パットの街の喧噪についての意識の不在状態）のような表現に現れる。

第二の用法は大きく異なっている。それはものごとの経験が生じる心の中の場所、あるいは器のようなものだ。ものごとはその「内側」にあったり「外側」にあったりする。ダニエル・デネットはこの「場所」を「デカルトの劇場」と呼んでいる。

The noises in the street intruded themselves into Pat's consciousness.（街の喧噪はパットの意識の中に侵入した）

The noises in the street don't reach Pat's consciousness.（街の喧噪はパットの意識には届かない）

Pat tried to keep the pain in her leg out of her consciousness.（パットは足の痛みを意識から遠ざけようと努力した）

The importance of this situation goes beyond Pat's consciousness.（この状況の重要性はパットの意識を越える）

この用法での consciousness の否定形は unconsciousness ではなく、unconscious（意識にのぼらない部分、無意識）または subconscious（意識下）である。

The influences of Pat's background in Imperialist Grammar are still lurking in her unconscious/in her subconscious.（*in her unconsciousness）（パットが帝政文法を背景にもったことの影響は、今なお彼女の意識にのぼらない部分／意識下［*意識の不在状態］に潜伏している）

ここからうかがわれるのは、影響はパットの心の中の「どこか」に存在するが、ものごとが意識されたり、彼女がそれを経験したりする「場所」に存在するわけではないということである。Consciously と unconsciously（意識的に・無意識的に）といった副詞もまた、このような心の中の「場所」と結びつくように思われる。

Pat is consciously trying to eat less.（パットは意識的に食事を減らそうとしている）

Pat unconsciously wants to fail the exams.（パットは意識にのぼらない部分で試験に落ちることを望んでいる）

一つ目の文は、パットが食事を減らそうとする試みを「心に留めて」いることを表している。二つ目の文は、パットはある欲求をもっているけれども（意識にのぼる部分では）それを知らないことを表している――その欲求は意識のスポットライトの外側にあって、舞台裏でパットに影響を与えているだけだ。

Consciousness の用法はもう一つある。

Pat drifted in and out of consciousness for days.（パットは何日間も意識を取り戻したり失ったりを繰り返した）

この用法でも、意識は「場所」のようなものだ。だがこの例では意識という領域に出たり入ったりするのは刺激ではなく、経験者のほうである。パットが意識の中に入るときには、ものごと全般について意識している。そこから外に出るとき――あるいは「無意識に落ちるとき」――は、ものごと全般について意識をなくしている。

ここで微妙な問いが出てくる。夢を見ているとき、意識はあるのだろうか？　無意識であると言いたくなるのはわかる（この世界のものごとを経験していないのだから）。その一方で、ものを見たり、人に話しかけたり、果ては空を飛んだりと、ある種の経験をしているのも確かである。それは周辺的な意味で、何やら奇妙な形で意識のある状態ということになる――これは第11章で話題にした、ヘビや飛行機が周辺的な意味において「登る」様子について話題にするときとちょっと似ている。

（注1）私は時おり交響曲の一部が頭の中で鳴り続け、やがて消えるという経験をする。その数分後にはまた同じ音楽が鳴っていることに気づき、そのときは同じ曲のその後の部分を聴いている。それは私の頭の中で、意識が途切れた部分があっても音楽が演奏され続けていたかのようだ。音楽が聞こえてこない空白の間、音楽は私の頭の中で鳴り続けていたと言えるのだろうか？　確かに意識の上では否である。日常言語でこのことをうまく言い表す術があるとは私には思えない。

（注2）「Xについて意識している」と単なる「意識がある」の関係はそれほど奇異ではない。「礼儀正しい」という語を考えてみるといい。礼儀正しいというのは誰かに対してのみ成り立つ態度だ。「パットは礼儀正しい」というのは、「パットは人々全般に対して礼儀正しい」と解するのが最適であり、「パットは礼儀正しく振る舞うためにそう言っただけだ」は「彼女が話していた相手に対して礼儀正しく」と解するべきである。つまり、その場にいた人物は言葉で表されないが、「意識」なり「礼儀正しい」なりが意味するものゆえに、文の表す意味の一部になっているのだ。言語学者はこのような言及されない人物を「暗黙の項」と呼ぶ。それは第12章でいう拡充された構成性の一種であり、意味の一部は言葉で表現されていない。

18 「意識とは何か?」という問いは何を意味するのか

「意識とは何か?」と問うとき、私たちは何を実際に問うているのだろうか? 私は森厳なる声韻をもって、

意識とは何か?

などと問いかけようとは思わない。超越論的・宇宙論的な深淵を覗き込むつもりは私にはない。私が興味あるのは人間の心のはたらきだけだ。(深淵に至るのは第26章までとっておこう。)

最初に解決すべきことは、「意識」のどの意味を話題にしているのかという点だ。「過程」の意味で言っているのなら(「パットは喧噪を意識している」)、この問いは「人が何かを意識しているとき、何が起きているのか」と言い換えることができるだろう。「容れ物」の意味が念頭にあるなら(「その喧噪はパットの意識の中に入った」)、「人が何かを意識しているとき、それと関連する動きはどこで起きているのか」と問うことができるだろう。

きわめて伝統的な見方、特にデカルトとの結びつきで知られている見方によれば、「意識の容れ物」は心

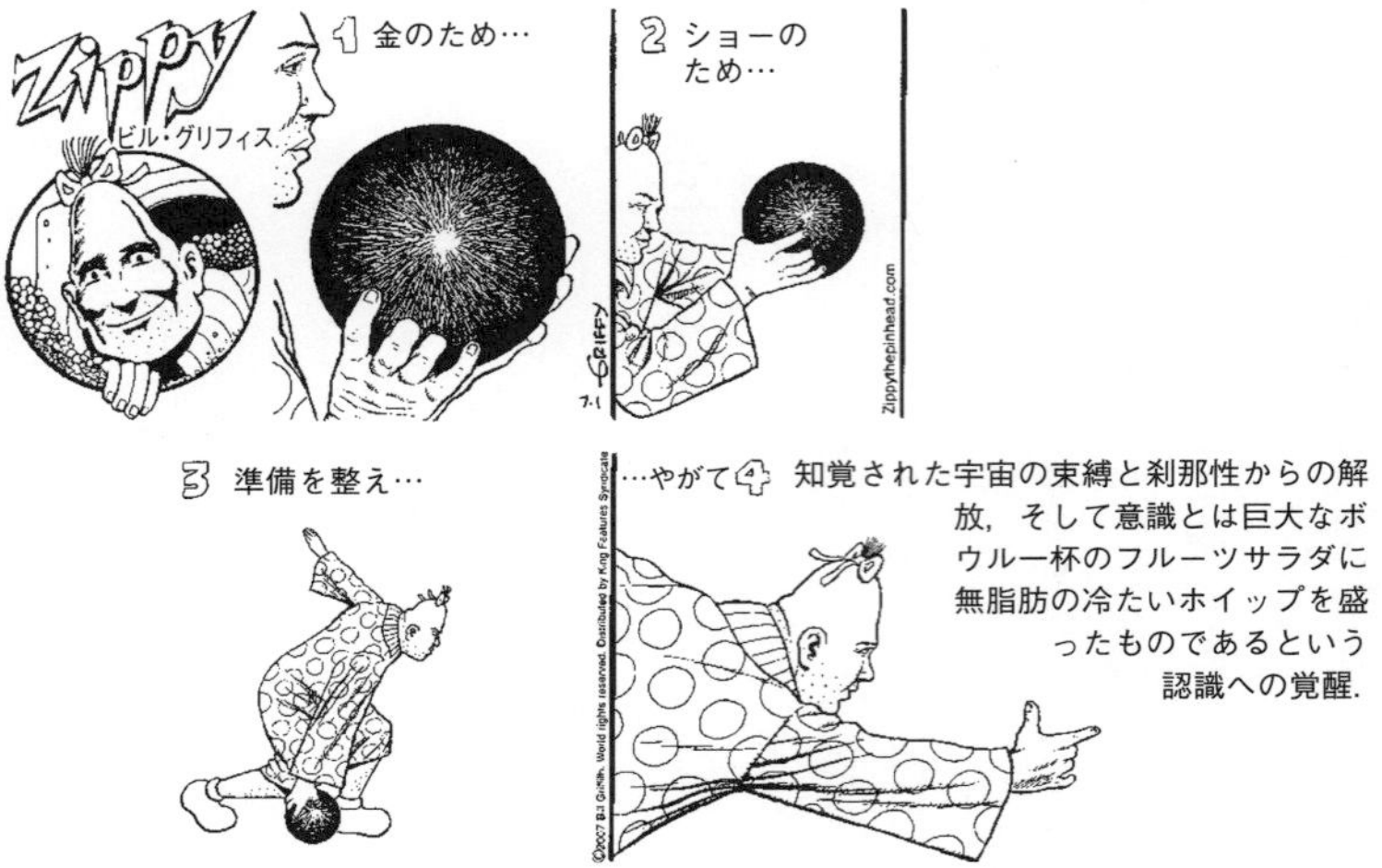

そのものであるという。あるものについて意識していないというなら、それは単純に「心の中にない」ということだ。この見方では、意識がある――あるいは心がある――ということは、以下のような〈私たちを人間たらしめる最重要の要件〉の一つである。

- 人間は魂をもつ。
- 人間には意識がある。
- 人間には理性がある。
- 人間は言語をもつ。
- 人間は道徳的責任をもつ。

中にはこんな刺激的で深遠なる要件を加える人もいる。

- **人間は自分が死ぬことを知っている。**

デカルトにとって、意識と心は非物質的な魂に属するものであり、物理的な研究の範囲外にあった。(魂については第31章で取り上げる。)

この見方によれば、動物は単なる機械にすぎない（現代的な言い方をすれば「本能だけで動く」だろうか）。動物には魂、理性、心、言語、道徳的責任のいっさいが欠落している。かれらには意識がない。本能とは「単なる」本能、あるいは「剝き出しの」本能であり、理性に劣り、価値の低いものである。

人間の感情も、この「下等な」動物的カテゴリーに入れられることがある――少なくとも好ましくない利己的な感情とされる情欲、貪欲、大食はそうだ。真の人間らしさを達成するためには、私たちはこのような悪しき衝動を抑圧し、さらなる高みに立つ努力をすることが期待されている。その一方で、他の一部の感情、例えば神への純粋な愛や超越的な法悦は、時として理性よりもさらに高尚で尊いものと見なされる。これは話す相手次第だ。

二〇世紀初期には、フロイトは意識の「容れ物」の底には深くて暗く、濁流渦巻く恐ろしい無意識領域が存在すると提唱した。それは禁忌であると同時に人を恐怖させる思考や動機に満ち満ちたものだった。フロイトの思い描いた心の概念は大きな軋みをともなう思想的転換を意味するものであり、それが支持を得るまでには長い時間がかかった。時代が下り、一九五〇年代になってもなお、マックス・イーストマンというジャーナリストはフロイトの理論について次のように書いたほどだ。「脳のはたらきは無意識的となりうるし、大部分は事実そうなのだが、それが心でありかつ無意識であるというのは、言葉が純正な意味を保つのであるならば、用語の矛盾である」。ほぼ同じ時期に、ヴィトゲンシュタインもまた「心」と「意識」を同義と解していたようである――少なくとも彼は「無意識の心」について語ることは決してなかった。しかし今日では、心理療法を実践するものは誰でもフロイト的な視点を受け入れている（無意識の中身がフロイトの考えていたのと大幅に異なっているとしても）。

フロイトとほぼ同時期に、ジョン・B・ワトソン、その後はB・F・スキナーの率いる行動主義陣営は異なる方向に進み、科学(もっと正確にいうなら科学)は人間の機械的な側面——すなわち行動——だけを研究するほかはなく、またそうすべきであると声高に主張した。かれらによれば、心について論じるなど迷信にすぎなかった。岩石が欲求や意図をもつなどと考えるのを止めることで、科学がどれほどの飛躍をとげたか見るがいい。科学がそのようなものを人間に帰属せしめることを放棄すれば、さらなる偉大な進歩を遂げることができるのだ。意識などというものは、忘れてしまえ！　それはタブーだ。

二〇世紀後半には、「認知革命」が誕生した。脳は情報処理装置、すなわち一種のコンピュータと考えられるようになった。年長の読者であれば、初期のコンピュータが「電子頭脳」と呼び習わされていたことを思い出すだろう。コンピュータ科学者たちが「メモリ(記憶)」という用語を人間の記憶から借用したことは言うまでもない。(その後、人間について話題にするときでも「メモリバンクから呼び出す」と言ったり——大昔のコンピュータ記憶装置は真空管を積み上げた巨大な収納棚だった——人の頭の記憶が「容量の限界」だと言ったりするようになり、コンピュータ用語の逆輸入が起きたわけだ。)

コンピュータは最初から二つの視点から描かれるのが常だった。「ハードウェア」の視点からは、物理的装置の中で何が起きているのかを述べた。つまり、電源、回路設計、それぞれの回路内の電圧変化、そしてコンピュータを物理的に構成する各部分が他の部分のはたらきにどのように貢献するか、等の描写だ。「ソフトウェア」の視点からは、コンピュータがすることの「ロジック」について語ることになる。つまり、プログラムの構造と、それがデータ構造をどのように操作するかだ(データ構造には他のプログラムも含まれる)。この二つの視点は独立したものではない。ソフトウェア内で起きていることはすべて、ハードウェア内で起きている動きによって物理的に支えられなければならない。さもなければコンピュータはソフトウェアとしてすべきことを実行できない——それは魔法で動いているわけではない。だが私たちはふだん、ハードウェアがどうやってはたらいているかを知る必要はない——技術者と修理の専門家だけが知っていればよい。私たちはコンピュータがソフトウェアの指令を実行するだけの存在だと思って行動する。それだけの話だ。こちらの関心からすれば、コンピュータが正しく作動するかぎり、それは魔法とまさしく同じようなものなのである。

コンピュータについてのこれら二つの視点は、脳と心についても同じように考えることを魅力的なものとした。脳は物理的なコンピュータと同じような役割を果たしている。脳神経はトランジスタの、血管は電力供給の代わりというわけだ。だが同時に、脳は情報処理や計算の実行をしていると考えることもできるし、こうした情報や計算の論理構造について問うこともできる。これが認知的視点であり、その源はジョン・フォン・ノイマンらの開拓者にさかのぼる。

認知科学者はしばしば「心」(または「心／脳」)という語をこの視点を表すために使うが、それはデカルトとも、さらにはフロイトとも大幅に異なった心の概念である。例えば、すでに第2章で論じたように、現代言語学の基本的なアプローチにおいては、言語使用者は頭の中にある種の原理の体系をもっていると考える。しかし心の中にある文法規則や音韻構造について話題にするとき、私たちは意識にのぼるものについては全く語っていない。話し手は言語を司る原理が何かを語って聞かせることはできないし、心理療法のようなやり方によってもそうした原理を目に見えるようにすることはできない。こうした原理は、内省によって達し得ないという点では、あなた自身の脾臓の状態と同じである。話し手は言語の原理を直観的に、つまり無意識に使っている。これは「心的」と「意識的」を同義とする伝統的視点においては全く意味をなさない。

心についてのこうしたコンピュータ的な見方は行動主義からの大きな進歩である——それは科学的研究をする価値のあるものとして心の存在を認める立場をとるからだ。だがそれは心／脳を機械的な、物理法則に従う系として見るにとどまっており、意識について言うことはあまりない。確かに、心の中にある情報の一部、例えば文法規則などは無意識であるといった言明は行う。しかし心の中の情報がそもそも意識にのぼる理由については何も述べない。すべてが無意識でないのはなぜだろうか？ 意識はコンピュータ的な見方の中ではほとんど役割をもたないように思える。

さらに重要なのは次の問題である。日常的視点では、人間が意識しているのは世界の中の何かである。脳がニューロンの発火について意識していると言ったり、心が(コンピュータ的な意味で)処理している情報について意識していると言ったりすることは意味をなさない。これはイメージについて話題にするときいっそう深刻な問題となる。あなたがジョイス風の意識の流れを心の中で聞いているときや、夢の中で空飛ぶ牛が出てくるときは、あなたの脳内には実際に声に出された言葉があるわけではなく、牛が飛んでいるわけでもない。脳の観点からすれば、そこにあるのはニューロンの発火だけで、それ自体は声に出された単語を耳で聞いたり現実の世界の中で牛を見たりしたときに起きるニューロンの発火とさして違いはない。コンピュータ的視点からはそこに存在するのはデータ構造(すなわち「心的表象」)だけであり、何らかの計算プロセスによって操作されるものである。

とはいえ脳と心についてのコンピュータ的視点は、私たちが「意識とは何か？」という問いを理解するための助けにはなる。人の経験は脳内過程によって成立する。脳のはたらきを変えるドラッグを服用したり、脳に損傷を受けたりすれば、外的な行動だけでなく経験のありようも変化する。顔の認識においては、建物の認識とは異なる脳の部分がはたらく。脳手術のために開頭して脳のさまざまな部分に電気刺激を与えてみると、多様な経験が報告されることだろう——身体のあちこちがヒリヒリしたり、音楽が聞こえたり、なつかしい記憶がよみがえったりするのである。

脳内過程と心的経験との結びつきを理解するためには、次の問いを立てる必要がある。いったいどうして心／脳の中で起きる「何か」が――ニューロンの発火と見るにせよ、情報操作と見るにせよ――「経験」なるものを成立させるのだろうか？　これは伝統的な心身問題そのものである(ここでは「心」はコンピュータ的な計算機構という意味でなく、伝統的な経験主体という意味で解している)。

この問いに答えるには、刺激に対して知的に反応する能力を問うているだけではないということを念頭に置くことが重要である。それは物理的な行動を決定する何ものかについての問いである。それを機械論的な解答で説明することは(少なくとも原理的には)可能である。しかしながら、私たちが問うているのは、「経験」をもつとはどういうことかだ。私は今、この文章を六月末のある美しい日に屋外のパティオに座りながら書いている。同時に、こんな経験をしている。目にはラップトップの画面、石造りの壁、灌木が映り、耳には子どもの遊ぶ声、鳥のさえずり、車の通り過ぎる音、コンピュータの微弱な動作音が入り、指先にはキーボードの手触りを感じる。ニューロンの発火や情報処理から、私たちはここまで一体どうやって達するのだろうか？

デイヴィッド・チャーマーズはこれを「ハード・プロブレム」と呼び、意識を物理的に説明するうえでの真の難点であるとした。多くの哲学者と神経科学者がチャーマーズに同意している(例えばジョン・サールとウィリアム・ロビンソンなど)。一方でダニエル・デネット、ポール・チャーチランド、パトリシア・チャーチランドのように、この問題は言うほどハードではなく、詳しく見ていけば問題が実はすでに解決済みであることに気づくのではないかと主張する者も多い。私は個人的には、この問題は心と脳についての科学の現状では手に負えないと考える者であり、当面は脇に置くことにしたい。(とはいえ、私は「一五年のうちにはその問題を解決してみせる！」と言ったり、「それは解決不能だ！」「その問題の解決は人間の能力を越える！」と言ったりする者でもない。機が熟するのを注意深くうかがおうではないか。）

それはともかく、希望を棄てる必要もない。脳と経験の結びつきについては、私たちが問うべき第二の重要な問題がある。ニューロンの発火と情報処理のいかなる特定のパターンが、経験のいかなる側面と相関するのか。この問いは、私の考えでは間違いなく手に負える性質のものであり、実際さかんに研究されている問題である。それは次のように分割できる。ものごとについて意識しているという状態はニューロンの特別な属性なのか。それは定まった種類のニューロンか。十分大きなニューロンの集合体なのか。特定の形で組織されたニューロンの十分大きな集合体なのか。コンピュータ的視点からは、次のような問いが出るだろう。ものごとについて意識しているという状態はデータ構造と情報処理のある形がもつ特別な属性なのだろうか。石造りの壁の視覚経験は何らかの脳の活動（これは一つの視点から）と何らかのデータ構造（これは別の視点から）が主に担い、鳥のさえずりの聴覚経験は別の脳活動とデータ構造が主に担うのだろうか。

脳の観点からは、フランシス・クリックとクリストフ・コッホがこの問いを「意識の神経的相関物」の問題と呼び、他の多くの研究者と同じく、主に視覚経験を通じて探究を行ってきた。意識を「容器」的な意味で考えつつ、かれらは問う。脳のどの部分が、経験のどの側面と最も直接的に相関しているのか？「過程」的な意味では、かれらはこう問いかける。かくかくしかじかの種類の経験をもつとき、脳のそうした部分は何を行っているのか（もちろん、脳の他の部分と協調しつつだが）？

コンピュータ的視点からは、「意識の認知的相関物」についてこれと並行した問いを立てることができる。意識を「容器」的な意味でとるなら、このように問いかけられる。心によって処理されるさまざまなデータ構造のなかで、どのような種類のものが経験の諸相がもつ特性と最もよく相関するのか？「過程」的な意味では、このように問うことができる。経験のある側面が心の中で現前するとき、それに対応するデータ構造に正確には何が起こっているのか。

本章を要約しよう。「意識とは何か?」という問いは脳の視点およびコンピュータ(または認知)的視点に立って答えるのが最適である。どちらの視点からも、心/脳のどの部分が経験のどの側面と相関するか、そして特定の経験が得られているときにそのような部分で正確には何が起きているかを問うことができる。だがこれに加えて、私たちは脳内で起きていることがどうやって経験を成立させるのかというハード・プロブレムに直面することになる。私はクリック、コッホ、そしてその他の多くの研究者とともに、意識の相関物についての問いは、最初にハード・プロブレムに答えなくても多大な進歩を見ることが可能であると提唱する。

19　意識的思考の三つの認知的相関物

ここで、〈意味の無意識仮説〉にもどろう――私たちが意識的な思考として経験するものは、その形式を意味からではなく、内なる声すなわち発音の言語的イメージから得ているという考えだ。ここまでの議論をふまえて、これは意識の認知的相関物についての仮説と考えることができる。

認知的視点からすれば、ある言語表現は心の中の三つの関連したデータ構造、すなわち音韻論(発音)、統語論(文法)、意味論からなっている。音韻論は表現を言語音のパターンとして組織化し、音節、語、句へとまとめて、イントネーション(声の音程の高低)をかぶせる。統語論は表現を名詞、動詞などの文法上の単位によって組織化し、句、節、文といった形へとまとめていく。意味論は意味を概念単位によって組織化する。概念化された物体や人格(例えばライオンやクマ)は、概念化された状況や事象(例えば追いかけるという出来事)の中である役割を演じる。意味論は思考に関わるデータ構造である――それは私たちが世界を理解する営みの他の部分と結びついている。

〈意味の無意識仮説〉によれば、これら三通りのデータ構造のうち、思考の経験と最も近似するのは音韻論である。私たちは頭の中で音韻をもった単語を聞くが、それは個別言語の単語だ――「ボクは英語で考える」。言い換えれば、意味よりもイメージされた発音のほうが、意識的な思考の主要な認知的相関物である。

この仮説が受け入れにくくても、もうしばらく私の議論につきあってほしい。この仮説をとるに至ることになった理由を確認するために、第15章と第16章を振り返ってもいいかもしれない。

第15章では、内なる声の経験における第二の要素について話した。すなわち発音と結びついた有意味性の感覚である。経験のこの部分の認知的相関物は何だろうか？　それは思考だろうか？　そうだとすれば、〈意味の無意識仮説〉は反証されることになる。その場合、思考は意識的なものとなるからだ。

だがこれは正解とは思えない。理由はこうだ。thit のような意味と結びつかない発音を耳にするとき、それにともなう有意味性の感覚は一切生じない――それはただの雑音である。有意味性の感覚を現にもつとき、その意味が正確に「何」であるかは大した問題ではない。肝心なのはその発音が「何らかの」意味と結びついているという事実だけである。この意味で、有意味性の感覚はひとえにこの結びつきの存在にかかっているのであり、それが結びつく先である思考に依存しているわけではない。

さらに説明を要する重要な点がもう一つある。他の人が（あるいはあなた自身が）実際に話しているのを聞くとき、あなたはそれを外部世界に存在する、現実の音声として認識する。だが頭の中の内なる声を聞いているときは、あなたはそれを頭の中の声、すなわち言語的イメージとして認識する。どちらの場合も、あなたの心／脳は音韻的、文法的、意味的構造を結びつけねばならず、その結果として音と意味が一体となる。しかしこの点が共通しているならば、言語的イメージをもつことと実際の発話を耳で聞くことに違いはあるのだろうか。

次のことに注意してほしい。この違いは音がどこから来ているかがわかっているというだけにとどまらない。心／脳はこの理解を魔法で行っているわけではない。心／脳はそれを創り出す必要がある。実際、心はつねにそれを正しく行うとは限らない。人が夢の中で語りかけてくるとき、私たちはその言葉を現実の声として経験するのであって、頭の中の声として経験するのではない。統合失調症患者は予期せぬ声を内なる言葉としてではなく、誰か(例えば神や悪魔)が語りかける声として経験する。「それがどうした?」とあなたは言うかもしれない。「そんなのは異常事態だ。数に入れることはない。まともな状態ならばちゃんとわかるものだ」。さて、ここで肝心なのは、これらのあまり普通でない場合が示しているのが、私たちの経験は現実と直接に接続していないということだ。私たちがもつ現実感覚は心/脳によって生み出されねばならない——たとえ現前するものが本当に現実であったとしても。(ちなみに、夢について何がそんなに異常なのだろうか。)

話をまたややこしくすることがもう一つ。第5章と第6章で見たとおり、発音はどのみち厳密には「外部世界」の存在ではない。外部世界に存在するのは音波にすぎない。その音波を言語音や単語へと分割するのは、脳にとって大変な作業である。コンピュータにそれを再現させようとして、人は大変な思いをしてきた。あなたが現実の発話を言語音からなる単語の連鎖として経験するとき、それは「正しく」行われているのだろうか(「現実には」それは音波にすぎないのに)。それとも、あなたの経験は錯覚なのだろうか。これは奇妙な問いだ。話し手の心の中にある単語を解読できたなら正しいと言えるだろう。だがそれは「外部世界」にある物理的信号の域をはるかに越えている。ここでは話し手の心の中にある、直接観察することのできないものについて語っている。ではあなたがオウムなりコンピュータなりの出す音声を、単なる雑音としてでなく、言葉を話しているものとして聞いたなら、それは「間違い」なのだろうか。そうかもしれないが、ある意味では、と付け加えざるを得ない。つまるところ、正しいか間違っているかというのは私から見ればここでは誤ったカテゴリー分けであるように思われる。

次のように考えればもっとうまくいくだろう。あなたが外在的な言葉(他人のでも、あなた自身の独り言でもよい)を聞いているとき、あなたの心は耳から聴覚的な信号を受信していて、それらと結びついた発音のパターンを作り上げている。一方、あなたが言葉を想像していたり頭の中で聞こえていたりするだけのときには、あなたの心は聴覚的な信号との結びつきなしに発音を作り上げている。そこで、この結びつきの有無が、「現実に聞こえている」経験と「聞こえていると想像する」経験の区別の通常の認知的相関物としてはたらく。

私は「通常の」認知的相関物という言い方をしたが、それは夢を見ている者や統合失調症の者の経験を考慮に入れるためである。それらの場合には、外的に聞こえる言葉を感じる際には他の何かが関わっているに違いない。一つの可能性は、相関物は結びつきそのものではなく、発音と聴覚的な信号の間の結びつきの存在を確認する「モニター」だという考えである。通常ならば、このモニター機構は結びつきのあるときには「外在的」という信号を返し、結びつきがなければ「想像上」という信号を返す。しかし夢を見ているときには、それが何であろうと「外在的」という信号を返す(同じことは言葉だけでなく物体についても言える――まるで現実であるかのようにそこにものが「見える」のだ。この点は第21章で論じる)。統合失調症の場合には、おそらくこのモニターは、患者の現実との境界のぼやけた感覚を反映して、規則性のない信号の返しかたになるだろう。それはたとえるならば、自動車のエンジンにどこか悪いところがあるけれども、「エンジンチェック」の表示部分の回路自体に問題があるせいで、チェックの表示が停まってしまうようなものだ。そこですべて順調だと思って楽しくドライブを続ける。同種のことが、夢を見ているときや統合失調症における現実感覚についても起きている。要するに、私たちが言語的イメージを経験するのは心の中に聴覚的な信号と結びついていない発音が存在するとき――そしてモニターが正常にはたらいているときである。

意識的思考をもつということ

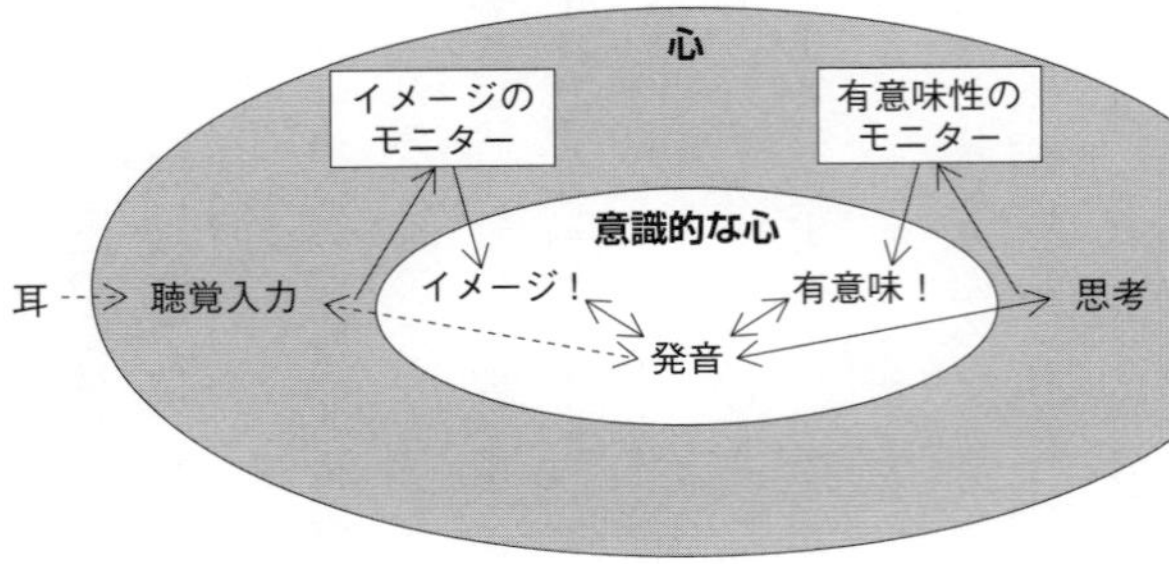

もちろん、発音と結びつかない聴覚信号は他にもある。例えば音楽や往来の音だ。これらは言葉としては聞き取れない――それらは心の中で他の経路を通って認知的な意味を得る。また、手話言語では聴覚的な入力が視覚的な入力と置き換わり、言葉の発音が言語的に構造化された手や顔の形態と置き換わる。

ここで、〈意味の無意識仮説〉に立ってここまで進めてきた議論を図式化してみよう。上に掲げたのは第15章で示した認知的視点を精緻化したものだ。

第15章の図と同じく、無意識の思考は、意識の認知的相関物である発音と結びついている。発音は経験の形式を与える――そして思考を英語など特定の言語で聞くことになる。

この図は二つの新しい部分が加わっている。一つは「有意味性のモニター」で、それは発音と思考の間に結びつきがあるかをチェックする。上の図ではそうした結びつきが示されており、モニターは発音と結びついた「有意味」の感覚を意識の認知的相関物として登録する。このような有意味性の感覚を「特性タグ」と呼ぶことにする――それは経験の全体的な性格を表すものだ。

二つ目の新しい部分は「イメージのモニター」で、それは発音と耳から入る聴覚入力の間の結びつきの有無をチェックする。上の図では結びつきが存在しない場合を描いた(破線で表示)。そこで、モニターは「イメージ」の存在という感覚を、発音と結びついたもう一つの特性タグとして登録する。これもまた、意識の認知的相関物である。

発音は豊かな内容をもった心的なデータ構造であり、経験の多様な側面と相関する。その他の二つの認知的相関物としての特性タグは、比較的単純なデータ構造をもつ——心の中で異なるデータ構造の間に結びつきがあるかないかを示すだけのものだ。それは経験の「感触」における単純だが奥深い区別と相関を見せる。第25章と第26章では、そうした「感触」の区別をあらためて論じ、さらにいくつかの区別を導入する。

20　意識についてのいくつかの権威ある理論

さらに先に進む前に、少し間をおいて、〈意味の無意識仮説〉が他の意識へのアプローチについてどのようなことが言えるのかを見ておきたい。第18章で触れたが、長い伝統の中で、私たちがもつ知性と意識は人間の最高の、最も崇高な、最も畏敬に値する面であると考えられてきた。そして知性と意識はどちらも等しく畏敬に値するものであるから、両者は同じものに相違ないと推論する(または無批判に受け入れる)ことが通例であった。例えば、神経科学者アントニオ・ダマシオは、意識的なイメージは「生物現象の中では最上位レベルにある」と言う。もう一人の神経科学者バーナード・バーズは、意識は「丘の上の王だ——あらゆる活動的な心的プロセスはそれを利用する」と言う。

〈意味の無意識仮説〉によれば、これは大きな間違いである。一つには、他の動物、特にチンパンジーやゴリラのような高等な霊長類は、思考する能力が現にあるということを私たちはすでに知っている。これらの動物は、ラボの中では頭の良い実験者が課した複雑な問題を解き、実生活では環境世界の中を移動し、食物を見つけ、捕食者を避け、道具を作り出すことすら行う。最も印象的なのは、かれらは複雑な社会的環境と関わり合うという事実である。その関わり方は「マキャベリ的知性」という用語で呼ばれてきた。たぶんかれらは、私たち人間と同程度の精度と視野の広さをもって思考することはないだろうが——鋤《すき》のような農具やテレビを発明したり、意識の理論を考え出したりすることはない――チンパンジーもゴリラも、アリストテレスやデカルトが考えたような「本能に駆り立てられる」だけの機械のような存在ではない。

もちろん、人間と私たちに近い霊長類の間には大きな違いがある。その一つは、私たちが言語をもっているという点である――すなわち思考を発音と結びつけることによって伝達可能な形へと変換する能力だ。〈意味の無意識仮説〉によれば、この結びつきは私たちにもう一つの違いを与えてくれる。言語は私たちが自分の思考を意識することを可能にする。それは他の動物には不可能だ。だがそれは思考そのものを意識することによって行われるのではない。そうではなくて、思考と結びついた音韻的な「取っ手」を意識することで成し遂げられる。他の動物に欠けているのはここである。(とはいえ、他の動物が言語をもっていたら人間と同じくらい賢くなるというわけではない。他にも重要な認知上の相違はたくさんある。)

要するに、言語をもたなくても思考をもつことはできるが、私たちの意識が形を得るのは、思考そのものから直接にではなく、内なる声の発音を通じてである。だから思考と意識は一つのものなどではない。

意識についての伝統的な見方からすると、この結論は正気のものとは思えないだろう。意識の中身が音の連続にすぎないなどありえるのか？　それはあまりに些末で、とうてい畏敬になど値しない。だが〈意味の無意識仮説〉は、真に思考の経験に注意を払うことにもとづいているのであり、意識とは何やら「深遠」なものだという先入観から出発しているのではない。

〈意味の無意識仮説〉はまた、最近の哲学者や神経科学者の間で人気のある意識についての多くの考え方を疑問視するものだ。そのすべてを見ることはできないが、特に目につくものをいくつか挙げたい。読者のお気に入りの説が出てこないときには、〈意味の無意識仮説〉に照らしてどのようになるかを検討してみることをおすすめする。

神経学的視点からの意識理論のあるものは、意識をニューロンの一般的特性、例えば特定の量子的活動や、ニューロンの何らかのレセプターの活動、あるいはニューロンの受容野と結びついた「原・意識」のようなものに帰属させようとする。生きて意識をもつためには何らかの神経活動が必要だということにはもちろん同意する。だが発音をするための神経活動があなたの経験の形式と密接に相関する一方で、思考をするための神経活動が相関しないのはなぜだろうか？　実際、思考が意識の認知的相関物に他ならないと考えたところで、眼球運動を生み出したり、心拍数を制御したりする過程と結びついた神経活動が意識の相関物ではないことは、誰でも知っている。だとしたら、特定の神経活動だけが意識と相関し、他のものが相関しないのはなぜだろうか？　私の知る限り、神経学的視点からの仮説はこのような問いを発することすら全くしていない。

これよりも期待のもてる理論は、意識は一種の「執行部」の役割、つまり心の活動が困難に出会ったときに監督する権限をもつという考えである。ここでとられているのは、ある活動が自動的になっていくにつれて、意識にのぼらなくなるという考えである。例えば、自動車の運転を学習していると、しだいにブレーキはどこかなどということを考えることはなくなり、足を意識してそこに載せる必要もなくなる――すなわち足は自動的にブレーキに載ることになる。この見方は哲学者／心理学者のウィリアム・ジェームズ、発達心理学者ジェローム・ブルーナー、コンピュータ科学者マーヴィン・ミンスキー、神経生理学者ジョン・エックルスといったさまざまの人々によって支持されている。

同じ路線で、神経科学者クリストフ・コッホは意識の中身は「何らかの知覚経験と結びついた、扱いに困るほどの量の同時的情報を、強力な記号によって表象したもの――すなわち知覚経験の意味」であると提案している。彼は意識とは現在の状況についての「執行部による要約」を提供するものであり、それは「未来の行動予定を決める助けとなるような脳の計画段階へと送られる」。「意識の機能とはしたがって、自動的な手続きがないような特別の状況に対処することである」。言い換えれば、意識は思考の中でも最も有力で、最上位にある最も重要な部分だということだ。

このように「執行部」として意識を見る説の支持者は、意識活動の相当部分は何の困難も見せないという事実にいっさい気づいていないようだ。よく晴れたある日に、海辺で寝そべっている状況を想像しよう。あなたは完全にリラックスしていて、何のストレスも感じない。波の音を聞き、人々を眺め、カモメの声に耳を傾ける。「執行部」説によれば、ここでは解決すべき問題は何もないのだから、この環境情報はあなたの意識から消失するはずだという予測が出てくる。だがそうはならない——もちろん、あなたがうたた寝しなければの話だが。

私の想像では、執行部の活動は実際には「意識」というよりは「注意」の機能だ。運転を学習した後ならば、あなたは自分の足がどこに置かれるかには注意を払わないし、海辺の情景の中にあるすべてが意識にのぼっていたとしても、そこに注意を払うとは限らない。(注1)

意識についてのこの「執行部」的な見方が海辺での経験についてどうにか対処できるにしても、重大な問題が残されている。〈意味の無意識仮説〉によれば、思考という経験の主要な認知上の相関物は発音である。だが発音——すなわち音声の連続——は脳の「執行部」あるいは計画を司る部分、すなわちコッホが着目したように「意味」が必要となる部分にとっては何の役にも立たない。意味とは単なる有意味性の感覚を除けば無意識のものだ。すなわち、意識の内容は難しい状況に対処するために脳が求めるものではありえない。

意識についてのもう一つの人気のある見方、すなわちダグラス・ホフスタッターを始めとして多くの人の唱える説によれば、意識とは心がそれ自体についての再帰的表象を創り出すときに何らかの仕方で現れる

——意識は思考過程についての「高次の」思考、すなわち「メタ認知」と呼ばれる思考から成り立っている（またはそれによって生み出されている）というわけだ。これはなるほど深い含蓄のありそうな表明であり、ホフスタッターの筆致はそれに畏敬の念を感じさせるほどの響きをもたせることに成功してさえいる。

〈意味の無意識仮説〉は、心がそれ自体の表象をもっているように見えなくもない二つの要素を認める。一つは有意味性の感覚で、これは心が発音を意味と結びつけたかどうかを追跡しているときに出てくるものだ。もう一つは言葉のまとまりを、誰かが話しているのではなく、頭の中のイメージとして感じる感覚で、これは心が発音を聴覚入力と結びつけたかどうかを追跡しているときに出てくるものだ。これら二つの要素は、まさに心の中で起きていることの心的表象であり、私たちの経験の性格に重要な部分をもたらす。

だがこれらの要素は私たちの経験の形式をもたらすものではない。それらは大まかに過ぎるのだ——ある思考と別の思考を区別することができないのだから。一つの単語や句からもたらされる経験を他のものから区別するのは、その発音である。そして発音というものはあなた自身の心についての思考や、あなた自身の思考を表象するには全くもって役に立たない。思考と結びついているのは音声による符号化の結果にすぎない——これは「メタ認知」的な見方から予測されるよりもずっと慎ましい考えである。（第38章では、思考の音韻的な「取っ手」をもつことが、私たち自身が思考について考えることをどのように助けるのかを見ることにする。だがその前に確保すべき多くの土台が残っている。）

もう一つの影響力ある意識理論は、バーナード・バーズの、「広域作業空間」として意識野を考える見方である。

……意識の内容は多くの無意識の系にとって「広域利用可能」となる。例えば、この句についての読者の意識は、その統語と意味、その情動と動機に関わる重要性、そしてその思考と動作に対する意味合いを分析する解釈系にとって、この句を利用可能なものとする。

デイヴィッド・チャーマーズはこの考えを次のように述べる。

……意識の内容は中枢系にとってアクセス可能であって、行動の制御において広汎に用いられるような情報内容として理解されるべきである。

スタニスラス・ドゥハーヌとリオネル・ナカシュは言う。

……ダイナミックな動員により「心の一つの機能の中で得られる情報を」他のあらゆる作業空間のプロセスに元来のフォーマットのまま直接的に利用可能となるようにする。

この見方でもまた、意識を思考と密接に結びついたものとして扱っている——意識は心の全体に思考を送信するという考えである。このアプローチが「執行部」や「メタ認知」として意識を見るアプローチと同じ問題をかかえていることは容易にわかる。心の「中枢系」は推論を行い、知識を総合し、一連の動作を計画する作業と関わっている。これらは意味や思考とともにはたらかねばならないが、意味や思考は意識の認知的相関物ではない。意識と相関するデータ構造あるいは「フォーマット」は発音——音のパターンであり、それは中枢系にとっては全く無用の存在なのだ！　したがってここでも、思考の形と意識の形は同じではない。(注2)

私の考えでは、これらの見方はみな、人が頭の中で言語として「思考を聞く」という経験に注意を向けていない点で問題をかかえている。そして言語を話題にするときには、意味・発音に関わる二つの全く異なるデータ構造を分けて考えることをしない。「執行部」や「広域作業空間」理論においては、意識が果たすことが望まれる役目を受け持つのは意味のほうである。だが実際に意識にのぼるのは、もう一つのデータ構造すなわち発音のほうなのだ。

(注1) 哲学者のネッド・ブロックは「現象的意識」——意識される領域におけるあらゆる内容——を「アクセス意識」——実際に言葉で報告できる意識の内容——から区別する。アクセス意識は注意の焦点と同一と見ることもできる。この意味で、意識的な計画に関わる思考の要素と結びつけられる経験と同じと見てよいかもしれない。ブロックの用語に従えば、私はここではより広い現象的意識に関心を向けているということになる。

(注2) この引用はネッド・ブロックのいうアクセス意識(注1参照)について述べているのではないかという指摘が査読者の一人からあった。そうだとすれば、この引用の著者たちは(a)現象的意識の本質を完全に未解決のままにしており、(b)やはり意識の形態が発音によって決定されるという反論にあうことになる。

21　ものを見るとはどういうことか

ここまで、思考と意識について言語の観点から述べてきた。だがそこが終点ではない。非言語的な種類の思考と意識も見る必要がある。それはわれわれが言葉を発する前の赤ちゃんや類人猿と共有するものだ。そこで、見るという経験に注目してみたい。

私たちは何かを見るという経験を当然のこととして受け取っている。外部世界は目に映るさまざまなものから成り立っていて、私たちの目はそれらのことを脳に伝える。世界を見るということは完全に透明なプロセスで、言語を使うよりもそのことは明白に感じられる。しかし実はそれほど単純ではない。目に入るものだけでは、私たちが見ているものを十分に説明できない。

さきに第10章では、なぜ視覚的イメージだけでは思考の形式としてははたらかないのかを見た。そこで使ったのと同じ例を使って、私たちが世界の中で見るものを理解するために、目に入ってくるもの以外の要因が関わるのはなぜかを示すことができる。例えば、あるものが三角形に見えるとき、それを記憶にある特定の三角形と比べるだけではなく、三角形の抽象的な定義――三つの辺と三つの角をもつこと――に照らす作業が関わっている。そしてある動作が何らかの出来事を引き起こすのを見るとき、目が提供する情報は、ある動作がなされ、その直後に別のことが起きているということだけである。これが全体として因果関係をなすと理解するためには、私たちの心は視覚入力には存在しない結びつきを追加しなければならない。心はこのような結びつきをアニメを見るときでさえ作り出す。目に届くのはアニメーターの創り出した絵の連なりにすぎないというのに。

実際、視知覚は言語の知覚を思い起こさせるような多くの特徴をもっており、両者の並行性を探るのは興味深い。最初に「多義文」、すなわち一つの発音が複数の意味と結びつく場合から見ていこう。

アヒルウサギ

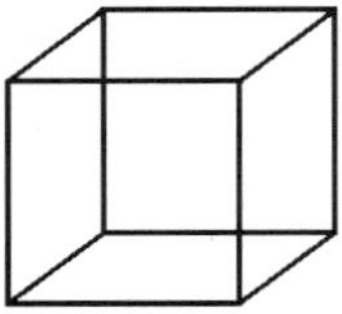

ネッカーの立方体

Visiting relatives can be boring.（訪ねてくる親戚は退屈なときがある／親戚を訪ねるのは退屈なときがある）

You have no idea how good meat tastes.（あなたは肉がどんなにいい味がするかわからないでしょう／あなたはいい肉がどんな味がするかわからないでしょう）

The man in the chair with a broken leg is drooling.（脚が折れた椅子の上に座っている男は涎を垂らしている／椅子の上に座っている脚が折れた男は涎を垂らしている）

これとちょうど同じように、右上のような画像も複数の仕方で理解される。

ヴィトゲンシュタインの著作にはアヒルウサギや類似の画像について延々と述べた箇所がある。彼はこれを異なる「相貌」のもとに見ることについて思考を巡らせていて、あるものを特定の相貌のもとに見ることと、「単語の意味を経験すること」の間に「密接な近親関係」を認めている。何の解釈も含まない状態の（すなわちアヒルなりウサギなりに解釈される以前の段階の）アヒルウサギの絵について、これを表すための便利な用語を私は知らない。この状態の画像を「視覚表層」と呼ぶことにしよう。それは目だけから得られる最大限の情報である。「アヒルウサギのアヒル解釈」の経験はこの視覚表層を一つの意味と結びつけており、「アヒルウサギのウサギ解釈」は別の意味と結びついているものと考えたい——それぞれが視覚表層の「視覚的な理解」を達成する異なったやり方であるというわけだ。同じ一つの視覚表層が二つの理解の仕方と結びつけられるという事実は、目だけから提供されるものに心が何かを付け加えているということを示している。

　私が示そうとしているのは、文の意味理解が無意識的であるのと同じく、視覚的な理解も無意識だということである。つまり、〈意味の無意識仮説〉にあたるものが視覚にもあるわけだ。例えば、第12章の「指示転位」の例を思い返してみよう。

隅のハムサンドがコーヒーが欲しいって。

この文が意味をなすためには、主語が「ハムサンド」ではなく「ハムサンドを注文した人」であると理解される必要がある。「〜を注文した人」という語句が発音の中にないにしてもだ。

　視覚において、ある意味で指示転位に対応するのが、上の「カニッツァの三角形」のような例に見られる「アモーダル（非感覚的）補完」と呼ばれる現象である。視覚表層は完成した輪郭を与えていないにもかかわらず、三つの円の前面にある上向きの三角形と、一部が実線で縁取られた下向きの三角形

カニッツァの三角形

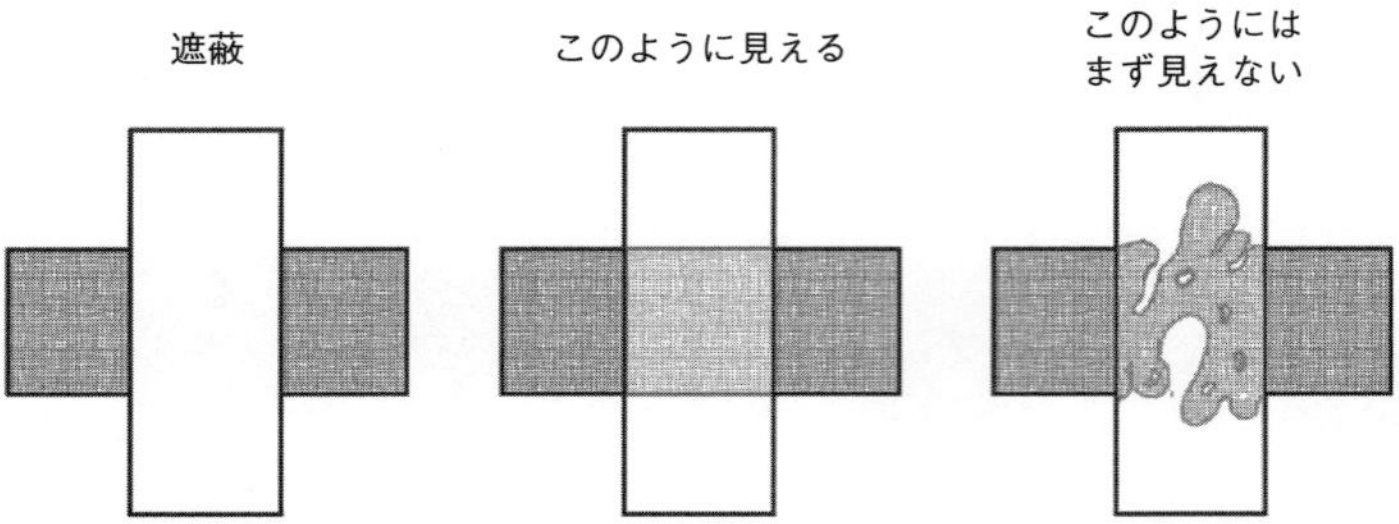

がどうやっても見えてしまう。このように、視覚の理解は目に与えられるものを越えたところで成り立つ。それは言語の理解が発音で与えられるものを越えたところで成り立つのとよく似ている。

第12章で論じたもう一つの例は省略現象である。

エイミーはニューヨークに行くのを望まないが、私は望む。

これは「(……望まない)が、私はニューヨークに行くのを望む」と解釈される。「(……望まない)が、私はチーズが好きだ」などとは解釈されない。視覚でこれに対応するのが「モーダル(感覚的)補完」、または遮蔽である。上の左側の図では、背景にある横長の長方形が縦長の長方形の後ろ側でまっすぐつながっているように否が応でも見える。つまり真ん中の図であるように見えるわけである。もちろん、左側の図の縦長の長方形が実際に取り除けるものであるなら、それをどけた後には、右側の図のようにおかしな形があることもありうる。しかし、左側の図をそのように見るのは全く困難だ。

実際、よく考えてみると、あらゆる視知覚は遮蔽を含んでいる。物体の後ろ側を正面から見ることはできないが、そこには物体を構成する背面が存在すると考える。あなたの見ている人がくるりと後ろを向いて、そこに見えたのがお面の裏側のようにくぼんでいたら、あなたは恐怖に駆られるだろう。これまで私は言語の意味が「隠れている」と言うさい、基本的に視覚との類比で論じてきた。私たちが見るあらゆる物体は、少なくともその半面が隠れているのだ。

例をもう一つ。単に本棚を見るのと、裏側に猫がいる本棚を見るのとは、どこが違うだろう。

この二つは同じに見える——どちらも同じ視覚表層を提供する——が、違いをもって感じられる。その違いは視覚の理解の仕方にある。この例は「プラトンは棚の一番上」と言うときにプラトンという人物自身のことを言うのと、プラトンの著書を言うのとの違いとある意味で並行している。両者は同じ発音だが、理解の仕方が異なるために違うものと感じられるのである。

次の二つの文では、個々の単語は有意味だが、全体として意味のある内容にはならない(注1)。

無色で緑色の考えが猛然と寝る。

いつか作曲したいソナタの楽譜を忘れてしまった。

M. C. エッシャー
「滝（昇る水路）」

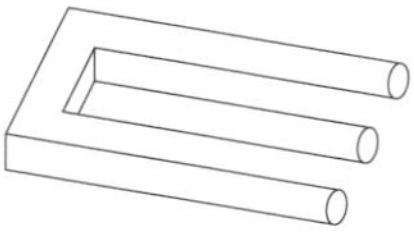

「三叉」

上の二つの画像は同じ問題をかかえている。どこの部分を見ても意味があるが、それらの部分を全体としてまとめ上げることができない。

「無意味」な発話――意味と結びつけることが全く不可能な発話――に視覚の領域で対応するのは何だろうか？　次ページの画像について、まだあなたにそれが「見えた」経験がなかったとしたら、どう見えるかを考えてみるといい。「え、見えるまんまでしょ！」としか言いようがない。言語においてこの図と並行するのは、次のフランス語もどきの表現だろう。これは実際のフランス語の単語から成っているが、無意味な並びである。しかし声に出して読むと、英語の文が耳に「飛び出して」くる。

Pas de lieu Rhône que nous.（パ・ドゥ・リュ・オーヌ・ク・ヌー）

どちらの場合も、知覚は無意味性の「相貌」をともなってやってきて、不意にそれが「飛び出して」きたときには、何らかの意味と結びついて経験を全く異なるものとする。[注2]

このような現象は枚挙にいとまがない。ここで見たものよりさらに驚くべきものも多い（カラーや動画が多いのでここでお目にかけることはできないのだが）。それらは視知覚を研究する心理学者や神経科学者の商売道具となっている。これはおかしな文が言語学者の商売道具となっているのと同じである。私がさまざまな例を披露する理由はこうだ。日常的視点からすれば、「世界を見る」のは疑いの余地なく単純なことであり、本章で見た錯視現象は何やら不可思議で(少なくとも一部の人々にとっては)気持ちがむずむずするものだ。だが認知的・神経学的視点からは、不思議や違和感を越えて、それがどういう仕組みなのかを知ろうとする。

錯視の研究はなぜ面白いのか？　その理由は、ここで示したような錯視を経験するときに、視覚系は通常通りにはたらいている点にある。しかしこれらの場合には予期せぬ結果がたまたま生じるわけだ。この意味で、錯視現象は視覚系が視覚的な理解を得るために使うトリックを明らかにする助けとなる。

結局、「世界をありのままに見る」、つまり視覚的な理解を成しとげるには、膨大な量の心的計算が関わっているということだ。詳細はともあれ、脳は網膜に届く光のパターンを三次元の豊かな外部世界の知覚へと変換する――そこにはここまで見たように、光のパターンには内在しない多くのものが含まれている。カントが推測し、後に二〇世紀初頭のゲシュタルト心理学者たちが実際に示したように、私たちの心／脳は見ている世界を構築せねばならない。著名な心理学者であるジョージ・ミラーはこのことを次のように述べている。

> 脳がなすことの中でも頂点に位置する知的達成は、現実世界である

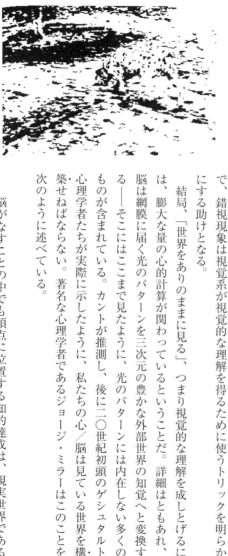

……私たちの経験する現実世界の基本的な側面は、すべて真に現実的な物理世界を適応的に解釈したものである。

これがどのように達成されているかについては多くのことがわかっているが、全貌の解明にはほど遠い。この研究においては、次のことがただちに明らかになる。心が視覚的な理解に到達するまでの過程は意識から完全に隠れている。そのはたらきは自らの経験を内省するだけではわからない。それは過去の哲学者たちが試みたやり方である。何にもまして、私たちは世界の像が頭の中で生み出されていることを一切自覚していない。視覚的な理解は客観的現実についての揺るぎない信念——「外部世界」の意識とともにやってくる。この信念を疑うことは、あなたが芸術家や視知覚の研究者で、そうした信念がたやすく崩壊する立場にない限り、決してないことなのだ。

（注1）これらはチョムスキーが最初に使った有名な例文である。一つ目は『統辞構造論』から、二つ目は『統辞理論の諸相』から。前者はメタファー（隠喩）を目一杯当てはめれば理解できなくもない。後者はある種の皮肉と理解することも可能である。どちらにせよ、これらの文がかろうじて意味をもつのは、多くの意味内容が拡充された構成性を通じて付け加えられるからに他ならない。

（注2）これらが意味不明な人のために謎解きをすると、絵のほうは（公園とおぼしきところにいる）左後ろをこちらに向けたダルメシアン犬、無意味文のほうは（フランス語風の発音を英語の「空耳」として聞けば）Paddle your own canoe（パドル・ユア・オウン・カヌー）である。

22　思考と意味の二つの要素

前章で視知覚との関連で「意味」という用語を使ったとき、単語、句、文の意味について語るのと同じ対象について語っていたのだろうか。視覚と言語における意味概念の共通点をまとめてみよう。

- 言語的意味は意識から隠れているが、その多くの部分は発音と結びついている。同様に、前章では視覚的意味(または視覚的な理解)は意識から隠れているが、それは部分的に視覚表層と結びついていることを示唆した。
- 発音は意味と結びついているときに有意味であると感じられる。それは意味への意識的な「取っ手」としてはたらく。同様に、視覚表層は視覚的意味と結びついているときに有意味と感じられる。それは視覚的意味の意識的な「取っ手」としてはたらく。
- 多義的な句や文は二つの異なる意味と結びついている。ネッカーの立方体やアヒルウサギのような多義的な視覚表層は、二つの異なる視覚的意味と結びついている。
- 言語的意味は推論を可能とする。視覚的意味は「空間的推論」を可能にする。例えば、それによって遮蔽物を取り除いたり物体の背後に回り込んだりしたときに何が見えるかを予測することができる。もし自動車が樹木に向かって突進しているのを目にしたら、衝突を予測する。

だからといって、言語的意味と視覚的意味が同じものだということにはならない。実際、両者が別物だと信じる理由はたくさんある。第10章では言語によって表現可能だが絵によっては表せない思考の多くの側面を見た。因果性、心の状態、可能性、社会関係、ひいては三角形一般といった単純なものでさえこれにあたる。同様に、視覚的な理解の多くの側面が言語では表現できない。よく言われるように、一枚の絵は千言に値する。ためしにアヒルウサギが正確に何に見えるかを言葉で描写してみるとよい。

だが、二つの種類の意味の間には何らかのつながりがあってしかるべきである。もし何もつながりがなかったとしたら、私たちは見ているものを——たとえ不完全にであれ——どうやって語ることができるのだろうか？　アヒルウサギの一つの見え方を「アヒル」という語と結びつけ、もう一つの見え方を「ウサギ」という語と結びつける作業はどうやって行われるのだろうか？

日常的視点からすれば、この問いは当然ながらほとんど疑問とならない。私たちは世界の中で見えたものについて語るだけであり、他には何もない。それはこれ以上ないくらい自然なことだ。認知的な視点に立ち、私たちが世界の理解をどのように行うか、脳がそれをどう行うかを疑問に思ったときに、初めて巨大な謎が立ち現れるのである。結局のところ、言語音は視覚的な見かけとは全く似ていない。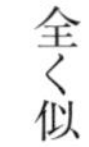と「アヒル」という発音を結びつけているのは一体何なのだろうか？

私たちはこの結びつきをおおよそ次のようにして作り上げる。思考と意味は二つの相補的な種類の心的表象（またはデータ構造）を利用する。一方は私が「空間構造」と呼ぶもので、視知覚および視覚的イメージとより密接に結びついている。もう一方は私が「概念構造」と呼ぶもので、言語とより密接に結びついている。

どちらも思考をコード化するにあたって独自の強みをもっている。

空間構造は物体の細部にわたる形、空間の中での物体の配置、そして物体の動き方などを扱う。だがそれは絵や動画以上のものだ。というのも空間構造は物体のサイズ、形状、位置について理解するすべてのことをコード化するからである。例えば、二つの物体が視覚表層においてサイズが異なっていたとしても、空間構造においてはサイズは同じだが違う距離にあるものとしてコード化されるために、同じサイズとして理解されるかもしれない。

空間構造はまた、ある瞬間に目に入る物体の部分だけでなく、その全体の形もコード化する。それは風船のように中が空洞の物体の場合も同じである。猫が本棚の裏側に回ってしまえば、視覚表層にコード化されないので見ることができない。だがあなたはそこに猫がいるとわかる。なぜならそのことは空間構造においてコード化されているからだ。

概念構造は別の種類のことをコード化する。それは次のような事柄だ。知人のことを記憶に留めて消息を追う、物体をカテゴリー（例えば「犬」）に割り当てる、出来事を参与者の動作の連続へと分割する（例えば、クマがライオンを追う）、などである。単語と結びついた意味要素に加えて、概念構造では第12章で述べたような、単語と結びついていない意味要素もすべてコード化される。

二つの構造の間には重要な違いがある。空間構造と視覚表層の関係は、三次元の形と、それが特定の視点からどう見えるかを結びつける幾何学的原理にもとづいている。それにひきかえ、第9章で見たように、概念構造と音韻語の関係は完全に恣意的である(ソシュール流の「記号の恣意性」だ)。「イヌ」という音の中には、その意味が人々がペットとして飼うある種の動物と結びつくことを示す手がかりは一切ない。私たちはこれらの連合を一つ一つ学習しなければならない。それでも、いったんこの連合を学習すれば、視覚と同じく自動的になる。

ここで、新しい点を一つ付け加える。空間構造と概念構造には相互の結びつきがある。思考と意味の総体は二つが混合してできたものだ。

二つの構造の関係については、次のように考えられる。Google マップを使ったことがあるだろうか? 二〇〇八年版では(更新は常に行われている)、選択した地域を見るために三つの方法がある。通常の地図、衛星写真、そして衛星写真に通常の地図を重ねた「ハイブリッド」の地図である。衛星写真から得られるものは、空間構造にちょっと似ている。形や色の細部、街路の表面(自動車付き)、ビルの屋上から樹木にいたるまで、すべて見ることができる。だから特定の視覚的な細部を目当てに探すときは、衛星写真は偉大である。しかし衛星写真はいちいち街路の名前を教えてはくれないし、どれが一方通行か、地下鉄の駅はどこにあるか、などといったこともわからない。こうした用途には通常の地図がぴったりだ。ある意味、通常の地図は概念構造にも似て、写真からは見えてこない、正確で対象をはっきり識別できる細部の情報を大量に提供してくれる。しかしそれは色、建物の細部、樹木などについては何も語らない。言い換えれば、二種類の形式はそれぞれ強みと弱みをもっている。両者を結びつけるハイブリッド地図を使えば、いいとこどりをすることができるわけだ。

このように考えることで、私たちが目に映るものについてどのようにして語るのかを解き明かす端緒が見えてくる。目に入る光がきっかけとなり、心/脳は視覚表層の計算を行う。心/脳はこれを空間構造によっ

見えたものについて語る

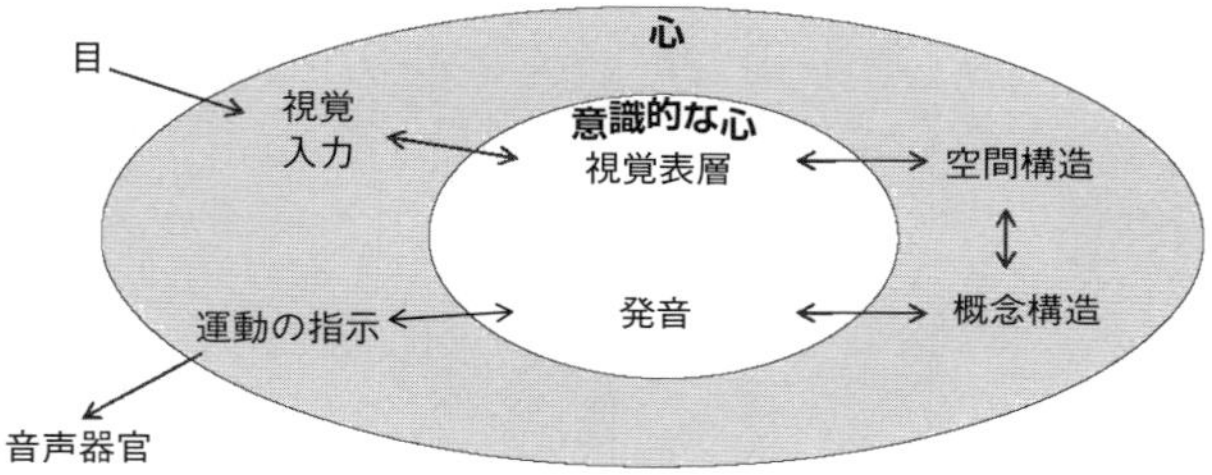

てコード化される視覚的意味に結びつける。空間構造はさらに概念構造へと結びつく。後者は発音に結びつき、それは運動系から音声器官への指示に変換される。その結果、言語音の発声が可能となる。言い換えれば、世界を目で見るところから音声器官の運動に至るまでの間にはいくつもの段階があるということだ。だがこの中で意識にのぼって経験されるのは、視覚表層と発音——意識的な視覚と意識的な発話だけである。残りは隠れている。

ここまでの話で、言語は概念構造だけと結びつき、視覚は空間構造だけと結びつくものだという印象を与えたかもしれない。実態はもっと興味深いものだ。例えば「蚊」という単語の意味を考えてみよう。概念構造は、それが一種の昆虫であり、人を刺して血を吸う、病気を媒介する、などと教えてくれるだろう。しかしこの種の情報は、蚊の姿を見たときに(「ほら見て、首に蚊がとまっている!」)それと識別するための助けにはならない。だから、単語は記憶の中で蚊の外見と結びついている必要がある。これはまさに空間構造の得意分野である。蚊がどんな羽音を出すかも知っているだろう。これはおそらく「聴覚構造」とでもいうべきものと結びついてコード化されているはずだ(上の図では示していないが)。また、蚊に刺されたときの感覚も知っているだろう。これは身体感覚と関わる何らかのデータ構造との結びつきによってコード化されていると思われる(これも上の図では示していないが)。つまり単語の意味、およびそれと結びついた知識は何種類もの構造を含んでおり、それらはすべて相互に連結しているわけだ。

ここで、小休止をして少々説教をせねばならない。私たちが目に映るものについてどのように語るのかという問いは、ほとんどの意味理論にとって、たとえ言及されるときがあっても、重要な問題とはされなかった。(注1)言語学者と哲学者は、語や文の意味について、より一般的な理解から切り離され、小箱の中に封印されたものであるかのように扱っているように思えることがよくある。「蚊」という語は蚊を指示すると解されるのみであり、その指示関係がどのように成り立っているのかについての議論は絶無に近い。人によっては、この結びつきは「志向性」という不可思議な概念によって生じるとされる。それは語がもつ「アバウトネス」と呼ばれるものを構成し、世界との結びつきを与える。語の意味についてのこのような考え方は、言語と視覚について日常的視点に立つがために生じる。語は世界の中に(そしておそらく頭の中にも)存在し、それはまた世界の中に存在する何かを指すというわけだ。不思議なのは語がどうやってそれを実行しているかなのだが。

認知的視点はこの不思議を解き明かす方法を与えてくれる。このアプローチでは、言語的意味と知覚の関係こそが絶対の中心をなす。意味はあらゆる種類の知覚的理解を根底において活用しており、それによって私たちは言語を(意味論の教科書の中だけでなく)現実生活の文脈の中で利用できるのだ。

この時点で、あなたは次のように問うかもしれない。「もし私たちがこのような豊かな空間構造をもっているのなら、概念構造まで必要なのはなぜか。思考の形態は一つしかないほうが単純ではないだろうか」。これに対しては、概念構造にはうまくコード化できる(しかし空間構造ではうまくできない)ことがたくさんあるのだというのが答えだ——それは衛星写真には示せないことでも地図ならうまくコード化できるというのと同じである。第10章の例を再び見てみよう。視覚表層あるいは空間構造のいかなる特徴も次のようなことを伝えることはできない。

- 異なるカテゴリー間の関係、例えば犬とイモムシはどちらも生物である、という事実。
- 個人の名前——ある男の風貌のいかなる特徴からも、その男の名がハンフリー・ボガートであることはわからない。
- 何かが起きていると思われる時間——過去、現在、未来。
- 空間以外の関係、例えば二人の人間がいとこどうしであること(血縁)、私のいとこが犬を飼っていること(所有)、あなたがアイスクリームが好きなこと(嗜好)、ヴィトゲンシュタインは著名な哲学者であること(属性・同定)、など。
- あるものごとが実際に成り立っていると考えるか、それともそれが成り立っていると疑っているか(平叙文と疑問文の違い)。
- ある属性が現在見ている特定の対象にあてはまるのか(「あのハクチョウは白い」)、それとも同類のものすべてにあてはまるのか(「すべてのハクチョウは白い」)。

「わかった」とあなたは応じるかもしれない。「概念構造が言語表現の意味にとって必要だということには同意する。だがそれは言語「だけ」の、言語がわれわれに与えてくれた特別な種類の思考ではないのか?」答えはこうだ。猿も類人猿も空間構造でコード化できない概念関係を何かしら使っている。霊長類学者のドロシー・チェイニーとロバート・セイファースはそのような「ヒヒの形而上学」を示した——すなわちヒヒや他の種のサルが世界の中で認識する関係には「XはYの血縁者である」「XはYに対して優位である」「X

はYと連合関係にある」といった社会関係が含まれる。これらが単にヒヒの見かけの一部としてコード化されるということはありえない。ヒヒの世界は個体間の社会関係を特定する注釈に満ちている。それらはヒヒの行動に甚大な影響を与える――あたかもヒヒたちが知覚経験を記した地図の上に、複雑な社会関係を記した地図を重ね合わせているかのように。

このようなヒヒの社会関係は人間関係の原型でもあるということは述べておくに値する。血縁の概念は「兄弟」「いとこ」「家族」などの概念の基本にある。ある個体が他者に対して優位にあるという概念は「ボス」「軍曹」「命令」といったものの基本にある。二者が連合関係にあるという概念は「友達」「仲間」「盟友」「協働」などの根底にある。これらの関係もやはり、人々やその動作がどう見えるかによっては表象されないので、概念構造によってコード化される必要がある。

まとめると、思考と意味は心の中で結びついた二つのデータ構造、概念構造と空間構造（そしておそらくは他の構造も）の間で共有されている。言語を耳にすることで思考に到達するときには、概念構造が主となるが、空間構造や他の構造（聴覚構造など）も容易に関わってくる。視覚から思考に達するときには空間構造が主となるが、見ている複数の物体間の抽象的な関係のコード化においては概念構造が不可欠な役割をもっている。二つの構造の間の結びつきこそが、目に入るものについて語ることを可能にしている。

だが次のことは銘記してほしい。二つの構造のどちらも、意識の認知的相関物ではない。そうではなくて、意識にとって関連性のある構造は、言語においては発音、視覚においては視覚表層なのである。

（注1）亡き友である心理学者／哲学者のジョン・マクナマラに永遠の感謝を。彼はこの問いをきわめて明確な形で提示し、空間構造と概念構造との結びつきについて示唆を与えてくれた。

23 物体をフォークとして見る

概念構造に属する理解のさまざまな側面のうち、きわめて基本的なものが「タイプ／トークンの区分」である。あなたの記憶の中に、特定の空間構造、例えばフォークの形が貯蔵されているとしよう。その見かけ（すなわちそれと結びついた視覚表層）自体には、それが表象するのが特定のフォーク、例えばいま私がキッチンの流しに置いたフォークなのか、フォーク一般なのか、あるいは私が流しに置いたものと同じデザインのフォークの集合なのか、といったことを教えるものは一切存在しない。もし特定のフォークが意図されているなら、それと結びついた概念構造はこの情報に「トークン」という特徴を与えていることになる。もしそれがフォークのカテゴリーを意図しているなら、概念構造は「タイプ」という特徴を与える。

ここで興味深いのは、あなたが知覚するすべてのものは特定の個体（すなわちトークン）だということである――カテゴリー（すなわちタイプ）を知覚することはできない。同じくあなたは特定の個体しかイメージできない――カテゴリーをイメージすることはできないのだ。もしあなたがタイプをイメージしようとしても（例えばフォーク一般）、あなたの思い浮かべるイメージ自体はやはり特定のフォーク、特定のトークンなのである。これは第10章で出会った問題である。そこでは三角形の視覚的イメージが「三角形」という語の意味であるかどうかという問いを立てた――そうしたイメージは特定的すぎてカテゴリーとしての意味には相

応しくない、というのが答えだった。

あなたが視覚環境にある何物か(すなわちトークン)を既知のあるタイプの一例として認識するとき(「あ、フォークね」)、何が起きているのだろうか。

- 対象を知覚する動作において、あなたの心はある視覚表層と空間構造を環境の刺激に応じて生成する。
- 空間構造はさらに概念構造と結びついており、後者は目の前のものが特定の存在すなわちトークンであるという情報を与える。(注1)
- 空間構造と概念構造のこのような組み合わせは、長期記憶に蓄えられたフォーク一般という概念と連結する。この概念は空間構造(フォークの見かけをコード化する)が、概念構造(フォークがあるタイプの物体であり、それを食事に使い、それはいくつかの平行した細い先端をもち、普通は金属かプラスチックでできている、などの知識）と結びついてできたものである。

・概念構造はさらに音韻語としての「フォーク」（これも長期記憶の中にある）と結びついている。

左の図はこれらの結びつきをまとめて示している。点線の矢印は、フォークを見るという特定の場面の一部として成立する結びつきである。実線の矢印は、長期記憶に蓄えられている結びつき——あなたがフォークについて知っていること——である。

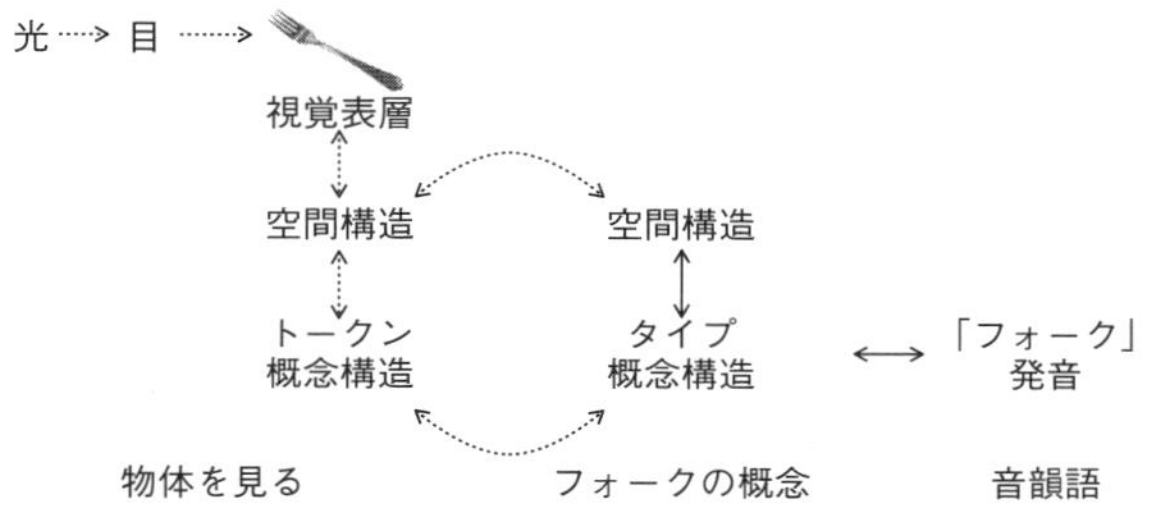

物体をフォークとして見る
（認知的視点）

しかしこの中で意識にのぼるのは、視覚表層と音韻語（発音）の二つに限られる。したがって意識されるものだけを示すならば、ある物体を見てフォークと認識することはもっと単純になる（次ページの図）。そしてこれは実際に、日常的な見方でこのプロセスを理解するやり方である——すなわち  と「フォーク」という単語の直接的な結びつきとして見るのだ。

私はここまで、あなたの頭の中でなく世界の中に物体が見えるのはなぜかについては話していない。この点については第25章で触れる。

トークン概念は知覚するものが起因となって得られる。しかしタイプ——すなわちカテゴリー概念——を知覚することはできない。だとすれば、それはどこからくるのだろうか？

日常的視点からは、犬であれフォークであれ三角形であれ、さまざまなものが何らかのカテゴリーに属するということを学習する。だが認知

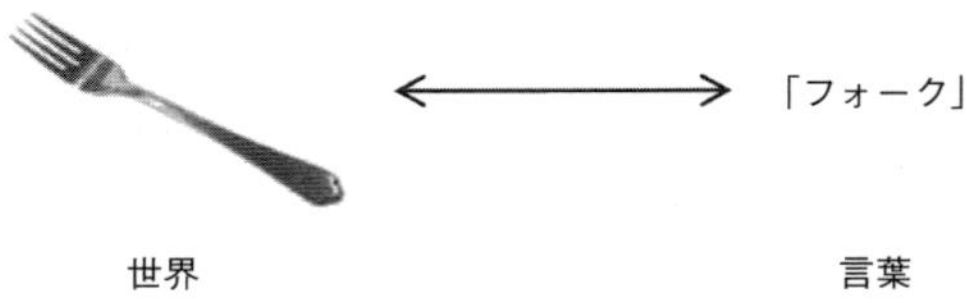

物体をフォークとして見る
（日常的視点）

的視点からすれば、あるカテゴリーを「学習する」ということは、心がサンプルのトークンに反応してあるタイプ概念を構築することである。ここから次の重要な結論に達する。

私たちが世界の中のものを何らかのカテゴリーに属すると理解できるのは、私たちが（または私たちの心が）カテゴリーを構築しているからに他ならない。

あなたの心が構築するものは、ほとんどは空間構造と概念構造からなっている——これらは意識の認知的相関物ではない。これはあるタイプを学習するとはどういうことかという点について、興味深い帰結をもたらす。あなたは「わかった」と感じるだけかもしれない——対象があるカテゴリーに属するか否か、それを正確にはどうやって行っているか知らぬまま判別できる。これは構築した概念が無意識の存在だからである。トークンについて判断するときの結果だけが意識にのぼるのだ。

タイプ概念はまた、あなたにとって馴染みのある具体例とも結びついている。これらのトークンは視覚的イメージとも結びついている可能性があり、後者は意識することも可能である。このような経験があるために、あなたはあるタイプを学習することは単に具体例をたくさん集めることだという考えに至るかもしれない（カテゴリー学習についての「事例」理論と呼ばれるものがこれにあたる）。だがこの考えはうまくいかない。それは単一の視覚的イメージだけでタイプの学習がなされないのとおおよそ同じ理由による。すなわち、それぞれの事例について注意を向けるべきところを特定し、すべての事例が共有するものは何かを発見する必要があるからだ――これはタイプ概念を構築する作業に他ならない。とはいえ、タイプに対するこのアプローチがうまくいかない理由を詳しく示そうとするとあまりに話がそれてしまうので、読者の皆様さえよければ、この路線の探索はやめにして、先に進みたいと思う。

（注1）空間構造をトークンと結びつけるのは些末なことではない。さまざまな実験手法によって、実験の被験者が意識しない――被験者は見ていないと言う――やり方で刺激（例えば印字された単語）を提示することが可能である。だがそうした刺激は被験者が次に何をするか、例えば他の関係した単語をどれだけ速く認識できるかに影響を及ぼす。また刺激が実際に意識されているときは、刺激が見えていないときに比べて、脳内でより長く持続すると同時に広範囲の活性化があることが知られている。この長続きする影響は、通常は第20章で触れた意識についての「広域作業空間」理論を支持する証拠として解釈されている。だがここでの話の流れの中では、この現象は理解のさまざまな側面、例えば空間構造と概念構造と関わるような異なるデータ構造間の広範な結びつきを示唆していると思われる。この結びつきができたときには、刺激は「現存性」を獲得する――すなわち、環境ノイズのゆらぎではない「何ものか」としてコード化されるのである。心的表象を注意の対象となし、それに気づかせるのは、この「現存性」である。現在の議論の文脈では、この「現存性」はトークン特徴との結びつきと認定することができる。

24　空間知覚の他のモダリティ

ここまで、空間構造については視覚的イメージの強化版のようなものとして語ってきた。だが手触り（すなわち触覚）を使って、物体を手の中でいじったり表面をなぞってみたりすることで、その形や配置を判断することもできる。さらに舌を使って、口の中でころがしてみることで、木の実や錠剤などの形を知ることもできる。（私の孫娘は八か月のころ、口に入れるのは手でいじってみるのと同じくらい、あるいはそれ以上によく物体について学ぶことができる手段だと思っているようだった。）

触覚によって得る形についての感覚は、視覚によって得る形についての感覚とあるていど合致する必要がある。もし暗闇の中で触っていて立方体と感じられる物体が、明かりをつけたときに球体の形をしているのを見たら驚くことは間違いない。

日常的視点からすれば、これは完全に自明のことと思われる。（この一文がくるのはもう予想できるようになったかも？）だが認知的視点からすると、脳がそれをどのように行うのかというういつもの疑問が出てくる。目で形を把握するという感覚は、手でなぞって形を把握する感覚とは全く違ったものだ。しかしこれら二つの感覚は、知覚対象がかくかくしかじかの大きさと形をもった物体であるという同じ一つの理解へと到達する。この点についての実験研究の文献はそれほど多くないが、それは私たちが二つの感覚を――完全にではないにせよ(特に形が複雑で微妙なときは)——かなりうまく相関させることを示している。

ここで進めている話の枠内で考えると、このはたらき方が何となく見えてくる。手からくる触覚と圧力の感覚を使って、あなたの心/脳は各時点で物体がどう感じられるかを計算しなければならない。私たちはこの種の心的表象を「触覚的視点」と呼んでよさそうである。物体が触覚を通じてどう感じられるかは、意識のもう一つの認知的相関物である。すなわち、触覚的な視点は私たちが世界の中で出会うものについてのもう一つの可能な「取っ手」である。

ある物体について、一つの触覚的な視点からの感覚だけでは、全体の形を理解するには普通は不十分である。ほとんどの場合、手を動かして物体の表面を感じるのに合わせて得られる、一連の触覚を統合する必要がある。大きな物体(例えばゾウや部屋)であれば、動き回って全体を感じる必要があるだろう。(注1)では、一連の触覚は統合されて何になるのだろうか。もし見えているものと比べるのであれば、物体の全体的な形をコード化する空間構造と何らかの仕方で結びつける必要があるだろう。その後で、空間構造と概念構造を通じて、触覚的な知覚を言語と結びつけることもできる——「そうか、これはゾウだ」という具合に。

もちろん、物体についてのすべてのことを触覚を通じて知ることはできない——例えば色などは知りようがない。実際、物体が手に届くところになければ全く何も知ることはできない。その一方で、視覚は物体の重さや温度についてはほとんど教えてくれない。だが触覚はそれができる。触覚はまた、肌理《きめ》についての判断——つるつる、すべすべ、ざらざら、ごりごり、ふわふわ、など——を行い、どの部分が動かせるかを知り、場合によっては目に見えない振動を検出するのに適している。触覚では通常の印字を読むことはできない。それは色のコントラストに依存するからだ。しかし墓石に刻まれた文字を手で触れて理解することはそれほど難しくないし、点字を読むことも習得できる。だから言語と視覚が異なったもの(重なりもあるが)をコード化することに適しているのと同じく、視覚と触覚にも向き不向きがある。そして最終的にはすべてが統合されて複合的な理解が形成される。

ここから次のことが示唆される。生まれつき目が見えなくても、手が届いて触れることのできるものについては、その形や空間的配置についてかなりよく理解ができるはずである。そしてこの想像は正しいように思われる。例えば、バーバラ・ランダウとライラ・グライトマンは目の見えない子どもたちを部屋の壁の二つの辺に沿って手を引いて歩かせた後で、歩き始めたところまでまっすぐ戻るように指示したところ、子どもたちは全く問題なく対角線上を移動することができた。

知覚のもう一つのモダリティ(あるいはモダリティの集合の可能性もある)は「自己受容性感覚」、すなわち自己の身体の体勢の知覚である。階段を上っているとき、足をどれだけ高く上げればいいか、見ていなくてもかなり正確にわかるものだ。何かをとろうと手を伸ばしているときにも、自分の手をずっと見続ける必要はない――どうやってそこまで手をもっていけばよいか知っているからだ。私がクラリネットを演奏しているときも、自分の指や口は見えていないが、感触でどう動いているかはかなりよくわかる。この種の例の中でもより印象的なのは、アート・テイタムという視覚に障害をもった奏者による神速のストライド・ピアノ演奏である。同様に、ヴァイオリン奏者の弓を持つほうの腕の動きを見てみるとよい。それは自己受容性感覚だけに導かれている。何なら体操の演技を見てみるのもよい。ここで話題にしてきた他の活動と同じく、体操における身体の各部の連繋は、少なくとも単純なケースでは、ごくあたりまえで意識にのぼらないことであって、何の説明も必要なさそうに見える。だがこれは説明を必要とすることなのだ。

さらにいくつかの現象が、自己受容性感覚がどれほど複雑なものになりうるかを示してくれる。道具を使うとき、ハンマーであれテニスラケットであれ、あなたは道具の先端の位置を知っているように思えることに気づいているだろうか？　あなたは道具を一時的に腕の一部として経験している——ハンマーと釘、ラケットとボールの接触をじかに感じるのであり、手への圧や腕の運動トルクとして経験してはいないのである。ここから、次のことが明らかになる。あなたの心／脳は自分の身体の位置と軌道を適応力のあるやり方で計算することができ、それによって役に立つ錯覚とでもいうべきものを創り出しているのである。

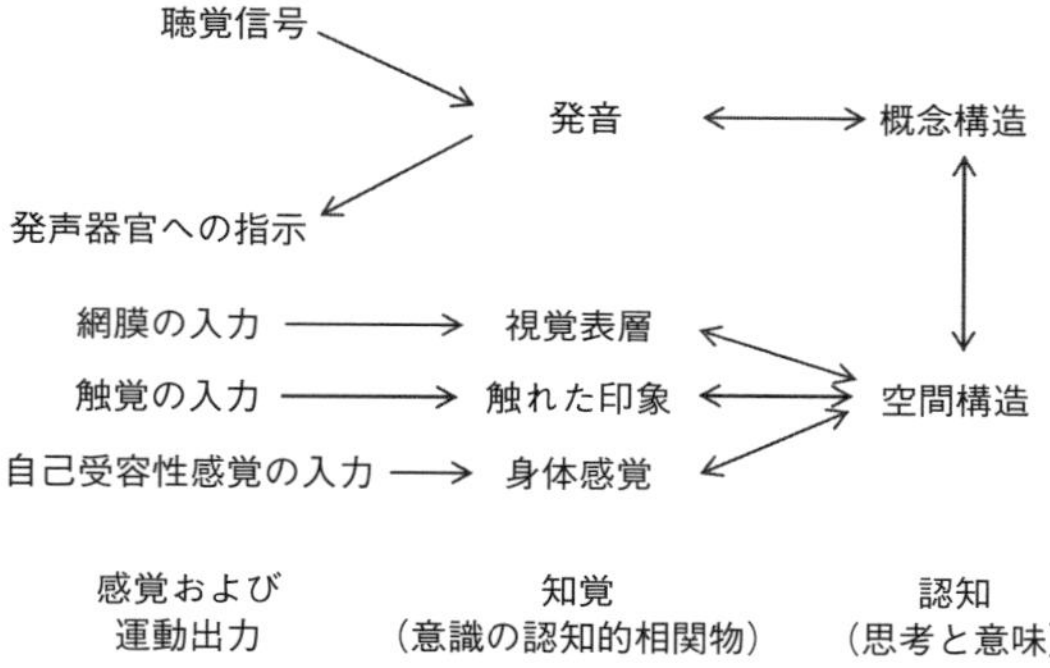

全く違う種類のケースとして、オリヴァー・サックスはある女性の症例を記述している。彼女は脳の損傷によって自己受容性感覚を喪失した。麻痺はなかったが、自分の四肢が——目で見ていない限りは——どこにあるか全くわからなかった。やがて訓練の結果、たいへんな労力をはらえば動けるようになったが、それは四肢の動きを常に見ながらであった。ここでもまた、身体の位置どりは何の労力もなくできるのではないことが示される——それは脳が計算しなければならないのだ。

自己受容性感覚は典型的には視覚と触覚の連繋だから、それは空間構造を介して二つの感覚と結びついていると考えねばならない。視覚や触覚と異なり、自己受容性感覚は環境内で一つの対象だけについて情報を与える。しかしそれは非常に重要な情報、すなわちあなた自身の身体についての情報だ。この情報は自分の動作をガイドするうえで特に重要である。(注2)

ここまで見た各部分が全体としてどう結びつくかを上の図に示す。

ただし、あらゆる思考が空間構造と概念構造で起きるわけではないことを付け加えるべきだろう。作曲家が音楽を書いているとき、創造性をもった選択肢を想像して評価する作業は概念構造で起きているわけではない。その場合の目標は満足のいくある種の聴覚構造(それは単語の発音とは無関係だ)を創り出すことである。ベートーヴェンの場合、初期段階のアイデアの多くをスケッチブックに書き記したので、彼の音楽的思索の発展の道筋を私たちは実際に追ってみることができる——彼はしばしばありきたりなメロディーの断片から始めて、それをしだいに今日私たちがよく知る傑作へと練り上げていった。

同様に、料理人がスープの味付けを決めるときは、想像と評価の作業は、この作業にあずかる認知構造が何であるにせよ、味覚と嗅覚のモダリティの中で起きている。

この図では、認知の非常に重要な部分がもう一つ欠けている。脳が存在する主要な理由が身体を動かすためだということは忘れられがちである。動作をするために知識を使うことができなければ、世界について知ることは生命体にとって何の利点もない。だからこのシステムは動作という部門を必要とする。その入力は空間構造と自己受容性感覚——世界とその中での自分の身体の空間的な配置——であり、それは筋肉への指令という結果となって現れる。

(注1) 実際、大きな物体を見るさい、全体像を捉えるには目を向ける先を順次動かしていかねばならない。だから場合によっては見るという動作はものを手で触るのと似たところがある。そうはいっても、そのように感じられることはないが。

(注2) 耳で聞くことも空間情報のソースとなりうる。例えば自転車に乗っていて、後ろから自動車が迫っているときなどである。コウモリははるかに高度なこの種の仕組みをもっており、反響定位(エコロケーション)を使って物

体を識別し、複雑な環境の中を移動する。最終的には、これもまたコウモリにとっての空間構造に統合される必要がある。その結果として、視覚、自己受容性感覚、および運動のガイドとの連繋が可能となる。コウモリが意識をもつと考える限りにおいて、ここでの議論は次のような推測へとつながる。聴覚信号に始まり、空間構造に結実するコウモリの計算の流れのどこかで、意識の認知的相関物である反響定位と結びついた、ある種の心的表象が存在するはずである。もちろん、このことについてコウモリに尋ねることはできないので、ことの真偽を知るすべはおそらく永久に存在しないだろう。

25　私たちはどうやって世界を「外にある」ものと見ているか

ここで、少し前に棚上げにした点を取り上げねばならない。前章の図では、発音と視覚表層に意識の認知的相関物というラベルを与えた。これらは経験に形を与えるものだ。第19章では、言語における意識の相関物をこの他に二つ話題にした。すなわち有意味性の「感触」と、現実かイメージかの「感触」を与える「特性タグ」である。発音と視覚表層の複雑性に対して、これらの「感触」は単純な二分法である。私に聞こえている音声は有意味か否か？　それは誰かが実際に発話した文か、それとも私の「頭の中」に浮かんだものか？

「特性タグ」(注1)についてより詳しく見ていきたい。それは経験の全体的な性格を特徴づけるものだ。これを概念構造と空間構造という「内容特徴」と比べよう——こちらはある物体が「フォーク」というカテゴリーに属する、重みがあって表面がなめらかだ、先端がとがっている、食べるときに使う、あなたの所有物である、一七年間使っている、などの多様な情報である。

特性タグの概念を視覚へと拡張することは難しくない。第21章からの例を次ページに再録しよう。これを最初に見たとき、あなたの目には黒い染みがたくさんあるだけのように見えたかもしれない——ジャクソン・ポロックのモノクロの絵画作品のように。だがどこかの時点でダルメシアン犬が「飛び出して」、不意にこの画像があなたにとって有意味なものになる(あるいはそんなものは飛び出してこないで、苛立つということもありうる)。言語についての分析との類比でいうと、視覚表層は何らかの空間構造と結びつけられるときに有意味なものとして経験されるといえるだろう。そのような経験の認知的相関物が、この結びつきの有無をマークする特性タグである。

もう一つの特性タグ——外部の現実 対 イメージ——はもっと驚くべき帰結をもたらす。あなたが外部世界の中にある何かを見るとき、光が目に入り、それに反応して脳が視覚表層を構築する。脳の中でコード化された視覚表層は視覚的意識の認知的相関物である——だがこの時あなたは外部世界にある現実の存在を経験するのだ。

なぜあなたは物体を頭の中でなく外部世界にあるものとして経験するのだろうか。日常的視点からは、これもまた馬鹿ばかしい問いに思える。それは現実に目の前にあるのだから、そこにあるものとして見えるのは当たり前だ。しかし認知的視点からは、これまでの議論と同じく、脳がどうやってそれを可能にしているかを問う必要がある。

あなたが外部世界にある物体を経験する理由の一つは次のようなものだ。物体の内容特徴——空間・概念構造における表象——の中には、その場所、すなわち(頭の中でなく)目の前の位置についての情報が含まれる。そのフォークは台所の流しの中に置かれているのであり、脳の中に埋まっているわけではない。よって、それはあなたの外部に存在すると解さざるを得ない。

この説明は問題を解決してくれそうに見える。だが実際には不十分である。なぜかを理解するために、視覚的イメージについて考えてみよう。あなたがダチョウをイメージしたとしよう(お望みならビッグバードでも結構)。あなたはある視覚的経験を得るが、それはあなたの目を通して入ってくる何物とも結びついていない。空間・概念構造における視覚的な理解と結びついているのは、視覚表層だけだ。そして視覚表層であるからこそ、あなたはそれを経験する——すなわちそれが意識にのぼる。

それでは、あなたがイメージするこのダチョウはどこにいるのだろうか。あなたはダチョウが頭の中にいるものとして経験するかもしれない(頭の中を自分の目で覗くことはできないが)。だがあなたは今いる部屋にダチョウがドアを通って入ってくる姿を、外部世界の存在としてイメージすることもできる。認知的視点からは、たとえそれがイメージであっても、あなたは現実に知覚する対象と全く同じように、ダチョウがいる部屋のイメージに内容特徴を付与し、外在的な位置を与えたことになる。

言い換えれば、あるものを外部世界に存在するものとして経験することと、それを現実的なものとして経験することは違うのだ。だとすれば、ダチョウが部屋に入ってくるのを鮮やかにイメージすることと、現実にダチョウが入ってくることとの違いはどこにあるのだろうか。一つの可能性は、イメージされたダチョウは、それがどれほど鮮明であっても、現実のダチョウほどには鮮明ではないということである——つまり、イメージの内容特徴は本物の知覚と比べるとぼんやりしている。これはほとんどの場合、両者の違いと言えそうである。だが、そうでないときもある。何かをきわめて鮮明にイメージすることができ、そのため実物を見ているのとほとんど変わらない場合もあるかもしれない。そして現実のものでも、例えば霧の中で見るように、きわめて漠然としか見えないこともあるだろう——ぼんやりとしすぎているために、自分の目に映っていることすら確信がもてないかもしれない。だから見え方がぼんやりしているか否かは、イメージと現実のものを分別するために私たちが求めている基準ではない。

だが知覚とイメージの間にはもう一つの違いがある。何かを現実として経験しているときは、視覚表層と目からの入力の間に結びつきがある。対照的に、イメージを経験しているときは、このような結びつきはない。そこでこの結びつき——あるいは何らかのモニターによるこの結びつきの検知——が特性タグ、すなわち視覚的な意識の中での現実の「感触」の認知的相関物としてはたらきうる。それは第19章で論じた特性タグ、すなわち誰かが話すのを聞く経験と言語的イメージの経験の違いをもたらすものと全く同じようにはたらくのだ。

言語的イメージと同じく、こうした議論には二つの重要な例外がある。第一に、夢を見ているときには、目からは何の入力もないが、現実の物や人と関わっているかのような経験をする。第二に、幻覚を見る人々はそれを完全に現実のものとして経験する——幻覚が恐ろしいものとなりうるのはそのためである。

言語的イメージについて行った説明がここでも同じようにあてはまる。夢や幻覚は、目からの入力と視覚表層の間の結びつきを確認するモニターが正常に機能していないような状況である。夢を見ている間は、このモニターのスイッチが切れているだけだ。(注2) そして幻覚の最中は、自動車の「エンジンチェック」表示の誤作動と同じように、モニターがおかしな挙動をしている。

私たちは今やもう一つの驚くべき結論に達した。

目からの入力と視覚表層の間の結びつきの存在が(通常の場合)、世界を現実として見せているものである。

これは参った。この結論は日常的視点にとってはあまりに異端なので、胃にこたえるかもしれない。その一方で、これこそが、私たちがどうやって世界を経験することができているのかという問いに対する答えでもある。日常的視点からは、そもそもこの問いを発することができないか、さもなければ何らかの神秘(昔ならば神)に訴えて答えることを余儀なくされる。

この結論は、私たちの外部世界についての経験が錯覚であるということを意味するのだろうか。私にはそれが正しい考え方だとは思えない。錯覚について語ることが意味をもつのは、錯覚でない何かの基準と比較する時だけだ。そして通常の条件下で外部世界を見ることは、錯覚ではない何ものかのおそらく最良の具体例である。

(注1) これに適切な名前を考えるのは容易ではない。私は『意識と計算的心』では、それを「性向」と呼び、『言語、意識、文化』では「評価特徴」と呼んだ。ここは読者のお望みの用語をあてていただいて結構である。

(注2) モニターのスイッチが切れていれば、何かをイメージする経験を夢で見ることはできないはずである。このようなことの報告は聞いたことがない。仮にそのような経験があるとすれば、私は自説をもっと複雑なものとせねばならないだろう。

26　経験におけるその他の「感触」

ここまで、言語と視覚における認知の「感触」が生じるさいに重要な役割をもつ二つの特性タグ、すなわち「有意味 対 無意味」と、「現実 対 イメージ」を見てきた。こうした「感触」をさらにいくつか見ていきたい。

親近性と新奇性

あなたが何かを知覚するときに、それとともにやってくる親近性の感覚について考えてみてほしい。集団の中にいる人の顔を見てつぶやく。「あれ誰だっけ？　知ってるのは間違いない！――うん、そうだ。ケンドール・スクエアで前にデリをやってた人だ！」あるいは、ある音楽をラジオで聞いて、ちょっとしてからつぶやく。「あれ何だっけ？　知ってるのは間違いない！」（私だったら「演奏したことがある！」）親近性の感覚が立ち現れるにつれて、曲の音の感じはどのように変化するのだろうか？　楽譜そのものは変わらない。ときにはこうした反応が先に起きて、その後しばらく過ぎてから、人や曲の名前、あるいは前にどこで出会ったかを思い出すこともある。（この段落はヴィトゲンシュタイン風の観察のように思えるかもしれない。

『哲学探究』にはこの種のことが満載だ。)

親近性の感覚はただで得られるわけではない。前に見たことがあるというだけでは、親近性のあるものにはならない。ここまで論じたあらゆる点についてと同じく、心/脳はこの感覚を創出または構築し、それを知覚されたものと結びつける必要がある。おそらく、前に話題にした二つの「感触」と同じく、親近性の感覚は脳の中で同時に起きている別個のものの間の結びつきを検出し、経験に特性タグを付与するモニター機構によって生じる。このモニターは、知覚またはイメージされているものと長期記憶に貯蔵されているものとの結びつきなり共鳴なりをチェックする。そうした共鳴がないときには、見ている対象は新奇または馴染みのないものと感じられる。

親近性の感覚が脳によって構築されたものだということを理解する助けとして、デジャヴュ体験を考えてみるとよい。これは「合理的」には親近性がないとわかっているものに親近性が付与される感覚である。あなたはまた、ジャメヴュ体験というものをしたこともあるかもしれない。これは親近性のあるものが「あたかも全く新しいものである」かのごとく見える感覚だ。

あるいは、次のような記憶の実験で起きることを考えてみるとよい。ある日、心理学者があなたに大量の画像セットを見せる。そして次の日、あなたは別のセットを見せられて、どの絵を前の日に見たかを質問される。ある画像には親近性があり、別の画像にはないと感じる――他に反応のしようがあるだろうか。実験者たちはその後、あなたの反応を前の日に実際に見せた画像と比べてみることで、あなたの答えのパターンから心/脳がどうはたらくかについて何かを知ることができるのではと考える。例えばこんなことを突き止めようと思うだろう。あなたの脳は、認識できないものは実際に記憶に貯蔵していないのか、それとも貯蔵はしたが親近性の感覚を生み出すことに失敗したのか?　実験者が本当は見せなかった画像を見たとあなたが言うとき、それは何によって説明されるか？　などなど。

脳の損傷の一種で、「相貌失認」と呼ばれる症例を示す人たちは、あらゆる人の顔が親近性をもたないものに見える——ときには自分自身の顔すら認識できない。この種の失認症状をもつ人たちは、他のものは全く問題なく見分けられるし、しばしば声で人を判別することは可能だ。ある種の実験的な操作をすることで、情報処理の無意識的なレベルでは、そうした人たちも実際には親近性のある顔とない顔に対して、異なる反応をすることが示されている。つまり記憶が消去されたかのような状態とは違う。それでも、相貌失認の人たちは、見せられた写真の中の人物について、誰が誰だか全くわからないと真剣に答えるのである。かれらのもつ障害は、明らかに心／脳の中で親近性が登録される部分に存在する。顔の形は見えていても、あらゆる顔が新奇に感じられるのだ。オリヴァー・サックスの有名な『妻を帽子とまちがえた男』の標題の人物は、人の相貌よりも一般的な「視覚失認」を患っている——顔だけでなくあらゆる種類の物体を認識できないのだ。親近性と新奇性の感覚が感じられるのは、私たちが実際に見聞きする対象だけではない。それは心の中を去来するイメージや考えについても言える。あるイメージが親近性の感覚をもっているとき、私たちはそれを「記憶」として経験する。新奇性の感覚が感じられるときには、「新しい考え」として経験する。このタイプの特性タグ——記憶にあること 対 新しいこと——は面倒なことに(日常的視点からすれば)誤りが出やすい。これが原因となってよく起きる衝突の例が、「ゴミを出すように頼んだはずだけど！」「いや、聞いてないよ」というようなやりとりだ。

より重大なのが(少なくとも研究者にとっては)、新しい独創的な考えだと思って公にしたものが、後になって実は何年も前に読んでいてそれを忘れていただけだということを発見したときである。実人生にとってこれよりさらに重大なのは、目撃証言の信頼性の問題だ。実際には起きなかったことについて、その記憶を経験したと信じこませるのはそれほど難しいことではない。それは「事件」に巻き込まれた他の人々にとって、時に不幸な法律上の結果を招く。

それは大事なことか、肯定的なことか否定的なことか

もう一つの重要な特性タグは、あるものが「大事」なことか——重要か否か、注意を払う価値があるか——という感覚である。ものごとは肯定的であれ否定的であれ重要性をもちうる。私たちは肯定的なものごとに引きつけられ(「好きだ」「欲しい」)、否定的なものごとは忌避する(「嫌いだ」「避けたい」「怖い」)。これは知覚内容と情動的反応との結びつきとして考えられるかもしれない。(これはアントニオ・ダマシオが『デカルトの誤り』の中で、記憶に付与された「身体性標識」と呼んだものにあたると私は考える。)

多くの場合、あるものが魅力的で良さげか、それとも見映えが悪く駄目かの判断が何によってなされるのか、また私にとって明らかにどうでもいいことになぜあなたはこだわるのか、などといったことは正確には説明できない。あなたが最初にとる反応はとっさのもので、直観による本能的感覚だ。説明は後付けにすぎず、それも普通は事後的で完全に了解できるわけではない。ランドフスカのバッハ演奏が好きなのはなぜか?　ワインが美味しいのは一体何の要因によるのか?　こうした違いは、あなたの対象への反応の中に存在するのだが、魅力なり醜さなりは、形、色、大きさなどと同じく、対象そのものの属性であると感じられる。それは見ている者の知覚の中にないのは確かである。少なくとも見ている者はそのようには感じない。

有意味性や親近性と同じく、この感覚は物体だけでなくイメージについても言える。私は怨敵と出くわす場面を想像し、イメージの中で実生活におけると同じく(あるいはそれ以上に)彼の存在を否定的に感じる。

出たくないパーティーのことを想像し、いらつくこともある。ブラームスの一節をこれまで聞いたことがないような感じで自分が演奏している——あるいはこの文をこれまでに自分が聞いたこともない言葉づかいで表す——のを想像し、それを心地の良いものや悪いものとして経験することもできるのだ。

聖なるものと禁忌

これと関連する特性タグが、対象について感じる「聖性」である——あなたはそれを特別な輝きや鮮烈さ(まあ、うまく言い表す単語は本当はないのだが……)に満ちたものとして経験する。反対に否定的な性質をもつものが「禁忌」であり、対象を同じく特別な暗黒の感覚とともに経験する。

この感覚は宗教的経験にとって中心的なものだ。人々は聖性を神や礼拝所、そして法具や儀礼行為に対して感じる。だがその感覚は宗教的なものごとに限られているわけではない。私たちはそれを山海の偉容や壮麗な日没を前にしても経験することがある。あるいは、ある種のドラッグの影響下でも経験するかもしれない。癲癇《てんかん》患者の中には(ドストエフスキーは明らかな例だ)、発作が起きる直前にそうした感覚を得る者がいる。また、科学者の中でも、特に(私の見るところでは)数学者や宇宙科学者は、偉大な理論を前にしてそうした経験をする——そしてそれを宗教体験としてつづるのである(スティーヴン・ホーキングが『ホーキング、宇宙を語る』を閉じるにあたり、「そのときに私たちは神の心を垣間見るだろう」と記すときのように)。それほどの大事でなくても、このような感覚をともなうことはありうる。人によっては、デカルトの生誕地などを聖なる場所であると感じる。また他の人にとっては、聖なるものはアール・スクラッグスが弾いたバンジョーであり、バリー・ボンズが新記録となるホームランを打ったときの野球のボールだったりするだろう。さらに世の中には、意識の神秘について考えたときにそのような経験をする者すらいる――それゆえ意識はかくも**深淵なるもの**として感じられるのだ。

神経学的視点からは、この感覚は明らかに右側頭葉の活動と関係している。だがこの感覚は脳内に存在する何かについてのものではない。ここでもまた、私たちはそれを世界内のものごとについての属性として経験しているのだ。

自己制御的　対　非自己制御的

次に、イメージについて考えよう――それには言語的なものも視覚的なものもあるし、さらに言えば自己受容性感覚も入る(例えば、くるぶしを捻ったときの感覚を想起する場合)。あるものは「頭の中に浮かんだ」だけと感じられる。あるものは入念に作り上げられたように感じられる。「私は今、ダチョウがドアを入ったのをイメージしている」「私は今、キッチンの壁をどうやって塗り直すかイメージしている」などのように。もちろん、頭の中に自然に浮かんだ場合でも、あなたの心/脳がそれを作り上げているのだから、認知的視点からは気を配って作ったものとの区別がきわめて怪しいのは確かである。しかしこの相違があなたの経験の一部であることは疑いなく、したがって意識と理解の理論はそれがどこからくるのかを説明せねばならない。この区分を「非自己制御的」対「自己制御的」イメージの感覚と呼ぼう。

私たちはこの特性タグを知覚に対してもあてはめることができる。視知覚は常に非自己制御的な感覚をもっている――世界はいやおうなく与えられたものであり、他に選択の余地はない。だが言語の領域では、自分の声を聞いているか(自己制御的)他人の声を聞いているか(非自己制御的)について感覚がはたらく――そしてときには自分自身の声をあたかも他人の声であるかのように聞いていると感じることもあるだろう（私はそうした経験がある）。私が演奏するクラリネットの発する音は自己制御的な感覚をもっている。私のデュエットの相方のスティーヴが彼のクラリネットを演奏するときには、私はその音を非自己制御的なものとして経験する。

この属性がはっきり前面に出てくる領域は「動作」である。あなたがわざと足を動かすときと、無意識にピクッとするときでは、違って感じられる。「前者の場合には、私がそうした」とあなたは言うだろう。つまり、あなたは自己制御的な動作を意志的、計画的、意図的なものとして経験していることになる。また一方で、「哀しみが私の中から溢れ出し、とめどなく涙がこぼれた」と言うこともある——これは非自己制御的動作だ。認知的視点から見れば、体をピクつかせ涙をこぼすことも、足をわざと動かすことと同じくあなたの脳が行っていることに疑いの余地はない。前者については、あなた自身から、つまり自分の意志から生じるものとして経験していないだけだ。

だが奇妙なことに、ある動作について、自分が意図的に実行したという感覚を得るために、実際にそれを実行する必要は必ずしもない。夢の中では、自分があらゆることを意図的に実行しているように経験するが、実際にはそれを行っていない——私たちはベッドで寝ているだけだ。

意図的動作についてのこのような考え方がもし正しいとすれば、それははなはだ居心地の悪い結論につながる。

自由意志についての私たちの感覚は何もないところから生じるものではない。私たちの心／脳がそれを構築しなければならない。それは私たちの心が意識的経験に組み込んでいる数ある「感触」の一つにす

ぎない。

見ようによっては、これはそれほど驚きでないかもしれない。何世紀にもわたって、多くの人々が人間が自由意志をもつか否かについて論争してきた。そしてかれらは禁忌の結論に達しそうになると常に手を引いてきたのだった。私たちは引かない。

認知神経科学から最近得られた証拠は、この燃え上がる論争にさらに燃料を投下することとなった。ある実験によれば、私たちの意志的動作の感覚は、脳が動作の実行を始動してから数百ミリ秒後に生じるらしいことが報告されている。そして適切な実験装置があれば、行ったはずのない動作を意図的にやったと考える(つまり「意図性」のモニターが点灯する)ように欺くことができる。この種の証拠を大量に検討した上で、ダニエル・ウェグナーはこの問題についての彼の考えを『意識的意志という幻想』という本の題名に表明している。

今やこのような論理展開には覚えがあるはずだ。自由意志が幻想であると言うつもりならば、英語という言語は存在しない(第3章)、単語などは存在しない(第5章)、ハゲなどは存在しない(第11章)、因果性などは存在しない(第10章と第21章)、さらには現実の視覚世界の経験は錯覚である(第25章)、という議論を受け入れることになる。これは馬鹿げたことだ。あらゆる言説が破綻する。この手のことについて語るのであればもっとましなやり方がきっとあるはずだ。

私としては、これまで採ったアプローチにならい、どのような視点に立って考えているのかを確認することが役に立つと考える。日常的視点では——イエス、ヴァージニア(訳注)——私たちは自由意志をもっている。そして時に私たちは実際にはそうでなくても自由意志によって動作していると考えるし、その逆もある。これに対し、認知的・神経科学的視点に立てば、この問題には別の角度からアプローチすることになる。心／脳は私たちに自由意志の感覚を与える何かを行っているに違いないし、科学者としての仕事はそれが何かを明らかにすることだ。私たちはダニエル・デネットのように、自由意志を経験する能力がなぜ進化によって私たちに与えられたのかを尋ねることもできる――すなわち、このような経験をもつことがなぜ適応的となりうるのか、そして人が自由意志を経験することがなぜ今あるような形で現れるに至ったのか、という問いだ。だがこうした認知的視点からは、自由意志が本当に自由かどうかを問うのはある意味奇妙なことでもある。それは現にある以上でも以下でもない。

私がここで提案するアプローチの新しい点は、意志性の経験には特定の認知的相関物、すなわち「自己制御的」対「非自己制御的」という特性タグが存在するということだ。この特性タグは人間の認知における限られた数の特性タグの集まりに含まれており、そうしたタグの一つ一つが、深いところにあるが同時に捉えることの難しい、経験における「感触」の成立に寄与している。したがって、私たちがもつ自由意志の感覚はこの点では孤高を華麗に誇るような謎ではない――それは私たちがもつ現実についての感覚、有意味性についての感覚、親近性についての感覚、そして聖性についての感覚、といった等しく謎めいた問題と同列のものだ。

読者の中には、このような言葉づかいによる論じ方があまり満足のいくものではないと思う人もいると想像する。私としては、他のいかなるアプローチも――科学と哲学を一からげにして揚々と窓から投げ捨てるようなやり方は論外として――満足できるものでないと言うしかない。

＊＊＊

もしあなたが私の論に匙を投げたのでなければ、ここまでの主張のまとめを試みるのを許してほしい。世界についての私たちの理解は心／脳によって創り出される必要がある。それは概念構造と空間構造の組み合わせによってコード化されるが、両者ともに単一の知覚モダリティに特化されたものではなく、本書であまり話題にしなかった他の表象、例えば聴覚構造なども含まれる。

私たちの世界についての経験もまた脳によって創り出される必要があるが、それはより直接的に特定の感覚モダリティ上の知覚表象にもとづいている。すなわち言語における発音、視覚における視覚表層、触覚における触れた印象などである。これらは経験の内容特徴を提供し、そうした特徴が経験に形を与える。あなたは世界の中の何かを見て、聞いて、触って、同時にあなた自身の身体の位置や動きを感じている。そしてこの中のどの感覚を自分がもっているかも知っている。(注1)

しかし世界についての私たちの意識にはこれにとどまらない。それには「メタ認知」的な特性タグもあり、このタグは私たちが経験するものごとにある感触を付与する。それらはあらゆるモダリティにわたる。

- 知覚とイメージの区別は視覚、聴覚、言語、触覚、自己受容性感覚において認められる。
- 知覚とイメージはどのモダリティにおいても、親近性か新奇性かのどちらかをもつ。
- 有意味な知覚と無意味な知覚の区別は視覚と言語の両方で認められる。
- 肯定的で重要な(引きつける)ものと否定的で重要な(忌避させる)もの、および中立的なものの区別は、あらゆるモダリティの知覚において認められる。聖なるもの、禁忌、中立的なものの区別も同様である。
- 自己制御的な知覚と非自己制御的な知覚の区別は広範囲のモダリティ、特にイメージにおいて見られる。

内容特徴がモダリティ依存であるという事実は、それらの神経的な相関物が脳の知覚野に見出されるべきだということを示唆する。そして実際、そこは視覚に関わる意識について研究する人たちが探索している場所だ。しかし特性タグはいかなる特定の知覚モダリティにも属していない――それらはあらゆるモダリティにまたがっている。このことから、特性タグの神経的相関物は全く異なった形態をもっているのではないかと考えられる。

このような考えはすべて、〈意味の無意識仮説〉を拡張することで得られたものだ。それは単に言語と思考についての仮説にとどまらず、私たちが世界をいかに理解し、経験するかについてのより包括的な見方の一部であるということを示している。言語と思考の関係は、心のはたらき一般の一例にすぎない。

(注1) これらの感覚の一部は、他の感覚モダリティへの入力からきているのかもしれない。味覚は嗅覚についての情報が多く混じり合って成り立っているが、それでもその経験は「味」である。さらに驚くべきことに、話している人の唇の動きをビデオ編集によって変えてやると、音声はそのままでも、それを見る者は音声を異なったものとして「聞こえる」ことがある――例えばdでなくbと「聞こえる」というように。この意味で、視覚入力が脳によって音声として解釈されることもありうる。これは発見者の名にちなんでマガーク効果と呼ばれている。

(訳注) 一八九七年に「サンタクロースっているんでしょうか?」という問いをニューヨーク・サン紙に投稿した少女ヴァージニアに対する返事の一節として、今もアメリカではよく知られている。

第三部　指示と真理

27　世界について語るために言語をどう使うのか

さて、意味に立ち戻って、どのような進捗をしてきたのか確認してもよいころだ。意味にもっていてほしいと思う性質を振り返っておこう(第9章より)。

（a）意味は言語使用者の頭の中にある。
（b）意味は話された形もしくは書かれた形と結びついている、あるいは連合している。
（c）語句の意味は、それを含む文の他の部分の意味と結合する。
（d）同義的な表現どうしは、それらが同じ言語のものでも異なる言語のものでも、同じ意味に結びついている。
（e）意味の指示機能：意味(の少なくとも一部)は世界と結びつくことができる。
（f）意味の推論機能：意味は推論の媒介物としてはたらく。
（g）有意味性の感覚を別とすれば、意味は意識から隠れている。

以上がここまでにわかったことだ。意味は概念構造と空間構造からなり、両者は言語使用者の頭の中で結びついている(これは(a))。それらは話し言葉や書き言葉の形と結びつくことができる(これは(b))。ある概念構造と空間構造の連関が、同じ言語、あるいは異なる言語において、異なる発音とつながっていたら、そのような表現は同じものごとを意味する(これは(d))。概念構造と空間構造は言語表現との結びつきなしに存在することも可能で、その場合は非言語的思考(の一部)としてはたらく。

私たちは音声言語を発音という形で経験する。思考は頭の中の声として——これも発音がもたらす形で——経験する。概念構造と空間構造は、意識に経験の「感触」をもたらす特性タグを除いては、経験の形に直接は寄与しない——つまり、それらの構造はほぼ全面的に隠れているのだ(これは(g))。

この本では、(c)について多くのことは言えない。語句の意味が組み合わさる方法については、意味の多くの部分は個々の語の意味の中には見つからない(第12章)というくらいしかない。また、(f)の意味の推論機能についても多くのことを言えない。それについて何か言うためには概念構造と空間構造の性質について詳細に研究する必要があるだろう。私が長年にわたって行ってきた研究テーマは、合成性と推論の形式的理論のために、概念構造を十分に豊かで明示的なものにすることだった。そして形式意味論や認知文法の枠組みでの研究の多くも、この目標に向けられている。残念ながら空間構造の理論についての研究はずっと少ない。

続くいくつかの章では、(e)の意味の指示機能に目を向けたい——私たちは世界について語るために言語をどう使うのか?

概念構造がしなければいけないことの一つは、言語使用者が何らかの点で知っている個体を追跡しておくことである。それぞれの個体は(第23章の用語を使うなら)トークン特徴を付与されて概念構造でコード化されていて、その特徴はその個体に関して知っているすべてのこと——内容特徴と特性タグの両方——に結びつけられている。トークン特徴と他のデータの組み合わせのことを「指示参照ファイル」と呼ぶことにしよう。

視野にある何かに初めて気づいたとき、心／脳は視覚系によって作られた空間構造をトークン特徴と結びつけなければならない。リンク先として適した指示参照ファイルを心が探し出せたら、見えているものを馴染みあるものとして経験する。もしそのようなファイルが見つからなかったら、新しいトークン特徴を設定して、その新しい空間構造を結びつけなければならない。そして見えているものを新奇なものとして経験する。

何かを見ることだけが指示参照ファイルを呼び出す方法ではない。言語がもう一つの方法を与える。私があなたに、いとこのベスが飼っている犬のバディーについて何か言ったとしよう。その際、私は三つの個体に言及している。バディー、ベス、そして私自身だ。そのときあなたの心では何が起こるだろうか。

- 私がそれらに言及したことにもとづいて、あなたの心はこれらの個体それぞれに指示参照ファイルを提供するだろう。私の指示参照ファイルはすでにあるだろうが、ベスとバディーのファイルは新たに設定しなければならないかもしれないし、そうでないかもしれない。
- これらのファイルそれぞれにおいて、話題にしている個体が名前をもつということが指定されていて、発音(「バディー」「ベス」「レイ」)に結びつけられている。
- バディーのファイルは「犬」というタイプに結びつけられている。
- ベスとバディーと私がどんな見た目かを知っているなら、私たちについてのファイルはその知識をコード化した空間構造を含む。

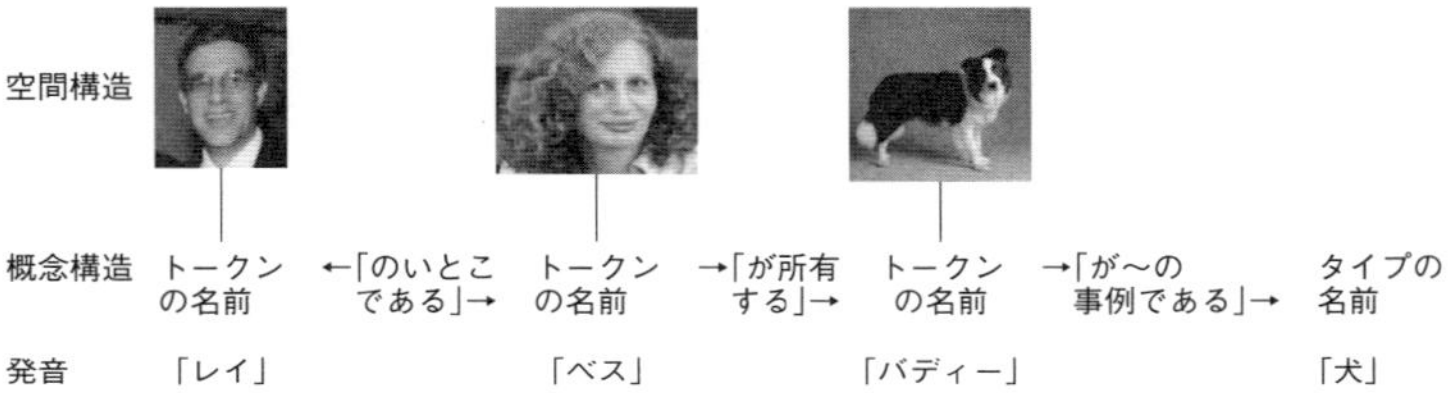

・ファイルは互いにある関係によって結びつけられている。その関係とは、ベスが私のいとこであり、ベスがバディーを所有していることを指定するものだ。これらの結合関係は両方の指示参照ファイルの一部と考えられる。というのは、あなたはベスについてバディーを飼っていると知っているし、バディーについてもベスが飼い主であると知っているからだ。

上の図は以上すべての連関を示している(これよりずっと抽象的な空間構造の代わりに、普通の画像を使っている(注1))。見た目を知っていても名前は知らない人(例えば映画でお馴染みの端役の役者)の場合、指示参照ファイルは空間構造の特徴とトークン特徴だけを含んでいる。名前を知っていても見た目は知らない場合(例えばユリウス・カエサル)、指示参照ファイルは名前などの言語的特徴を含んでいるが、視覚的特徴は含んでいない。外見も名前も知っているなら(私がいとこのベスを知っているように)、ファイルは両方の種類の特徴を含む。

次ページの図の横長に置かれた長方形のように、部分的に遮られた物体の二つの片割れは、空間構造においては統合された一つの存在に結びつけられていて、そこから一つのトークン特徴と一つの指示参照ファイルに結びつけられている。このことで二つの図形を一つの物体として理解できるのである。また、ある物体の一部分——例えばカップの取っ手——に注意を向けるとき、取っ手は独自の指示参照ファイルをもつことになり、それが「〜の部分である」という関係によってカップ全体のファイルと結びつけられる。

ある対象についての情報が複数のモダリティ——ある人の外見と声としよう——からもたらされるとき、それらは単一の指示参照ファイルに統合されることによって統一された「この対象」の理解に至る。映画の登場人物がしゃべるとき、声はふつう視覚像とは同じ場所にないスピーカーから出てくる。しかし私たちの心が音と視覚像を統一するため、声が登場人物の口から出てくるように聞こえる。

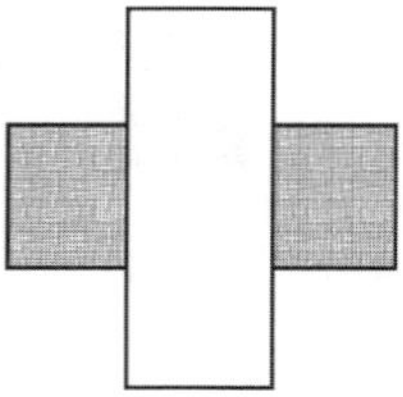

指示参照ファイルをもつのは「外部世界」で私たちが知覚するものだけではない。心的イメージも指示参照ファイルをもつが、異なる特性タグをともなっている。夢でユニコーンを見ているとき、それは客観的外在性の特性タグをともなう。しかし、目が覚めて、それについて考えるときには、別の「仮想」とでも呼ぶべき特性タグをともなっている。「仮想現実」のように、この特性タグをもった存在物は、現実を真似た純粋な構築物である。この特性タグはサンタクロースやシャーロック・ホームズのような個体（第30章で立ち返ることにする）の概念にも現れる。

通常、指示参照ファイルは一度出来上がると、概念構造にとどまる。だから猫が本棚の後ろに回り込んでも、まだそこにいると考えるのである。心理学者のカレン・ウィンは、乳児でさえ隠れた物体を追跡していることを示している。例えば、二つのおもちゃを順に幕の後ろに置き、それを乳児が見ているとしよう。幕を開けたとき、一つしかおもちゃがそこになかったら乳児は驚くのである。フェイ・シュウとスーザン・ケアリーの発見はこれより少し奇妙なものだ。幕の後ろにアヒルを一つ置いたとしよう。幕を開けて代わりにトラックが一つ現れても、およそ生後一〇か月未満の乳児は驚かないのである。私たちの言葉を使うなら、乳児は隠れた物体をトークンとしては追跡できているけれども、その視覚的な様子までは追跡できていない。（それができるようになってくるのはおよそ生後一二か月だ。）

ところで、指示参照ファイルは永続的ではない。粘土の塊を半分に割ると、二つのファイルをもつことになり、前のファイルは分裂するのである。同時に、それらの来歴を追跡して、どちらも単一の個体に由来するという記憶を、それぞれのファイルに連合する。だから、全部で三つの指示参照ファイル――元の塊とその二つの後裔――がこの状況の理解に関わっている。

次はもっと意外な状況だ。あなたは近所でときどきある女性を見かけていた。しかしある日、街のプールで二人の彼女を見かける。そして実は彼女たちは一卵性双生児なのだということを知る。また、こんな例はどうだろう。長い間、私はブルームという名前の文学・文化理論家について何となく知っていた。その人物は数年前に亡くなったと思っていた。そしてある日、彼の新刊を偶然見つけて驚き、気恥ずかしい間違いに急に気がついたのである。「あぁ〜！ この本を書いたのはハロルド・ブルームで、死んだのはアラン・ブルームだったのか！」と。この理解に達するためには、「ブルーム」のファイルを二つに分割して、それぞれに別のトークン特徴をつける必要があったわけだ。

二つのファイルを融合することもできる。二つの粘土の塊をくっつけ合わせて、丸めて一つにしたときである（そしてこのときも、それが元は二つの個体だったという来歴を見失うことはない）。また、街の別々の所を流れている小川が実は同じ川の支流だと気づくことがあるかもしれない。二つの名前や記述で識別していた複数の個体が実は同じ個体であることに気づいたときにも、ファイルを融合することになる――先ほどの双子の場合の逆だ。古典的な例は、フレーゲの「明けの明星は宵の明星だ」と、より広く知られた「クラーク・ケントはスーパーマンだ」である。

もはや意味の指示機能を説明するのは簡単だ。言語表現はそれが指示参照ファイルに結びつけられていれば何かを指示する。それだけのことである。

「おいおい」とあなたが言っているのが聞こえる。「そんなに単純なわけがない。どうやって言語表現が世界にあるものを指示するのか?」と。その答えは、言語表現は私たちが世界にあると概念化しているものを指示するということだ。指示参照ファイルに付いている特性タグが、これは客観的で外在的な何かだとマークしていたら、それに結びついた表現は、客観的で外在的なものとして経験される、あるいはそう思われる何ものかを指示する。特性タグがこれは「仮想」だと――イメージや想像上のものとして――マークしていたら、それに結びついた表現が指示するものはイメージまたは想像上のものとして経験され理解される。

このことが正しければ、言語表現がいかにして「世界に関する」ものたりうるのかという難問は、正確には言語についての難問ではないことになる。むしろ認知についての難問なのだ――人の頭にある概念構造・空間構造・発音・視覚表層・特性タグが、どうやって言葉と物で満ちている外部世界の経験となっていくのか? 第二部で議論したように、私たちは心的構造に導かれて世界を経験する。そのような心的構造をひとたび理解したら、今度はそこに言語を結びつけることはさほど困難ではない。

もちろん、指示についてのこうした説明は、認知的視点を採っているときにだけ有効である。日常的視点からは、言語表現は外部世界に存在し、それが指示する事物も同様である。指示参照ファイルや特性タグのような珍品が出る幕ではない。けれども認知的視点からは、問題は人が指示を行うために言語表現をどう使用するかである。人は概念化済みのものしか指示できない。もし何かについて考えたことも気づいたこともなければ、それをどうやって指示することができるだろうか。反対に、考えたり気づいたりする「それ」があるためには、そのトークン特徴を含んだ概念構造をもっていなければならない。そして、あなたがその

「それ」を「外部世界にある」ものとして経験あるいは理解するためには、その概念構造に一定の構成による特性タグがともなっていなければならない。

「だが、世界にあるまだ概念化していない一切の事物はどうなる？　どうやって言語はそれらを指示するのか？」この質問は、また日常的視点に戻ってしまっている。認知的視点からは、私たちが概念化する世界が、私たちに関わる世界に他ならない。概念化したことがないことについては、いずれにせよ言うべきことは何もないわけで、私たちの言語がどうやってそれを指示するかについてなぜ気に病むのだろう。もし他の誰かがそれをすでに概念化しているなら、よろしい、その人たちはそれを指示することができる。（そして慎重を期すために言えば「私たちが概念化していないもの」はそれ自体が概念化だ！）

（注1）細かいところが気になる読者へ。私とベスの間は両方向の矢印で結んだ。「のいとこである」という関係は対称的――私とベスのどちらも他方のいとこ――だからだ。これとは違って、他の二つの矢印は一方向だが、それは所有関係やあるタイプの事例であるという関係は、対称的ではないからだ。

28　会話における指示の食い違い

誰かが何かを指示するときに何が起きるのか、もう少しよく見てみよう。あなたと私が話をしていて、私が「ねえ、あの面白い雲見て！」と言って指差したとしよう。あなたは私が指差している場所を見て、どんな雲について話しているのかを理解する。これはどのようにしてうまくいくのだろうか。

日常的視点においては、「あの面白い雲」という句は現前の環境にある物体を指示する。認知的視点においては、ことはもう少し複雑だ。私は雲を指示するために句を使用し、あなたは私が何を指示しているかを理解する。

このことをさらに解きほぐそう。私の心は、現前の環境にあるその雲を、ある空間構造を構築することで登録する。そしてこの空間構造を、トークン特徴と、外界にあるものの経験をもたらす特性タグと結びつける。それから私はそれについて何か言うことを決め、この指示参照ファイルに「あの面白い雲」という発音を結びつけ、それを言う。あなたはこの句を聞いて、私が二人に見えている何かを指示していると受け取る。そこであなた（またはあなたの心）はあるトークン特徴を設定し、私の指差しの観察を助けに、あなたの視野にあって「面白い雲」という記述を満たす何かを、その特徴に結びつけようとする。うまくいったら「ああ、あれね！」と言うかもしれない。あなたはこの句を使って、私が捉えているものと一致する（とあなたが考える）概念構造と空間構造に到達したことを私に伝える——つまり、メッセージを理解したというわけだ。

さて、私たちが電話で話していて、私が「ねえ、あの面白い雲見て！」と言ったとしよう。あなたは戸惑う。私の表現の意味はトークン特徴を設定するようあなたに告げるのに、あなたはそれを私たち両方に見えるものに結びつけることができない。結果として、その表現は私にとってはある対象を指示するが、あなたにとっては何も指示しない。私は会話において責任を果たせなかったわけだ。ここでの責任とは、私の中にあるものと合致する概念構造・空間構造へあなたが到達できるようにすること——つまり、私の思考をあなたに伝えることである。

指示詞の「これ this」と「あれ that」は、聞き手が指示参照ファイルを管理するのを手助けする幾多の文法的手段の一部である。英語に見られるその他の手段を次の短い語りの中で下線を引いて示す。

A centaur galloped by.（ケンタウロスが疾駆した）
There was this unicorn standing there singing.［this には強勢をおかない］（そこに歌いながら立っているユニコーンがいた）
The centaur stopped and stared.（ケンタウロスは立ち止まって凝視した）
She couldn't believe her eyes.（彼女は自分の目が信じられなかった）

最初の文において、不定冠詞 a は聞き手に新たなトークン特徴を設定する——「ケンタウロス」というタイプに属する新たな個体を、状況の理解へ導入する——よう合図している。くだけた話し言葉では、二つ目の文に見られるように、強勢のない this が同じ効果をもつ。一方、三つ目の文の定冠詞 the は、くだんのケンタウロスについて聞き手がすでにその指示参照ファイルを所蔵しているはずだということを知らせる合図である。四つ目の文に見られるように、she のような定の代名詞も同じ効果をもっている。(注1)

思慮深い話し手は、聞き手を手引きするような表現を選んで登場人物を紹介していく。誰でもそんなに気が利くわけではない。人が会話のなかに定表現や代名詞を撒き散らしながら話しているのだが、どうやってそれらの表すものを決めればよいのかまるで見当がつかない、といった状態を思い浮かべることは容易だろう。子どもがこれをやったら、寛容な心をもって理解するために余計な労力をかける。大人がこれをやったら、腹立たしいだけだ。

日常的視点を採る言語哲学は、指示の問題についてときどき身動きが取れなくなる。というのも、人によって指示参照ファイルが一致しない可能性を考慮しないからだ。よく知られた場合はキース・ドネランが出した次の例だ。ジーナはフィルに向かって「あそこでマティーニを飲んでいる男」について何か言いながら、ボブを指差す身振りをする。ドネランによると、実際にはボブは水を飲んでいる。では、とドネランは問う。ボブはマティーニを飲んでいる男ではないにもかかわらず、ジーナの言った句は彼を指示するのだろうか？その答えは物議を醸すものとなるのだが、そのあたりの詳細には深入りしないことにする。

認知的視点からは、この話は少し違う語り方をしなければならない。ここはきわめて慎重に話を進めたいところだ。問題は「ジーナによるボブの記述 対〈ボブに関する真実〉」ではない。「ジーナによるボブの記述 対 語り手によるボブの記述」である。ジーナが本心からその句を使ったのなら、彼女はボブがマティーニを飲んでいると考えているに違いない。ということは、彼女の観点からは、彼女はボブを実際に指示したのだ――彼女の表現は彼女のもつボブの指示参照ファイルに適切に結びつけられているということだ。しかし、語り手のもつボブの指示参照ファイルの記載には、水を飲んでいるボブがある。私たちがボブのところに行って飲み物を味見したとすれば、ジーナに同意するかもしれないし、はたまた語り手に同意するかもしれない。ジーナに同意するなら、その場合に的外れな記述をしているのは語り手である。

では、フィルについてはどうなのか。フィルはその男が何を飲んでいるのか全くわからないとしよう。それなら彼はジーナの記述を受け入れるだろう。ジーナによるボブの指示は支障なく通用し、フィルは自分のもっているボブの指示参照ファイルに彼はマティーニを飲んでいると追加することになる。これと反対に、フィルはボブが水を飲んでいると考えているとしよう。それなら彼はジーナによるボブの記述を不正確だと受けとめ、この食い違いに対処しなければならなくなる。いろいろな対処法がある。例えばジーナの念頭にある人を推測して、彼女の記述間違いと思うものを寛大に見逃すかもしれない。あるいは、話を明確にするために「向こうのボブのことを言ってるの?」と彼女に質問することもできる。あるいは、少し失礼になることを厭わなければ「水を手にしている男のことだよね?」と言うかもしれない。

どの場合でも、目標はフィルとジーナが互いに自分たちは同じ考えだという印象を作り上げることである。彼らが満足しているかぎり、当座問題になることはこれですべてだ。もちろん、実際には同じ考えではなかったと後で気づくこともあるかもしれない。その場合、何らかの修復にとりかからないといけない。

この状況の以上の記述は、全くもって実際のとおりと私には思われる。ここから、人の言語使用が完全無欠ではないコミュニケーションにおいてどのように機能するのかがうかがえる。ジーナは本当にボブを指示したのか否か、また「マティーニを飲んでいる男」という句は本当にボブを指示したのか、などと尋ねるのは不毛な脱線のように思われる。問題はジーナとフィルが互いを理解するに至ったかどうかである。状況がとっ散らかっている場合にきれいな答えは望めないのだ。

（注1）用心のために言っておくと、これらは不定冠詞・定冠詞・代名詞の用法のすべてではない。ここで話していることに関連するものだけである。

ところで、この語りには隠れた指示対象がいくつかある。最初の文でケンタウロスはどこか特定の場所を疾駆したに違いない。そしてこの場所は語りの了解済みの視点としてはたらく。そして最初の二つの文を文脈として、三つ目の文がケンタウロスはそこにいたユニコーンを凝視したということを言っていると、そんなことは言われていないのに、あなたはほぼ間違いなく理解する。さらに拡充された構成性である。

29　私たちはどのような種類の事物を指示できるのか（認知形而上学　レッスン1）

哲学の主要な一部門である形而上学の基本的な問いは、きわめて基本的な事物としてどのような種類のものが存在するのかということである。物体は存在するのか？　時間は？　属性は？　出来事は？　数は？　タイプは？　近年、メタ形而上学と言われる下位部門が発展してきた。その問いとは、私たちは形而上学的な問いを発するとき、何について話しているのかということだ。実在についてなのか（「実在論の立場」）。それとも単に私たちが実在について語る仕方についてなのか（「デフレーション論の立場」）。

私の知る限り、メタ形而上学は第三の可能性を探求していない。それは認知的立場だ。この立場から言うと、形而上学的問いとは、人が世界をどう理解するか――人の心はどのような種類の存在物を世界に登場させているか――をめぐるものだ。私たちが実在についてあるやり方で語るのは、私たちが実在をそのやり方で理解しているからだ（注1）。私が言いたいことを理解してもらうために、また少し言語学の演習をしよう。

「これ」や「あれ」のような指示代名詞は、私たちが概念化する世界にある存在物を指し示すのに使う最も単純な表現だ。私が次の文を言うと、「あれ」という発音はあるトークン特徴に結びつけられ、そのトークン特徴もまた私が世界で経験し、指差ししている何かに結びつけられる。

あれを拾ってくれますか？［指差しながら］

この例で私があなたに拾い上げることを頼んでいるのは、何らかの（聞き手にとっては）特定されていない物理的な物体だ。物理的な物体は、指示に関する哲学の著作が主として話題にしているものだ——テーブル、椅子、フォーク、犬、ソクラテス、マティーニを飲んでいる向こうの男、現在のフランス国王（次の章で取り上げる）などなど。これまで私が話してきたのも、すべて物体の指示だった。しかし、実際には指示代名詞を、もっと多様な範囲の事物を指示するのに使える。いくつか例を見よう。

I'd sure like one of those!（あれなんかいいよね！）［通りかかったポルシェを指差して］

この例では、話し手は特定の一台のポルシェを指差してはいるのだが、奇妙なことに複数代名詞を使っている。この文が表している話し手の願望はあの車を所有することではなく、むしろその車が属しているタイプ（またはカテゴリー）の何かを所有することである。だから指示代名詞はトークンではなくタイプを指示するために使われている。世界自体の様子は変わらないけれども、この文は別様の注意を世界に向けるよう聞き手を手引きしている。認知形而上学のための教訓は以下の通り。何かをあるタイプの事例として理解できるのであれば、私たちは世界がタイプを含んでいると理解しているに違いない。

特定のポルシェを指差しながらも、私たちは複数の物体について話をしている。ここからさらに離れていくことができる。

あれ聞こえた？
これ聞いて。

「聞こえる」と「聞く」という動詞は聴覚経験を記述する。それらに先立つ句は、経験されたものを指示している。それは音（「たった今、クラクションが聞こえた？」）か音を出している物体（「たった今、救急車〔の音〕が聞こえた？」）だ。これまでと同じく、「これ」と「あれ」は指示参照ファイルに結びつけられている。しかし動詞の意味は、ファイルの内容は物体ではなく音を記述していなければならないと伝えている。話し手は、このようにして音を指示できるのだから、世界は音を含んでいるものだと理解しているに違いない。これは驚きだ。

（形而上学の人たちは音についてめったに語らない。しかし音は興味深い。単語や歌のような音が第5章で提起した形而上学的難問を覚えているだろうか。本章の観点からは、問題はこうだ。「水たまり」という語は私たちがこれを言ったり聞いたりするたびに経験するトークンなのか。それともタイプであって、これを言ったり聞いたりするたびにそれから新たにトークンを作るのか。どちらかに決める方法はないようだ。このような種類の存在物については、タイプとトークンの区別は物体の場合よりもはっきりしないようだ。）

次の例はどうだろうか。

コートをここに〔指差しながら〕置いてください。帽子はあそこに〔指差しながら〕どうぞ。

「ここ」と「あそこ」は物体ではなく場所を指示するために使われている。場所とは何か？　場所はよく物体との関係で記述される。例えば、「ベッドの下」「海岸沿い」「箱の内側」のように。しかし、場所は物体と同じではない。同じ物体を多くの異なる場所を規定するために使うことができる。例えば、「箱の中」「箱の上」「箱の隣」「箱の後ろ」「箱から五フィート離れたところ」。中には物体と関係づけて規定できない場所もある。例えば、「外宇宙」や「ここらへんにシャンデリアをぶら下げたい」[何もない部屋の真ん中の空中の場所を指差して]。だから、右の例文中の指示代名詞「ここ」や「あそこ」は指示参照ファイルに結びつけられてはいるものの、ファイルの中身は物体ではなく場所を記述しているわけだ。

場所は指差すことができるけれども、それ自体が「見える」わけではない――視覚表層には存在しないということだ。しかし、視覚的理解、すなわち空間構造には存在している。だから、場所とは、私たちが概念化した世界の一部である。

次に行こう。

これをすることができる?[やって見せながら]

「接吻する」はこれをするのを意味する。[やって見せながら](第7章の例)

指示代名詞が「する」という動詞と共起すると、物体ではなく動作――あなたがすることができる何か――を指示するようになる。一つ面白いのは、私が動作をやって見せて、「これをすることができる?」と言ったら、私のした動作をあなたがするように呼びかけているということだ。私が「「接吻する」はこれをするのを意味する」と言ってやって見せたら、私が見せているのは私のすることではなく、誰もがその動作をする際に行うことである。つまり、これらの表現は動作からそれを行う人を捨象している――誰がやっても同じ動作(のタイプ)と見なされるのだ。

(この種の抽象を理解する能力はいわゆるミラーニューロンにその脳神経的基盤があるように思われるようになってきた。サルのミラーニューロンは、ある動作を自分で行っていても、他の誰かがそれを行っているのを見ても発火する。つまりサルの脳は誰が行っていようと同じ動作に反応するようだ。これらニューロンへの入力がどのように仕立てられてこのことが起こるのかは未だに大きな謎だ!)

もう一点、話題にすることをお許し願いたい。

これくらいの長さの棚を作ってほしい。［両手をある幅に広げながら］

これしか昨夜のパーティーにいなかったよ。［四本の指を立てながら］

一つ目の例では、話し手は物体を指示するために「これ」を使っているのではない。まだ存在していない棚が満たすことになる長さまたは距離を指示している。そして二つ目の例では、「これ」は指ではなく指の数を指示するために使われている。ここで、二フィートの長さの棚は両手の間の二フィートの空間と似ていないし、四人は四本の指に似ていない。実際「これだけのクラクションの音を聞いたよ［四本の指を立てながら］」と言うとき、その数は見える何かを数えるために使われているのでさえない。だから、長さや数は世界の見え方からは実にはなはだしい抽象を経ているのである。あなたは、それらは私たちに見えていないが、私たちはそれらを見ているものの中に読み込むのだと言うかもしれない。この主張は普通の形而上学者をいささか居心地悪くするかもしれない。それでも私たちはそれらを指示するのだから、それらは私たちが理解している世界の一部であるに違いない。

以上の例をまとめよう。さまざまな文法的文脈で指示詞を使うことで、話し手は聞き手に対して、全く同一の視覚表層からあらゆる種類の解釈を引き出すことを促せる。これらの解釈の間にある違いは、空間構造および／または概念構造においてのみコード化されている。しかし、いずれの場合においても、話し手は指示詞が指示しているものを指差したり、やって見せたりしている。だからこれらの例が示しているのは、私たちが理解する外部世界において、物体を指示するのに使うのと全く同じ言語の基本的仕組みを使って、タイプ・音・場所・方向・動作・長さ・量を私たちは指示できるということだ。それらの指示対象はすべて、概念構造において指示参照ファイルを獲得しうる。

私たちがこれらすべての種類の存在物を認識していることを示す証拠がさらにある。私たちは質問をして聞き手に物体の同定を求めることができる。その際に聞き手は、言語表現または「外部世界にある」何かを指し示すことで返答できる。

何を見たの？　——ユニコーン。　［あるいは何かを指差す］

そして私たちは他のあらゆる種類の存在物についても質問できる。そうした質問に対する可能な答えは、言語表現か、非言語的な指差しか、やって見せるかのどれかだ。

どの種類が欲しいの？　——ポルシェ。　［または指差し］
何が聞こえたの？　——クラクション。　［または音の真似］
私の帽子はどこ？　——キッチンにあるよ。　［または指差し］

何をしたの？　　　　　　　　　　——舌を出した。［またはやって見せる］
魚の大きさは？　　　　　　　　　——二フィート。［または両手を広げる］
何人来たの？　　　　　　　　　　——四人。［または指を四本立てる］

そして、二つの物体を比べるのにも、次にあげる他のどの種類の存在物を二つ比べるのにも「同じ」が使える。


彼はいつもかぶるのと同じ帽子をかぶった。

彼はいつも食べるのと同じサンドイッチを食べた。［これは同じトークンではなく同じタイプとすべきだ！］

その車はいつも出すのと同じ恐ろしい騒音を出している。

あなたの帽子はあなたのコートと同じ場所にある。

あなたはいつもやっているのと同じことができる。あなたができることは何でも、私の方がうまくできる！

その魚は私の腕と同じ長さだった（あるいは、同じくらい長かった）。

パーティーにはクラスと同じ数の人（あるいは、同じくらい多くの人）がいた。


私たちはこうした一連の多彩な存在物が、指示する・指差す・やって見せるものとして「外部世界」にあるかのように語り、振る舞う。だから、日常的視点のもとでは、それらはすべて存在する。けれども、認知的視点からは、これらの例が示しているのは、世界に存在するものではなく、私たちが世界の理解を形成する際に関わってくるものである。私たちの世界の語り方は「間違って」はいないし、「誤った方向に導かれて」もいないし、「ただの言葉」の問題でもない。もし私たちが世界をこのように理解していなかったとしたら、私たちの心にこれらの例のような言語表現と結びつくものが何もないということになってしまう。世界に正真正銘実在するものが何なのかについては、たぶん理論物理学のやるべき仕事だろうが、それでも私たち人間が明確に述べ、理解できる答えがあるとすれば、それは人間の認知器官というフィルターを通したものでなければならないだろう。

右の例は私たちが世界の中にあると理解している存在物を網羅しているというには程遠い。取り上げたのは比較的具体的なものだけである。価値、関係性、住宅ローンのようなもっと抽象的なものがたくさんある。ここでの目的にとってとりわけ重要なのは、存在物としての文である。私たちは文を指示詞で指し示すことができる。

彼は本当にそれを言ったの？

私たちは引用された文が答えになる質問をすることができる。

彼は何と言ったの？——「株式市場は急落している」

そして私たちは同一性の言明ができる。

ビルはあなたが言ったのと同じことを言ったと思う。

第5章で見たように、語や文は奇妙な類の存在物だ。しかし、伝統的形而上学の観点からおかしいと思われるどんな性質であっても、私たちはそれらが車や星と同じくまさに外界にあるように語り、振る舞う。より専門的に言うと、文を口に出したり聞いたり想像したりするとき、その文は指示参照ファイルを獲得して、後で指示することや他の文と比べることができるようになる。このことはこの後すぐ重要になってくる。

（注1）『個体と主語』という本の中で、P・F・ストローソンはこの企てのことを「記述的形而上学」と呼び、「形而上学は長い、きわだった歴史を持っている。したがって記述的形而上学において発見されるべき新しい真理があるようにはみえない」と言っている（中村秀吉訳『個体と主語』みすず書房、一九七八年、一一ページ）。この章と続く二つの章で実はまだいくらか見つかることを示唆する。

30　画像と思考のための指示参照ファイル

ルネ・マグリットは次ページの絵を「イメージの裏切り」と名づけた。その説明文には「これはパイプではない」とある。もちろん、それはパイプではない、アホか——それはただのパイプの像（イメージ）ではないか。ではこのことがどうやって私たちにわかるのかを解き明かしていこう。

この絵画は私たちが外部世界にあると知覚するものだ。そこで、私たちの心は特性タグが「実在」となっている指示参照ファイルをそれに与える。その内容特徴は、これはトークンである物体で、ページの上の二次元の図形だと述べる。私たちはこのパイプ像を絵画の一部として（カップの一部として取っ手を見分けたのと同じ方法で）認識するので、それは独自の指示参照ファイルを得る。これにも「実在」の特性タグがあり、同様に内容特徴もこれは二次元の図形だと述べている。さらに、この二つの指示参照ファイルは「〜の部分」という関係——パイプ像は絵画の一部分だ——で結びつけられている。ここまではいい。

ところで、なぜこの絵画のこの特定の部分がパイプの像として理解されるのか。その理由は、それがパイプを表象している、あるいは描写しているからだ。(注1) さて、ここからが不思議なところだ。この像が描写するパイプの地位は何か？　私たちはそれをページ上の二次元の図形ではなく、三次元の自立した物体として理解している。このように描写されたパイプを理解しているのだから、それは独自の指示参照ファイルをもっ

ているに違いない！　だから、結局二つではなく三つの指示参照ファイルをもつことになる。絵画のファイル、パイプ像のファイル、そして描写されたパイプのファイルだ。

「おいおい！　その追加の存在物はどこから出てきたんだ？　あたりに実物のパイプなんてないよ！」その通り。私たちは絵画を描写として理解することで、「仮想のパイプ」とでも呼びうるものを構築したのだ。それは絵画の概念化の一部を成している。仮想のパイプの概念化は、実物のパイプの概念化とは異なるけれども、内容特徴——形・色など——において異なるのではない。違いは特性タグにあって、それは「実在」ではなく「仮想」という特徴を担っている。次ページの図はこの絵画の概念化の見取り図だ。（第27章と同様、空間構造の代わりに実際の画像を使わざるを得ない。そして、それらの画像はすべて二次元なので、絵画は二次元でも仮想のパイプは三次元であることを示すために注釈を付けざるを得ない。）

さて、マグリットの警告は無視して、ふだんどおりのやり方でこの絵画について語ってみよう。

　おや、あのパイプは父さんが喫煙するのに使っていたのに似ている。

私が指示しているのはパイプ像か、それとも仮想のパイプなのか。えーと、ちょっとはっきりしない。次の文の場合——

　あのパイプはあまり値の張らない種類のものだ。

——私が語っているのはその種類の実物のパイプの値段であって、パイプの絵の

空間構造				
	(2 次元)	(2 次元)	(3 次元)	
概念構造	トークン ←「は～の部分」←	トークン →「を描写する」→	トークン →「は～の実例」→	タイプ
	2 次元の物体	2 次元の物体	3 次元の物体	3 次元の物体 名前
特性タグ	「実在」	「実在」	「仮想」	
発音				「パイプ」

値段についてではない。一方、次の文の場合——

　あのパイプは、鮮やかで本物のような色で描かれている。

——私は像について話をしている。ということは、絵画についての文脈において「あのパイプ」という表現は、パイプ像と仮想パイプのどちらをも指示できるようだ。

　普通、このような多義性に害はなく、必要なときは文脈がどちらなのかを明らかにしてくれる。しかし、常にではない。次はこうした多義性が違いをもたらす状況である。

　絵画のパイプに引っ掻き傷がある。

一方の意味だと、絵のパイプ像の部分を引っ掻かれたということだ（すなわちカンヴァスに傷がつく）。もう一方の意味だと、仮想のパイプは仮想の引っ掻き傷があるものとして描かれていることになる。

　像についてこのように語るために「パイプ」や「引っ掻き傷」という語を使うとき、語の意味自体は何も変わっていない。というより、言語の一般的な原理のおかげで、描写された対象についての言葉を使うことで、描写そのものについて語ることができている。この原理は、さかのぼること第12章において、「ビートルズが展示してある」という文を使って蠟人形博物館にあるビートルズの彫像について語ったときに出会ったものだ。そこでは、「ビートルズ」という名前が二つの意味――実際の男たちと彼らの像――をもっているというのは奇妙に思われたのだった。ここでも同様に、「パイプ」という語が、タバコを詰めて喫煙するのに使う道具とその像という二つの意味をもっていると主張するのは変だろう――これらの用法の関係は、smoking a cigar（葉巻を吸う）と smoking a herring（ニシンを燻製する）という smoke の二つの用法の関係とは違う。語は常に物体に名前を付与するが、拡充された構成性によって、その物体を描写した像について話をするためにも使えるのだ、と言う方が道理にかなっている。

さらに、何かの描写としての画像や彫像について語るとき、私たちは像とそれが描写するものへの二重の指示を設定している。これも拡充された構成性の一例で、その場合、文の意味は文中にある語の意味に由来しないものを含んでいる。

次は関連するケースだ。バナナを受話器に見立てて通話の真似事をするとき、私たちは何をやっているのか？　私たちは、あるやり方でバナナをもちながらある話し方をして、実際の動作を行っているが、この動作はまた電話で話すという別の動作、仮想の動作を描写している。実際の動作で登場するものの一つはバナナで、それは仮想の動作に登場する受話器を描写している。バナナは受話器を描写しているので、私たちはそのバナナを受話器と呼ぶことができる。

話はこれで終わりではない。仮想の動作は通話だから、会話のもう一方の先に別の登場人物がいなければならない。だから私たちは「話し相手」である仮想の登場人物がいることを理解して、芝居の一部としてその人物について語れるようにするために、彼の指示参照ファイルを設定する。「ハロルドおじさんはあなた

がいつやって来るのか知りたがってるよ」とか言うのだ。

もちろん、すべての絵画が仮想の物体を描写しているのではない。ヨハン・ゲオルク・エドリンガーによるモーツァルトの肖像画を私たちはどうやって概念化するのだろうか？

ここでも絵画全体の指示参照ファイルがあり、人物像そのものにも指示参照ファイルがある。ただ今度は、人物像は架空の個人ではなく、実在の個人の指示参照ファイルに結びつけられている（モーツァルトが誰だか知っていると想定するならだが）。

面白くなるのはここからだ。絵画それ自体には、描かれた個人が実在のものとして理解されるべきか、それとも仮想のものとして理解されるべきかをあなたに教えてくれるものは何もない。絵画に添えられた名前だけがそれを教えてくれる。もしこの絵画が「一八世紀ウィーンの紳士」と呼ばれていたら、この男が実在の人物なのか芸術家の想像力の産物なのか私たちには知る由もない。

絵画が実在の人物を描写しているときには、私たちは描写をその人物と比べることもできるだろう。モーツァルトの友人なら画家にこう言ったかもしれない。

あれはすごい肖像画だねぇ！　モーツァルトを実際のモーツァルトよりもハンサムにしているね。

友人が伝えているのは、描写された人物は実際の人物と合致しない——描写の関係があまり正確でない——ということだ。この仕組みをもう少し詳しく見てみよう。右の文の二つ目の「モーツァルト」は明らかに実在の男を指示するつもりで言われている。しかし、一つ目の「モーツァルト」は像——エドリンガーが作ったモーツァルト——を指示するつもりで言われている。つまりこの文は実在のモーツァルトのハンサムさとモーツァルト像に描かれたハンサムさを比べているのだ。

画像だけが私たちに仮想の個体の指示参照ファイルの構築を促すのではない。第27章でシャーロック・ホームズのような虚構の人々について触れた。ホームズが仮想の存在として現れたのは画像ではなく言語によってである(画像もすぐ後に出てきたけれども)。彼は仮想の冒険をする仮想の人物として概念化されている。そのような人について語るのに使う言葉の大部分は、実在の人について語るのに使う言葉そのままだ。せいぜいのところ、「伝説上のサンタクロース」や「昔々」といったわずかな手がかりを当てにして、仮想のつもりで言っていることをはっきりさせようとするくらいだ。本の表紙には「小説」と銘打たれていることもある。けれどもたいていは文脈理解の問題だ。(注2)

私が特に興味をそそられるのは伝説や神話の位置づけだ。これらは出来事を歴史のように語り、実在の出来事における実在の登場人物を描く。私たちはそれらが誰かの想像力の産物として生まれたと理解していることもあるが、それでもそれらが実在の出来事を描いていると信じる(あるいは信じているふりをする)気になることもある。これは板挟みの状況を呈する。「アキレス」の指示参照ファイルの特性タグは「実在」かそれとも「仮想」か? まあ、この問題は物語を楽しむのには関係ないだろうから、答えを出さずにおいてもいいだろう。でも、問題はいつもそんなに簡単ではない。子どもたちはサンタクロースが仮想のものだと疑い始めてもなお、その存在を信じていたいこともある。そして、モーゼやイエスの特性タグは正確には何か? 多くの人々にとって、その選択はとてつもなく重大だ!

事物を描写していると私たちが理解するのは絵画とお話だけではない。次はバートランド・ラッセルの有名な例だ。

I thought your yacht was larger than it is.（あなたのヨットはそれより大きいと私は思っていた）

この文について面白いのは、I thought（と私は思っていた）を取ってしまうと、残りの部分（あなたのヨットはそれより大きかった）は全く異なること——そのヨットが小さくなった（かつては現在よりも大きかった）こと——を意味するということだ。だが、私たちは文全体をこのように理解してはいない。ちょうどモーツァルトの友人が言ったと想像したことのように、不正確な描写を記述している。だから分析は以下のようになる。（訳注）

- 絵画の指示参照ファイルと同様に、私の考えたことの指示参照ファイルがあり、「実在」の特性タグをともなっている。私は実在の思考をもっていたわけだ。
- 像の指示参照ファイルと同様に、私のヨット概念の指示参照ファイルがあり、「実在」の特性タグをともなっている。これは思考の一部をなしている。私はあなたのヨットの実在の概念をもっていたわけだ。
- 実在のモーツァルトの指示参照ファイルと同様に、あなたの実際のヨットの指示参照ファイルがある。私のヨット概念はあなたのヨットを描写した。
- しかし、私のヨット概念はあなたの実際のヨットを正しく描写することに失敗した。
- 「あなたのヨット」という句は私のヨット概念を指示し、代名詞「それ」はあなたの実際のヨットを指示する。
- この拡充された文解釈を私たちに促す文脈は「と私は思っていた」という句で、これは画像の提示や

「この絵では……」という句と同じ作用をしている。

この例から、私たちは画像について考えたり話したりするのとほとんど同じ方法で、思考についてふだん考えたり話したりしているということがわかる。私たちは思考を人の頭の中にある存在物として概念化している。それらは実際の物体や動作も、仮想の物体や動作(私たちが「想像上の」と呼ぶ)も描写でき、この二種類が混ざったものを描写することもある。それらが実際の物体と動作を描写しているとき、不正確な描写となることがあり、その場合には「誤信念」などと呼ばれる。(注3)

前章のテーマだった「認知形而上学」に戻ろう――どのような種類の事物が世界の中に含まれているものとして私たちは行動しているのか? 今や人の思考について語るためには、その思考に独自の指示参照ファイルを与えなければならないことがわかった。思考の部品――私たちの思考を構成するイメージの登場人物とイメージの動作――の指示参照ファイルも構築しなければならない。さらに、私たちが理解する思考というのは、画像と同様に(ときには現実の、ときには仮想の)物体と動作を描写あるいは表象しているものである。

認知的・神経的視点において、これが思考の実際のはたらき方でないとしても問題ではない。しかし、認知的視点によると、日常的視点は思考をそのように扱うのである。

(注1) イメージが何かを表象または描写するには厳密には何が必要か? これはかなりややこしく、ここでは深入りしたくない。ヒント:表象は「写実的」である必要はない。マンガも表象だし、ある意味では、猟師が殺した動物を記憶にとどめるために銃に刻む切れ込みもそうだ。

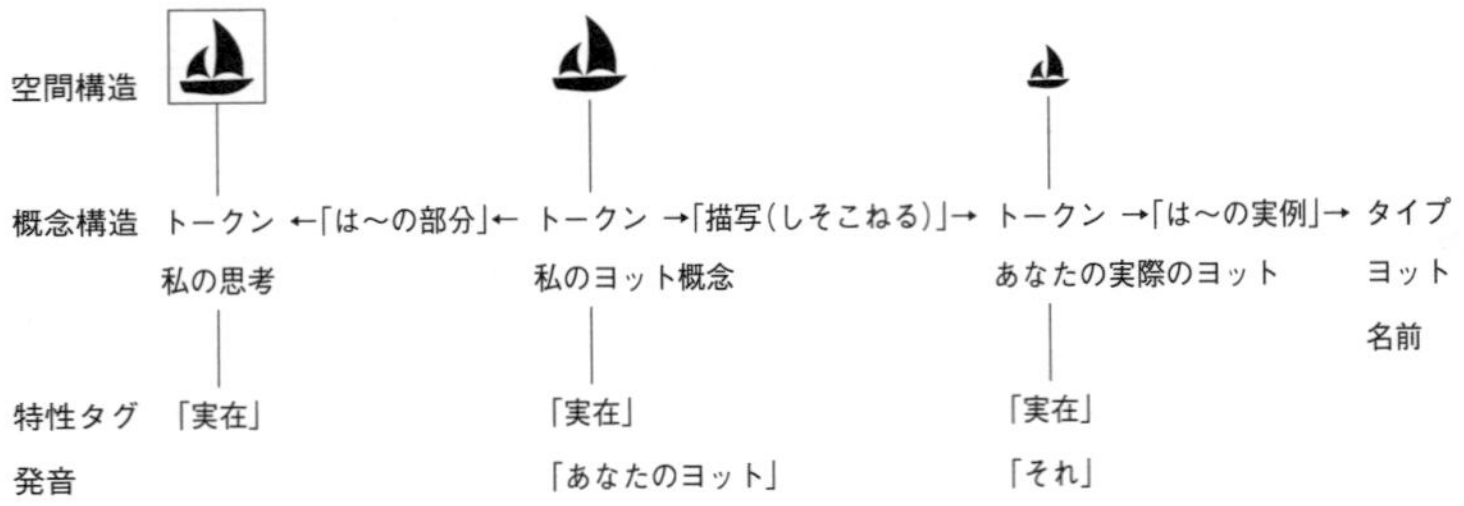

(注2) 社会学者アーヴィング・ゴッフマンは、『フレーム分析』という著書で、物体と行為に対する私たちの理解の仕方を変えるこのような種類の文脈について、余すところなく詳細に論じている。彼の例の中で最良のものは私たちの演劇の理解である。演劇では役者が仮想の登場人物を描写している。彼はそのような理解の体系的な改変や拡張を「転調(keying)」と呼び、仮想世界が描写される文脈のことを、絵画のフレーム(額縁)のアナロジーを喚起しながら「フレーム」と呼んでいる。

(注3) そういうわけで、このアプローチは心の素朴理論(the naïve Theory of Mind)——他人の考えと知覚を理解する私たちの能力——の説明となる。子どもの心の理論がいつ発達するのか、類人猿はそれを獲得することが果たしてあるのか、自閉症の人はそれを欠いているのか、といった問題に関する実験の論文は豊富にある。

ここの説明は言語哲学で論じられる言表様相と事象様相の対立(指示の透明性と不透明性の例としても知られている)の標準的な例すべてに拡張可能だと思う。私の『意味論と認知』は、ここで展開したのとは少し違う枠組みだけれども、例を検討して画像の記述と相応する平行性を同じように記述している。この平行性は、私が馴染みのある哲学的説明はどれも気づいていないが、これらの現象において起こっていることを理解するのに決定的に重要だと思う。

(訳注) この分析を図示すれば上のようになるだろう。

31 続・認知形而上学——人間

第18章では〈私たちを人間たらしめるもの〉の伝統的見解について述べた。それは少なくともデカルトまでさかのぼる。すなわち人間は魂をもち、意識があり、理性があり、言語をもち、道徳的責任をもつ、というものだ。この見解をもう少し詳しく見ていきたい。これが直観に訴えるということは、人に関する日常的視点について何かを教えてくれるということだ。

それはこんな考えだ。私たちは、世界が岩、木、自転車、テーブルといった物体を含んでいると理解している。物体の中でも、アリ、イモムシ、ネズミ、トラのようなある種のものは、自力で動き回ることができる。そして、これらの「命ある」存在物のなかでもとりわけ特別な人間(persons)という部類がある。人間には動物や無生物と違って、社会関係、社会的役割、権利、義務、道徳的責任がある。

これまで（特に第11章で）見てきた他のすべての概念と同様に、「人間」の観念は決まりきったものではない。私たちは人間以外のもの、特にペット、あるいはブレア・ラビット、バッグス・バニーのような擬人化された動物を（「名誉市民」等と同じ意味で）「名誉」人間と見なすにやぶさかではない。[注1] それでも、私たちはどこかで線引きをしている。あなたの耳元でブーンと音を立てている蚊は、少なくとも私たちの文化では、どんなに想像力を押し広げても人ではない。もっと有害なのは、逆方向に向かうとき——すなわち、人間を人間として扱わないときだ。人々が自らの敵や身分の低い社会集団の成員について犬だ、豚だ、あるいは猿だと言い放ち、そのことによって何の思いやりもなく彼らを扱うことを正当化するというのは広く見られる。

ここでの概念的な仕掛けは、人は動物とは違って、身体から分離した特別な部分——「心」とか「魂」とか「霊魂」とか「自我」とか選り取り見取りに呼べる存在物——をもっていると見なされていることだ。このことがどのようにはたらくかを理解するために、「本」についてさきに第11章で行った議論に立ち返ろう。そこでは、典型的な本は物理的な側面——書かれたものが載っていて綴じられたページの集まり——と、それに加えて「情報を提供する」側面——書かれたものによって伝えられる考え——をもっていることを見た。しかしこれら二つの側面は互いに分離可能だ。白紙のページからなる物理的な本もあれば、コンピュータ上のページのない「情報を提供する」本もあるからだ。

要は、人間も同じ種類の二重性をもっているというわけだ。私たちは普通の人は身体と魂の両方をもっていると見なしているけれども、両者を分けて考えることもできる。死体はそこから「魂が立ち去った」ものだ。しかし、どの文化も依然としてそれを一種の人と見なし、他の無生物に対してはしないような配慮をもって扱うように見受けられる。一方、どの文化も身体とは独立して存在する魂の概念をもっているようだ。魂は死後天に昇り、亡くなった祖先の霊魂は人々の生活を見護り、そして天使、幽霊、神々、悪魔のような完全に肉体から離れた霊魂がいる。

私たちは魂が肉体から分離して別の肉体へ取り付く様子を少なくとも四通りに想像できる。一つ目は輪廻転生で、死んだ誰かの魂が新しい肉体に吹き込まれるものだ。(そして、動物に生まれ変わることがあり得ると考える文化では、動物にも魂があると考えることになる。)二つ目は変身だ。王子がカエルに姿を変える——しかし、彼はそれでも王子だ! 三つ目は映画「フリーキー・フライデー」(リメイクの邦題は「フォーチュン・クッキー」〕」にあったような身体交換だ。そこでは母と娘が目を覚ますと互いの体に入れ替わっている。四つ目は霊魂の憑依で、霊魂が誰かの頭か体に入り込んでその人の動作を支配する。これらの考えは全くもって容易に理解できるものであり、多くの文化が民話、伝説、宗教の中で何かしらこの種のものを考え出している。

夢を見ているときに、ある人が実際の見た目とは違っていることを「知っている」ことがたまにある。「夢の中でソルおじさんと話してたんだけど、なぜかおじさんは年取ってハゲ頭ではなくて、若くて金髪だったんだ」というようなことだ。また、カプグラ症候群と呼ばれる病気を患う人は、配偶者(または他の人間関係上大切な人)が詐称者――見た目が全く同じ他人――によって置き換わったと断言する![注2] これらの場合にも、人のアイデンティティはその人の身体的な特徴とは切り離されたものと何らかの形で見なされている。

この種の交替を想像できるのは、私たちが肉体と魂を別々の存在と見なすからこそだ。普通の「魂をもたない」物体がこの種の変化を被るとは想像し難い。あなたのコーヒーカップがフライパンに、同時にフライパンがコーヒーカップになるとか、池にいる二匹の擬人化されていない普通のカエルがアイデンティティを交換するということを想像してみよう。端的にヘンだ。

あなたが何者であるか、あなたの人格的アイデンティティは、あなたの肉体ではなく魂とともにある。デカルトが「私が存在する」ということを証明したかったとき(我思う、故に我在り)、問題になったのは彼の心の存在であり、肉体の存在ではない。そして「フリーキー・フライデー」の母と娘は、相手方の肉体の中にある自分の心とともに目覚めたのであって、自分自身の肉体をもちつつ相手方の心とともに目覚めたのではない。

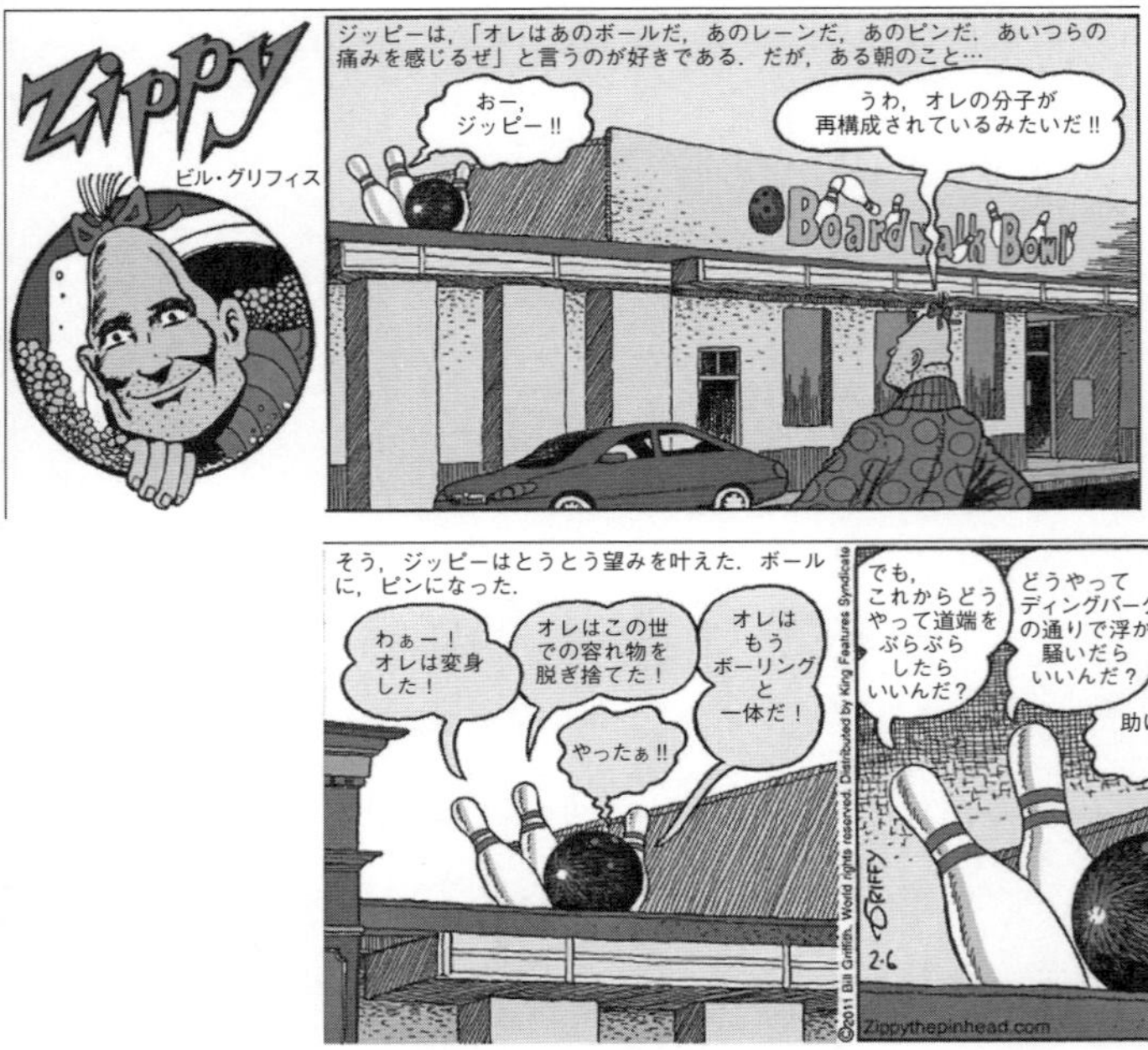

宗教はすべて人格についてのこの観念を取り入れていて、それは全くもって自然に感じられる。宗教が対処する中心的な問題の一つは、あなたが死んだときにあなた――あなたの魂、すなわちあなたのアイデンティティ――に何が起こるかだ。あなたが自己や魂をもっているかどうかは疑わないということに注意してほしい。諸々の宗教は死後の魂に何が起きるかについて言うことが違うだけだ。宗教はまた、霊魂や神々のような、人と何らかの形で関わり合うあらゆる種類の超自然的存在を世界に住まわせる。それらは嫉妬、赦し、慈愛、悪意、正義、復讐といった人間の特質を示し、また自然および道徳の秩序を維持する役目を負っているとしばしば考えられている。

　デカルト版の認知的視点では、以上のことは全く問題ない。実際、彼は自身の存在を証明するとすぐに、神も存在することを証明する仕事を自分に課した。

現代版の認知的視点は以上のことを全く認めない。ある者は強硬路線を採り、「魂は存在しない。私たちが経験・思考する世界のあらゆるものには物理的な原因がある」と言う。他の者はそれほど強硬でない路線を採るが、言っていることは同じだ。「きっと魂は存在しない。私たちが経験・思考する世界のあらゆるものを物理の言葉で説明することがきっとできる」。例えばアントニオ・ダマシオの本の題名『デカルトの誤り』が指しているのは、デカルトが魂の存在を信じたことである。そしてフランシス・クリックの『驚異の仮説』とは、そんなものは存在しないという意見だ。「意識のハード・プロブレム」(第18章)についての些細な(まあ、巨大だと考える人もいるが)疑念を除けば、魂への反論は最近かなり強固なようだ。

現代版の認知的視点は、生物学的進化論的視点と共同戦線を張り、人間の心は遺伝子変異と自然選択という心の介在しない過程によって今あるようになったと主張する。この説明では、私たちを考え出し創造した神は必要ない。そして人間が道徳規範をもっているのは、どこかの神が道徳秩序を定めたからではなく、自分自身の面倒だけを見る傾向の人ばかりの集団よりも、お互いに面倒を見合う傾向の人の集団に自然選択が味方したからである。(注3) つまり、道徳規範は言語と同様に人間の心の産物である。

以上のことはすべてそれで大変結構なのだが、話の核心に入って、それが意味するところをよく考えてみよう。あなたという人について特別なことは何もない。あなたは、広大な宇宙のどうでもいい片隅で作用する心なき進化の過程の偶然の産物にすぎないのだ。あなたの生には意味がない。実際、〈あなた〉などというものさえなく、ニューロンの塊が相互作用し、たまたま「自我」という都合のよい計算結果に収斂したものが存在するにすぎない。

さて。この理解と、もう一つの理解――あなたは存在するだけでなく重要で、あなたの生には意味がありそれは神聖でさえあり、あなたが為すことは重大で、あなたを気にかける神が存在する——という世界観があるなら、あなたならどちらを選ぶだろうか？　多くの人は「もし科学が私は存在しないし善悪はないなどと言うのなら、科学など地獄に堕ちろ」と言うだろう。そして私が思うに、学校で進化論を教えることにあれほど広範囲の大衆から抵抗があるのは、一つにはこのためである。

科学者たちは、宗教、特に神の存在を攻撃することで反撃している。私の感覚では、神の存在はここでの本当の争点ではない。本当の危機はその根底の含意にある。〈私〉の存在と重要性だ。この種の議論をしている文献に欠けていると思われるものの一つは神聖という感覚で、それは第26章で指摘したように、宗教的体験には不可欠な側面だ。もう一つ科学者たちの議論に欠けていると思われるのは、この危機を解決する可能性のある方法である。少なくとも私の理解では、実存主義、ハシディズム〔ユダヤ教の敬虔主義運動〕、仏教といったさまざまな運動がその方法をこう提唱している。あなたの生が有意味で神聖になるのは、あなたが自分の生き方を通じてそうするからだ、と。

ここでの断絶はお馴染みのものに見えるだろう。それは「英語、日没、単語、色、自由意志、等々、そんなものは存在しない」という言説のもっと強烈なバージョンにすぎない。そしてここでも、解決法は私たちがどの視点を採っているかを見失うことから問題が生じるのだと認識することで得られる。日常的視点は、人が肉体に加えて「魂のこもった」何か、その人にアイデンティティを与える何かをもっているという主張を貫く。認知的視点はそれなしで済まそうとする——なぜ私たちが人を魂の観点から理解あるいは概念化するのかを説明する必要は残るのだが。どちらかの視点が間違っているのかとなれば、他のすべての場合と同様、それはあなたの目的次第だ。

ここでの私たちの本題に話を戻すと、認知形而上学は本を取り扱うのと同じやり方で人間を取り扱わなければならない。一人の人間には一つの指示参照ファイルがある。しかし必要とあらば、私たちは指示参照ファイルを二つに分割することができる。二つに分けた一方の肉体はその内容特徴によって物理的領域に位置づけられる。もう一方の心／魂／霊魂／自己はその内容特徴によって別の不可思議な「人格的」領域に位置づけられる。私たちは自分と他人をこんな風に概念化しているようだ。

（注1）法人が近代アメリカの法の下で人間として扱われることがもう一つの「名誉」人間の場合だ。このことは、法人を訴えてその行為に法的責任を負わせることができるようになるという有益な結果をもたらす。一方、多くの人が指摘するように、法人を投獄することはできない。また、法人には人として言論の自由があり、これにより法人が選挙と立法に対して重大な影響をもつことが合法ということになる。

（注2）『大気の乱れ（*Atmospheric Disturbances*）』というリヴカ・ガルチェンの小説（Picador, 2008）の主人公はカプグラ症候群を患っているようだ。リチャード・パワーズの『エコー・メイカー（*The Echo Maker*）』（Picador, 2006. 黒原敏行訳、新潮社、二〇一二年）のある登場人物も同様だ。私の妻のおばもある病気のときそのような症状を断続的に示し、夫や娘や看護師は詐称者だと何度も言い切っていた。

（注3）私が集団選択の概念を不適切に援用していることを懸念しているかもしれない読者のために、もう少し慎重な言葉遣いをしておく。自然選択は、集団を避けるか集団にあっても自分の面倒だけを見る人よりも、集団を形成して自分の集団の人の面倒をいくらかでも見る傾向の人に味方したのである。それから、なぜ自然選択がそのような集団に味方したのか、との質問があるかもしれない。私が最も納得できる答えは、同時に悲痛なものとも言えるが、集団内でお互いの面倒を見ることが他の集団と戦って打ち負かすのに有利だったからだ、というものだ。現代におけるこの現れの一つが、戦争時に愛国主義と国民の結束が高まることだ。

32　真理とは何か

最も神聖な哲学の主題、〈真理〉に取り組むべきときが来た。最初に言っておくが、「真《しん》(true)」と「真理・真実(truth)」はただの言葉にすぎないことを肝に銘じなければならない。もし「ハゲ頭」や「煙」や「登る」が複雑で不確定な点だらけであるのなら、「真」と「真理・真実」もその点劣ることはないと見込むべきだろう。**真理**には根底に何らかの純粋な**本質**があると想定する誘惑に負けるわけにはいかない。

まずは、言語学を少々。何について話しているのかより明確になるように。哲学者にとって一番関心のある「真(だ)」の用法、そして私がここで特に注目する用法は、ある性質を平叙文に帰するものだ。問題となる文は引用符に入れられたり、「あの文」という句で指示されたりする(訳注)。

"Snow is white" is true.（「雪は白い」は真だ）

It's true that snow is white.（雪が白いということは真だ）

The preceding sentence is true.（前の文は真だ）

That statement/claim/assertion/proposition is true.（あの言明／主張／断言／命題は真だ）

「真(だ)」の意味の伝統的な記述はこうだ。文は世界のあり方に対応していれば真である。あるいは、第30章の用語を使うなら、文は世界を正確に描写しているならば——画像や思考が世界を正確に描写しているのと同じようにそうしているならば——真である。

これほどよく言われることではないが、この同じ用法の「真(だ)」は、次の三つの文に見られるように、語りを形成する文の連なりについて述べる場合にもあてはまる。

What you say is true.（あなたの言うことは真だ）〔文または語り〕
What the newspaper says about the president is true.（その新聞が大統領について言うことは真だ）〔語り〕
This story can't be true.（この話は真であるはずがない）〔語り〕

疑問文、命令文、提案、そして各種の遂行文(発話されることで事実を確立する文)は真であると特徴づけることは不可能だ。そして、冗談は平叙文でできているものの、これも真であるという特徴づけはされない。

*"Is snow white?" is true.（「雪は白いの？」は真だ）〔疑問文〕
*"Eat your dinner" is true.（「夕食を食べなさい」は真だ）〔命令文〕
*"Let's get some lunch" is true.（「昼ご飯を食べよう」は真だ）〔提案〕
*"I now pronounce you husband and wife" is true.（「あなたたちが夫と妻であることをここに宣言する」は真だ）〔遂行文〕
*"A priest, a minister, and a rabbi walk into a bar…"（「司祭と牧師とラビが酒場に入っていく……」は真だ）

〔冗談〕

この用法には二つの文法上の変種がある。

a true sentence/story/statement/claim/assertion/proposition（真である文／話／言明／主張／断言／命題）

the truth of that sentence/story/claim/assertion/proposition（あの文／話／主張／断言／命題が真であること）

この用法の「真（だ）」の反義語はもちろん「偽《ぎ》（だ）」で、「真理・真実」の反義語は「虚偽」だ。

"Snow is green" is false.（「雪は緑だ」は偽だ）

What you say/what the newspaper says is false.（あなたの言うこと／その新聞の言うことは偽だ）

a false sentence/statement/story/claim/assertion/proposition（偽である文／言明／話／主張／断言／命題）

the falsity of that sentence/statement/story/claim/assertion/proposition（あの文／言明／話／主張／断言／命題が偽であること）

「真理・真実」のもう一つの用法は次の例に出てくる。それに対応するのは「虚偽」ではなく「嘘・偽《いつわり》」だ。

the truth about 9/11（9・11についての真実）

*the falsity about 9/11（9・11についての虚偽）

a falsehood about 9/11（9・11についての嘘）

次の例はこの用法の文法上の変種である。

He's telling the truth.（彼は真実を伝えている）

I want to find out the truth.（私は真実を見つけ出したい）

これらには隠れた意味的要素がある——「真理・真実」は「Xについての真実」のようなことを表していて、Xは私たちが文脈から理解する何らかの人物か状況だ。[注1] 次はこの下位区分の中でのさらに別の用法だ。

We take these truths to be self-evident: That all men are created equal...（私たちは次の真理が自明だと見なす。すべての人間が平等に作られていること……）

ここでは「真理・真実」は「真である文」または「真である命題」を意味している。

さらに少し異なる「真（だ）」の用法は次の句のように「真正の」と言い換えられるところで出てくる。

a true copy of the document（書類の真の写し）

a true belief about the war（戦争についての真の信念）

a true picture of Mozart（モーツァルトの真の絵）(注2)

これらも正確な描写を表現するのに用いられるが、今回は描写をしているのが文ではない点だけが異なる。

そして、以下はさらに異なる用法だ。

the true cause of the smell in the attic（屋根裏部屋の臭いの真の原因）

the true solution to our problems（私たちがかかえる問題の真の解決策）

a true lover of opera（真のオペラ愛好家）

a true friend（真の友）

ここにおいても、真であるのは文ではない。しかし、次の場合は何かを描写する物体でさえない。

This is the true cause of that smell in the attic!（これが屋根裏部屋の臭いの真の原因だ！）［死んだリスを持ち上げて］

「偽《ぎ》（だ）」はこの文脈でも使えない。

*the false cause of the smell in the attic（屋根裏部屋の臭いの偽の原因）

*the false solution to our problems（私たちがかかえる問題の偽の解決策）

*a false lover of opera（偽のオペラ愛好家）

（ただし、a false friend（不実な友）とは言う）

この用法は「本当の（genuine）」または「本物の（real）」で書き換えられることがよくある——

the genuine/real cause of the smell（臭いの本当の／本物の原因）

a genuine/real lover of opera（本当の／本物のオペラ愛好家）

a genuine/real friend（本当の／本物の友）

——その一方、「真（だ）」の「文に対する」用法はこのようには書き換えられない。

*"Snow is white" is genuine/real.（「雪は白い」は本当だ／本物だ）

*"Snow is white" is a genuine/real sentence.（「雪は白い」は本当の／本物の文だ）≠"Snow is white" is a true sentence.（「雪は白い」は真の文だ）

加えて、正確な描写を表すtrue to life（実物そっくりに）や、正確な射撃を表すいくらか古風なhis aim was true（彼の狙いに誤りはなかった）のようなイディオムにも、この語の用例がいくつか見られる（なお、この二つの例に出てきた「正確な」は、関係はしているが別の用法）。

これらの用法はみな、ある種の家族的類似性を示す。それは第6章で見た「煙」や第17章で見た「意識的」の用法と似ていなくはない。

（注1） この種のことを前にみた。「礼儀正しい」のような例は、「誰それに礼儀正しい」か「人々全般に礼儀正しい」の意味でなければならず、「意識がない」は、「ものごと全般が意識されない」の意味だ。

（注2） 実のところ、この句〔真の絵（a true picture）〕は、実際の絵について用いられるのと同じくらい適切に、言葉による記述にも用いられる。「アインシュタインによるモーツァルトの伝記は彼の恋愛について真の叙述（a true picture）をしていない」のように。

（訳注） 以下では英語の true/truth という語の用法が議論されている。英語で自然だったものが日本語に訳すと不自然になったり、逆になったりすることもあるが、例の容認性は英語の文についてのものである。

33　真理についての日常的視点の問題点

では「真(だ)」の最初の用法である、文や語りの属性を表すものに戻ることにしよう。ある特定の文が真かどうか、どうやってわかるだろうか。一つのよく知られた説は、論理学者アルフレッド・タルスキによる次のものだ。

「雪は白い」は雪が白い場合、そしてその場合に限り真である。

この表明は一見馬鹿げているが、二つ目の「雪が白い」が論理学や数学といった「メタ言語」で述べられた条件の集合の当座の代わりのつもりだと言えば、まっとうな表明として受け取ることができる。タルスキの目標は、自然言語のあらゆる文の「真理条件」を述べる「真理の理論」だ。世界がある文の真理条件を満たしていればその文は真で、満たしていなければその文は偽だ。もちろん、これはすべて日常的視点においての話だ。

こうした真理の理論はさまざまな種類の問題にぶち当たる。いくつかを検討しよう。まず、第11章で出てきたハゲ頭の面々を覚えているだろうか？　次ページの図はそのうちの三人だ。

われらがエドはアルに比べればハゲている。しかし、ハンクに比べればそれほどではない。「エドはハゲである」という文は真か偽か。答えは明らかではない。

次はこれと関係する事例だ。

ボストンからニューヨークまでの距離は二〇〇マイルだ。

これは真か？ ボストンからニューヨークまで車で一時間で行けるかどうか（答えはノー）、あるいは一日で行けるかどうか（答えはイエス）を知りたい場合、この文は役目を果たす。一方、もっと正確さが必要な場合には、どのように距離を測るのか？ ボストンの中心からニューヨークの中心までか？　一番近くの境界から一番近くの境界までか？ あるいは、実際にボストンで出発する地点から、実際のニューヨークの終着点までか？ 測るのは一番早い道でか、最短の道でか、それとも実際に行く道でか？ この文の絶対的な真偽は、目下の目的に適しているかどうかに比べれば問題ではないようだ。（注1）

ハゲといえば、よく議論された次の例もあり、ラッセルにまでさかのぼる。「現在のフランス王はハゲである」。ラッセルは、現在のフランス王はいないのだから、この文は偽であるに違いないと考えた。問題は、もしこれが偽であるとするなら、その否定「現在のフランス王はハゲではない」が真でなければならないということだ。しかし、現在のフランス王はいないのだから、そうであるはずはない。そこで、この文は真でも偽でもないと結論した人もいる。似た問題は、第28章にあった例についても生じる。ジーナがボブについて「マティーニを持っている男がヘザーに話しかけている」と言ったのに（語り手によると）ボブは水を飲んでいる、というものだった。この文は真か偽か。

この例で最後だが、以下の文はどうやって両方とも真になるのか。


シャーロック・ホームズはイギリス人だった。

シャーロック・ホームズは存在しなかった。


ホームズはいなかったのだから、「シャーロック・ホームズはイギリス人だった」は「現在のフランス王はハゲである」と同じおかしな状態にあるはずだ。その状態が何だと言いたいにしても。だが実際には、私たちはホームズについての文を自動的に別の(言及されていない)文脈の中で理解する——物語が描く仮想世界においてだ。この世界においては、シャーロック・ホームズは現にイギリス人であり、ルーマニア人とかではなかったのである。だから「シャーロック・ホームズはイギリス人だった」は真だ——この仮想世界においては。(ウィリアム・ジェームズもこうした説明をしている。)

「シャーロック・ホームズは存在しなかった」はどうか。こちらは、物語の仮想世界においては明らかに偽だ。しかし日常的世界ではホームズはいなかったわけで、この文は真だ。別の言い方をするなら、これらの文はいずれもどの世界を描写しているかに関して曖昧であり、私たちはそれらを最も得るものの大きいやり方で解釈する。そこには意識的に選んだという感覚はない。このことから、私たちの「真」についての元々の直観的な定義——文はそれが世界のあり方に対応する場合に真である——は次の重大な問題を置き去りにしていることがわかる。それはどの世界のあり方なのか。

ここまで見たような例は、前章の初めに述べた私の訓戒——「真(だ)」は他の言葉と同じく、不明瞭ではっきり決まっていない事例だらけである――を強化するものだ。真理にまつわる哲学的問題は、相互に関連する四つの理由から生じる。

- 日常的視点を当然のこととする。そこでは世界にある文は世界にある事態と直結される。
- 真理は完全に明晰で境界が完全に明瞭でなければならないということを当然のこととする。
- 意味の理論は真理の理論から始めなければならないとあくまで主張する。
- ここで見たような問題含みの例に直面した際にしなければならないことは、この視点を研ぎ澄ますことだけであるかのように振る舞う。

いつものように、認知的視点は問題をかなり違うものにする。人は文が真であると判断するとき、何をしているのか、と。

いつもの疑わしい面々が金切り声を上げるのがすぐに聞こえてくる。「真理の判断はまあいいとして、本物のほう――単純明白な真理というやつはどうなんだ？　数学の不変の真理はどうだ？　そういうのは誰かの判断の問題じゃない。「二足す二は四」はバクテリアだけが地球を動き回っていたときにもう真だったろ」。えーと、もし日常的視点と**本物の真理**というやつに固執するのなら、その通り、それがあなたの言わなければならないことだ。けれども、認知的視点からは、問題はむしろこうだ。私たち人間は数学的言明をどうやって真であると把握するようになるのか、そしてそれらはなぜ私たちにとって不変と思われるのか。これは心理学と神経科学にとっては面白い疑問だが、純粋な哲学の問題ではない。

真理についての日常的視点が誤りだと言っているのではない。日没についてと同様、ある状況では日常的視点が最もよくはたらき、他の状況では太陽を中心とした視点や脳を中心とした視点がより適切なのだ。私が提案しているのは、私たちの目標が思考と意味がどのようにはたらくかを理解することであるならば、その一部は人がどうやって文を真と判断するかを理解することであり、そのためには認知的視点がより適切になるということだ。とはいえ、あなたは自分でそれを判断しなければならない。

（注1）かつて哲学者ジェロルド・カッツはこの文は真か偽かのどちらかで、話はそれで終わりだと断言した。ここで提起している問題は、それへの私の返答に由来するものだ。

この例は、第29章の例と同様、距離を指示しているように見えるという理由からも興味深い。哲学者のジム・ヒギンボザムはそうではないと考え、この文の本当の論理形式は「ボストンからニューヨークまでのマイル数は二〇〇だ」のようなもので、したがってこの文は本当は距離ではなく数に関するものだと提案している。しかし、（a）この提案された論理形式が実際の文にどう関係するのかを彼は示していない。そして、（b）一マイルは距離であることに注意するのを彼は怠っている――マイルを数えているのであれば、それを指示しているのだ。

34 文を真だと判断するとはどういうことか

真理に対する日常的視点は、一つのことを正しく理解している。真理は文と世界（あるいは少なくとも何らかの世界）との対応を必要とする、ということだ。しかしこの視点は、世界にある二つのものの間に――それらはハゲ頭と文ほどに異なる――いかにして対応が存在しうるのかは教えてくれない。

認知的視点に立てば、もっとうまくできる。文を真だと判断するという行為について考えよう。次ページのような情景を見ていると想像してみてほしい。そして私は「マットの上に一匹の猫がいる」と言う。あなたは何を経験しているのか。

この経験の言語的な部分は、外部世界における語の連なりという形式をもっていて、それが有意味だという感覚をともなっている。経験の視覚的な部分は、外界にある視覚表層という形式をもっていて、その表層も有意味だという感覚をともなっている。他には何があるだろう。それでは私の言った文がその代わりに「マットの上に二匹の猫がいる」だったとしよう。それはやはり有意味と感じられるだろう。では経験はどのように異なるだろうか。

一つ目の文には、暗黙の「あぁ、そっか」のような感覚が、二つ目の文には暗黙の「いや違う」がともなうのではないだろうか。あるいは、首を縦か横に振る自己受容感覚的なイメージをもつかもしれない――あるいは、実際に首を縦か横に振るかもしれない。「あぁ、そっか」「いや違う」といった言葉や頭のジェスチャーは、それ自体ではあまり大きな意味をもたないが、それらは文に連合している感覚につながる意識の「取っ手」なのだ。私たちは一方の感覚を同意(あるいは納得、あるいは一致)、もう一方の感覚を不同意(あるいは反対、あるいは不一致)と記述するかもしれない。つまり、文を真または偽と判断することは、文に連合している感覚によって経験の中に刻印される。文についての真であるという確信の感覚は「「マットの上に一匹の猫がいる」は真だ」と言って表現できる。(「「マットの上に一匹の猫がいる」は真だ」を真と判断するとどんな感覚か? そう、同じ確信の感覚をともなうのだ。)

金切り声が飛び出す。「真理が感覚だって? 冗談じゃない、私の感覚は文が真かどうかに何の関係もないよ!」いや、ここまでは文を真と判断する経験のただの描写だ。では、舞台裏に回ってあなたの心がこの経験を作り出すために何をしているのかを検討していこう。

紙上の絵からの反射光に反応して、あなたの心は視覚表層を構築する。それは意識における認知的相関物だ。心は空間構造と概念構造も構築する。それらは意識の認知的相関物ではないことに注意されたい。視覚的な入力と視覚表層のつながりによって「実在」の特性タグがもたらされる。視覚表層と空間構造のつながりによって「有意味」の特性タグがもたらされる。だからあなたはその視覚表層を外界に実在する有意味なものとして経験する[注1]。

私が文を言う際に発する音に反応して、あなたの心は発音を構築する。それは意識の認知的相関物だ。心はまた、概念構造と(この場合は)空間構造も構築する。これらは意識の認知的相関物ではない。聴覚的な入力と発音の間につながりがあることは「外からの音」という特性タグをもたらす。発音と概念構造につながりがあることは「有意味」という特性タグをもたらす。だからあなたはその発音を外界に実在する有意味な発話として経験する。

ここまで、あなたの心は画像の理解と文の理解を有している。さて、今やどちらも概念構造と空間構造によって表されているので、あなたの心はそれらを比べて、一致の具合を調べることができる。しかも日常的視点の場合とは違って、あなたの心は〔絵と文や、リンゴとミカンなどではなく〕リンゴとリンゴを比べられるような恵まれた立場にある。比較して一致していれば、あなたはその文を真と判断することになる——あるいは、それにつぐ度合の近似として、その文脈において十分に一致している場合も同じである。（街角のバーでは十分通用するものでも、法廷や手術室ではそれほどうまく通用しないかもしれない。）

私たちはこの一致から意識的な判断にどうやってたどり着くのか。いつものように、このことは魔法によって起きるのではない。思い出してほしい。心が比べている構造はすべてが意識されないのだから、あなたは構造そのものは全く経験していないことになる。しかし、心には一致の有無を検知する仕組みがあると仮定しよう。これに似た仕組みを第19、25、26章で数多く見た。そこでは、こういった仕組みの一つ一つが、知覚対象と連合する感覚の認知的相関物としての特性タグ——「実在」「有意味」「馴染み」「神聖」など——を割り当てるのだった。真偽判断においては、私たちは三種類の区別を扱っている。すなわち、文を真または偽と判断することもあれば、それについて考えを巡らせているだけのこともある。最後の場合、態度を決めていないか中立的だ。

そこで、認知的視点から出てくる仮説は次のものだ。文に同意する——それが真だと判断する——ことは、「信憑」や「納得」と呼びうるような特性タグを文に割り当てるということに等しい。この特徴と相関する意識的感覚は、外部世界にあるその文は現実を正確に描写している——その文は「客観的」だ——というものだ。文に同意しない(それが偽だと認める)ことは、それにこの特徴の逆の値——「不同意」や「反対」——を割り当てることに等しい。そして、判断しない文には中立の値のタグが割り当てられる。

ここにある種のパラドックスがある——真理は主観的な判断の結果であるのに、文の客観的な属性と理解されるのだ。このパラドックスは、客観性の経験は、判断の一部として心が構築するという事実によって解消する。第25章で見たように、客観的に「外部にある」ものとして「世界を見る」ことは、心の側で構築したものだ。この種の状況には、さかのぼること第8章でも、「楽しい」や「面白い」といった語との関連で出会った。私たちはある活動を「楽しんでいる」人の話をする。しかし、その活動が単に「楽しい(楽しめる)」という話もする——まるでそれを楽しむ人の存在から独立した、その活動の客観的な属性であるかのように。同様に、さらにさかのぼること第2章では、私たちはどのようにして言語を話者の共同体から独立して世界の中にある「客観的な」ものとして考えているかについて話をした。これらの例は、真理を「客観的」なものとする日常的理解は、真理に特に限ったものではないことを示している。認知的視点からは、この点において真理は他のことと違わない。

マットの上の猫に話を戻そう。この文を真と判断するとき、あなたは文の意味を目から入る空間構造・概念構造と符合させている。しかし空間構造・概念構造は既存の理解すなわち記憶に由来することもある。既存の理解はどこから来るのか。可能性は三つある。自分自身の過去の知覚経験から、他の既存の理解からわかったことから、あるいは人々があなたに伝えたことから。

三つ目の状況について考えよう。誰かがあなたに何かを伝えるとき、あなたの心はその発話の意味を構築する(すべてがうまくいけば、その話し手が心に抱いていた意味と一致する)。その意味があなたの既存の理解にある何かと合えば、発話を真と判断することになる。もしその意味が既存の理解にあるものと矛盾するなら、それを偽と判断することになる。

さてここで、問題とする意味はあなたの理解していることにまだ含まれないけれども、それと矛盾もしないとしよう。話し手が正直だとあなたが想定するなら、その意味を世界についてあなたがもつ理解に付け加えるだけだ。文を真と判断するのではなく、話し手が言うことを真として単に受け入れる――「実在」の特性タグがついた状況を描写しているものと受け取るのである。（コンピュータ科学の言葉で言えば、自分のデータベースを更新するということだ。）第28章でこのような状況を見た。ジーナがフィルにマティーニを飲んでいる男について話していて、フィルは彼女の記述を単純に受け入れる。それが、私たちが情報を伝える文を通常用いるやり方だ。例えば次のように。

私はつま先が痛い。
私の家は、三つ目のブロック右側の一つ目で、緑色だ。
野球の試合のテレビ中継は今夜七時からだ。
マティーニを飲んでいるその男は、うちの学科長だ。
ミラード・フィルモアは、アメリカの第一三代大統領だった。
あなたは無数のごく小さい分子からできている。
あなたが死んだとき、あなたは天国に行く。［宗教的信仰基盤の一つだ！］

もちろん、話し手の言うことを即座には受け入れない非典型的な状況も数多くある。例えば、文脈に仮想世界のことだと知らせる次のような文言が含まれていることもある。「昔々……」「それで、司祭とラビが酒場に入っていき、そして……」、(この章の冒頭より)「……のような情景を見ていると想像してみてほしい……」。

あるいは、話し手が嘘をついているか、からかっているか、あるいは単に全く信用できないとあなたが判断したために、話し手が言ったことを受け入れるのを拒むかもしれない。話し手が信頼できるかどうか、簡単に決められるとは限らない。いつでもそんな心配をしているとしたら、たぶん偏執症だ。一方、例えば捕虜収容所や一九八〇年代の東ドイツにいるのならば、絶えずそうした心配をするのはおそらく実用的な戦術と言えるだろう。

(注1) この状況において文は、実際には現実とではなく画像と一致している。画像に描かれた仮想世界においてトークンの猫一匹が存在する。しかし、それが特定の実在する猫を描いているとされるかどうかは問題ではない。だから、あなたが画像を理解して「マットの上に一匹の猫がいる」が真であることに同意することは、シャーロック・ホームズがイギリス人であることの判断と同様に、あなたが「仮想世界に入る」ことにかかっている。

35　何かがおかしいと気づくこと

あなたが以下の状況の一つに直面していると仮定しよう。どれも二つの別々の情報源が明らかに矛盾している状況だ。

- 手の届く範囲にある物が見えるが、それに手を伸ばしても何も触れることができない（拡張現実の状況のように）。あるいは、ガラスのドアを歩いて通り抜けてしまう。どちらの場合でも強い混乱の感覚がある。（視覚と触覚の食い違い）
- あなたは鍵をポケットに入れたのを覚えていて、今それに手を伸ばしたところ、鍵がそこにない。ここにも束の間の混乱がある。（記憶と触覚の食い違い）
- あなたはある一人の女を見たことがあるのだが、その人を二人もプールで見かけた。彼女は双子だと気づく前には混乱の感覚がある。（視覚と以前の理解の食い違い）
- あなたは私が教えた私の家への道順（「三つ目のブロックの一つ目の家」）に従って歩いていると、一つ目のブロックの後で通りが行き止まりになっている。道順の指示が間違っているのか？　それとも自分が指示に従い損ねたのか？　と混乱する。（言語による入力と視覚の食い違い）

・大統領が低地スロボヴィアに核兵器があると言っている。あなたの教授はないと言っている。あなたは混乱する。誰を信用するか？（二つの言語的情報源の食い違い）
・あなたはソロモン・アッシュの有名な実験の被験者だ。一本の線を見せられて、他の三本のどれと長さが同じかと訊かれる。しかし、あなたは判断を下す前に、他の何人かの被験者たち（あなたは知らされていないが、実験者と共謀している面々だ）があなたの思っているのと違う判断を一様に下すのを耳にする。アッシュの被験者の多くは、自分の感覚と他人が言うことの矛盾に直面して、自分の視力と精神の健全さに関して困惑を感じながらも、他の人に同調する強い傾向があった。
・同じ状況における困惑に対して、アッシュの被験者の何人かと同様、他人に同調しないで自分自身の判断を信じることにするという反応をあなたはするかもしれない。真理とは大多数の意見や通念と同じではないのだ。状況によっては、「王様は裸だ！」と言うのは〈良いこと〉である。
・あなたの兄弟は「このオモチャは僕のだ！」と言い、あなたは「ちがうよ、僕のだ！」と言う。あなたたちのイライラは喧嘩に発展するかもしれないし、話し合いをすることになるかもしれないし、より高い地位の権威〔例えば親〕に訴えることになるかもしれない。この筋書きは衝突している国・文化・宗教・学派どうしにも当てはまる。（言語による入力と自身の状況理解の食い違い）

少しの間、この困惑や途方に暮れる感覚に注意を向けたい。私たちはそういったものを払いのけて、一刻も早く矛盾なく状況をわかるようにしたがるものだ。無理もない――それはストレスを感じるし、人はそれに注意を払いたくないものだ。このことは、起こっていることが理解できない、ということを知らせる経験的合図である。

いつもと同様、認知的視点から見ると、この感覚を当たり前と考えることはできない。ここでも、この感覚の認知的相関物として何らかの特性タグが必要になりそうだ。この経験を引き起こす状況には、二つの競合する概念／空間構造があり、どちらもそれ自体では納得の感覚を引き起こすように思える。しかし、それらは整合していなくて、その時点では心／脳が一方を信憑してもう片方を却下することができない。この状態に対しての特性タグを「ん？」または「二度見」と呼ぶことにしよう。

実際には、心／脳はその場で起こっていることについて、競合する分析に絶えず直面している。そのような食い違いが「ん？」という反応として意識にのぼることはほとんどない。次の文の出だしが聞こえてきたとしよう。

Put the apple on the ...（リンゴを……の上に置きなさい）

この文は次の二つのどちらの続け方もできる。

Put the apple on the towel.（リンゴをタオルの上に置きなさい）
Put the apple on the towel in the cup.（タオルの上のリンゴをカップの中に置きなさい）

第一の文は、リンゴが最後にはタオルの上にあることを含意する。第二の文は、リンゴが最初にタオルの上にあることを含意する。これら二つの文の内容は明らかに食い違っている。しかし、どちらの文を聞く際も、Put the apple on the... までしか聞いていない時点では、私たちは全く混乱を経験しない。明らかに、脳は意

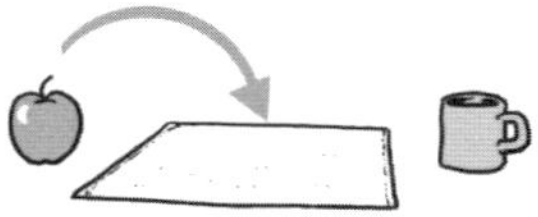

Put the apple on the towel.
(リンゴをタオルの上に置きなさい)

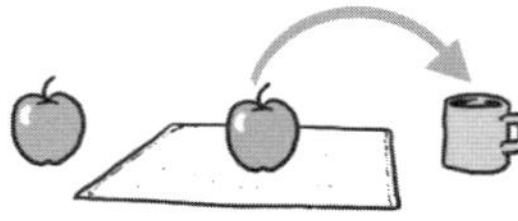

Put the apple on the towel in the cup.
(タオルの上のリンゴをカップの中に置きなさい)

識にのぼるような特性タグを作り出す以前にこの食い違いに対処しているのだ。

アヒルウサギを覚えているだろうか? それをアヒルとして見ている間、あなたの脳はウサギを抑制している——食い違いが解消されているのだ。それがウサギに切り替わるとき、二つの解釈の間で競合が急に始まって、それが再び抑え込まれるまでの間に、「ん?」と感じる一瞬があるだろうか? 私にはわからない。

「ん?」が出てこないもっと面白い場所は夢の中だ。そこでは馬鹿げたことがいつも起こる。第31章で見たように、ソルおじさんは年取ってハゲ頭ではなく、若くて金髪で全くソルおじさんのように見えない。あなたはそのことに何となく気づくかもしれないが、困惑はしない。あるいは、目覚めてから誰かにそれを話そうとするまでそれに全く気づかないかもしれない。これまで話題にしてきた夢の状況と同じく、それは故障したエンジンチェック表示のように、辻褄(一貫性)のモニターがオフになっているかのようだ。だからあなたは万事問題なしと思う。

「エンジンチェック」表示が故障しているために、言語による入力と知覚の食い違いが感じられない例をさらに二つ挙げる。

- 統合失調症患者は神が話しているのが聞こえる。それは君の想像の中のことだ、とあなたが言う。その患者は、お前は間違っているとためらいなく言う。
- 脳の損傷による左半側空間無視の患者は、自分のベッドにおかしな手が横たわっているのを見つける。医者がそれはあなた自身の手だと伝えると、患者は「いいえ、違いますか?」と言う。「では、誰のものですか?」と聞くと「それは先生のものに違いありません!」と答える。

他のすべての特性タグには逆の場合がある。「馴染み」に対して「新奇」、「実在」に対して「イメージ」など。「ん?」にも逆があるか? それは安楽の感覚ではないだろうか。「よし、これは辻褄が合っている。万事が世界と折り合いがよい」。

第四部　理性と直観

36　合理的に考えているとはどのようなことか

デカルトは思考し、ゆえに存在しえた数少ない人物のひとりである。
なぜなら思考せず、それでも存在した人々のほうがはるかに多いのだから。
（オグデン・ナッシュ）

われわれは合理的な思考をどのようなものとして捉えているだろうか？　私は合理的な思考の手本は、主張Ａから主張Ｂへ至る道のりを、いかなる想定もなく、また信念の飛躍もなく完全に明示できることと考える。そして完全に明示的であるということは、言葉で明示できるということである——形に現れる発話を通して（他者を納得させようとしているならば）、あるいは少なくとも言語的なイメージとして（自分自身を納得させようとしているならば）、すべてを文の形にするわけだ。このような説明ができないのだとしたら、それは本当に「知っている」とは言えない。デカルトは『方法序説』の中でこのように述べている。

第一〔のルール〕は自分が明らかにそうだとわかっているもの以外は決して真実として容認しないことだった……

第二、それぞれの問題を……可能な限り多くの部分へと分割すること……

第三、自分の思考を秩序立ったやりかたで行うため、最も単純な対象から始めること……

そして最後に、何ひとつ除外してしまうことがなかったと確信できるよう、すべてにおいて完全な列挙と総点検を行うこと……

この方法において私を最も満足させたのは、それを通じて、完全にではないにしても、少なくとも自分の能力がおよぶ限りにおいて、自身がすべてについて理性を用いていると確信できたことであった。


現代の形式論理学は、厳格な数学や科学の実践に適した、右のような完全に明示的で段階的な思考の理論を構築しようとする試みから発展した。それは後にデジタルコンピュータや、そこから得られるあらゆる素晴らしいものの開発に至ったのである。

だが!! あなたが完全に明示的にはなれない堅固かつ根本的な理由が存在する。その理由の一つはルイス・キャロルが一八九五年に発表した愉快な小論「亀がアキレスに言ったこと」に始まる。その議論を以下に簡潔に示す。

合理的思考の最も簡潔な事例として、次のような標準的な三段論法を取り上げてみよう。これをAと呼ぶとしよう。(注1)

A：ゴーデン通りにあるすべての家は六〇万ドル以上の価値がある。

私の家はゴーデン通りにある家の一つである。

ゆえに私の家は六〇万ドル以上の価値がある。

この三段論法を論理的な議論としているのは何だろうか。使い古された(アリストテレスにさかのぼる)答えは、Bの形式にのっとった議論はすべて有効であるというものである。

B：すべてのXはYである。
ZはXの一つである。
ゆえにZはYである。

まずは落ち着け！(と亀はアキレスに言う)。ここからAが有効であるということがどうやって証明されるのか。つまるところアリストテレス流の答えは、ここでCと呼ぶ隠れた三段論法を当てにしたものなのだ。

C：すべての形式Bの議論は有効である。
議論Aは形式Bの議論の一つである。
ゆえに議論Aは有効である。

OK、しかし議論Cが有効だということはどうすればわかるのか。それは実際のところ形式Bをとるもう一つの議論であり、それ自体の有効性はまた別の隠れた三段論法を当てにしている。

D：すべての形式Bの議論は有効である。

議論Cは形式Bの議論の一つである。
ゆえに議論Cは有効である。

ではDが有効だというのはどうすればわかるのか。以下省略。無限後退だ。つまり議論Aが有効な議論であるということを完全に証明することはできない。およそこれが亀の語ったことである。

事態の悪化はこれにとどまらない。ヴィトゲンシュタインが言い続けていることの一つは次のことだ。もし仮にルールがわかったとしても、それを正確に適用したとどうすればわかるのか。亀の論理を追うとき、私たちは議論AおよびCが形式Bの議論であるに違いないということを当然のこととしている。議論Aが形式Bの議論であるとどうやって「証明」するのか。そのためには、次のように議論AをBと対応させる必要がある。

ゴーデン通りにあるすべての家 —— すべてのXに対応する
六〇万ドル以上の価値がある —— Yに対応する
私の家 —— Zに対応する

この対応が正しくなされているということはどうすればわかるのか。さてさて、そのためには議論どうしを対応させるためのさらなるルールが必要になる。そしてまさにそのルールを正しく適用したと知るためにはどうすればいいのか。またしても私たちは無限後退に真っ正面から向き合う事態となり、議論Aが有効であると証明できない二つ目の理由が出てくる。(注2) この問題にはカントも気づいていた。彼は「判断力」、つまり

「かれやこれが与えられた規則を満たしているのか否かを判別する」能力について述べている。

いま仮にこの論理が何らかの一般的な指示を与えようとしているのなら……われわれはいかにしてかれやこれが［そうした規則を］満たしているのか否かを判別するべきか、それもまた別の規則という手段をとらずして成すことはできないということだ。しかしてこの規則は、まさにそれが規則であるがために、判断力からの指示を規則自身が要求しているのである。

さらに悪いこと（そしてヴィトゲンシュタインが気づいていなかったこと）には、議論Aと議論Bを対応させるためのルールには落とし穴がある。次に挙げるのは、また別の、Aとまったく同じくBに対応しそうな議論である。しかしこちらは有効ではない。三行目は二行目までから導かれる結論とならないだけでなく、ばかげたものである。

E：ゴーデン通りの家はすべて一区画に寄り集まっている。
　私の家はゴーデン通りにある家の一つである。
　したがって私の家は一区画に寄り集まっている。

あなたはこんな反応をするかもしれない。まあ、たぶんなんらかの理由で議論Eは「形式Bの議論はすべて有効だ」ということの例外の一つなのだろう。たぶん私たちは「一区画に寄り集まっている」を議論BのYと対応させてはいけないのだろう、と。ではこう返そう。これが例外であると、なぜわかるのか。ああ、あなたは言うだろう——なぜならこれが例外でないとしたら、議論Eは有効となるのだから。いや待ってほしい。その議論は、議論Eは無効だとすでに判断していないとできないものだ——それはもちろんさらなる疑問を呼ぶ。

あるいは、あなたはなるほど、と言ってこう考えるかもしれない。たとえ「ゴーデン通りの家はすべて一区画に寄り集まっている」が「すべてのXはYである」の実例に見えるとしても、それは異なる論理形式をもっており、それが議論Eの一行目は議論Bの一行目の実例と見なされない理由だ。実はこれが正しい理由づけである。議論Bでは、属性「Y」は単数の個体に対して適用されるもので、議論Bの一行目は「X」の一つ一つがその属性をもっていることを主張していると考えられた。「六〇万ドル以上の価値がある」はそうした属性だ。しかし「寄り集まっている」は単数の個体にではなく、個体の集合に対してのみ帰すことのできる属性なので、一つの家について適用することはありえない。

しかし「寄り集まっている」が「六〇万ドル以上の価値がある」とは異なる論理形式をもっていると主張することは、とりもなおさず議論Cは誤っていると認めることになる。これは以下のように置き換えなければならない。

F：すべての論理形式Bをもつ議論は有効である。
　議論Aは論理形式Bをもつ議論である。
　　ゆえに議論Aは有効である。

次に問題となるのは、議論の論理形式をどう判断するのかだ。そして今度はそれ自体をBの論理形式とどう比較するのか。文の文法形式だけでは信頼できる基準とはならないことがわかったばかりである。問題は、論理形式が文法ではなく意味の一側面であり、第12章で見たように、文法だけでは意味を決定するのに十分ではないということである。

結果として私たちは特大の問題に巻き込まれる。なぜか？　それはつまり、これまでの二十数章で見てきた通り、意味は隠れているからである。明示的なルールを用いて意味を他の意味と対応させたり、調べたりすることは不可能なのだ。このことも、完全に合理的で、完全に明示的な推論を実行するうえで、また別の障壁となるのである。

この三つの議論に加えて、神経心理学者カール・ラシュレーによる、脳と認知の視点からなされた次の議論がある。

> 精神の活動はけっして意識されない［ラシュレーによる強調］。これは矛盾するようだが、それでも真実なのだ。秩序と配列はあるが、その秩序の創造が経験されることはない。例は無数に挙げることができる。このルールには例外がないのだから。少し実例を挙げれば十分であろう。複雑な景色を見てみよう。それはぼんやりした背景から浮き上がった多数の物体、机、椅子、顔などからなっている。その物体ひとつひとつは、より小さな感覚がその中で結合されてできたものであるが、その感覚を組み合わせる過程は経験されない。物体は即時に存在するのである。言葉によって考えるときには、思考は文法形式として現れるが、そこではどのように文構造が生み出されるのか私たちには少しも感じられないままに、主語、動詞、目的語、そして修飾節が、正しい場所におさまっている……経験自体はそれが組織される方法についてなんの手がかりもくれないことは明らかである。

この観察は的を射ていると私は考える。第二部で見たとおり、心理学や神経科学の研究では、私たちの心が自らの経験世界を構成するために用いる過程が並外れて複雑なものであることが明らかにされている。それでもこうした過程はまったく透明に感じられる。確かに、労力を払っているという感覚はいろいろな機会に経験することがある――これをわかるのは難しい、あれを理解するのは難しい、自分を表現することに苦心している、いま起きていることについて混乱している、等。しかしそれは、知覚であれ、それにともなう労力を払っているという感覚であれ、それを引き起こす実際の過程について意識していることとはほど遠い。人は自分の思考内容について意識しているときですら、思考過程については意識していないのである。

ラシュレーの観察は、合理的思考にとって何を意味するのか。私たちが三段論法Aを理解するためには、心／脳による何らかの計算過程が前提(最初の二行)から結論(三行目)へと接続をつくる必要がある。この計算の結果は三行目だけで、一行目と二行目から三行目へと至る過程ではない。しかし私たちが正当化したいのは、一行目と二行目からどのようにして三行目へと至るのかという部分である。そしてこれが、ラシュレーによると、意識にのぼらせることができないのだ。

意識のなかに確かに存在するのは「あぁ、そっか」とでも表現できそうな感覚、これまた何かの確信を得たという直観的な感覚である。仮にこの直観を正当化しようとすれば、三段論法BとFに訴えることになろう。しかしそれらを用いたとしても、つまるところ「あぁ、そっか」の判断によって支えられているのだ。同じように、議論Eが有効ではないという感覚は合理的な正当化によるものではなく、直観的な不同意の「いや違う」という感覚、すなわち何かがまずいという感じからくるものである。

ここまでくれば、次に私が述べようとしていることは予想がつくだろう。では皆さんご一緒に。「いつもと同じく、これらの直観的な感覚は魔法によって起きるのではない!」三段論法Aは有効で三段論法Eは無効であるという確信の感覚の背後では、あなたの心/脳は懸命に作業をしている――それはまず文を理解するために懸命に作業をしているのと同じだ。しかしこの作業は無意識なので、すべてはまったく透明なように感じられるのだ。

以上のことを全部まとめて得られる結論は、究極的には自分の直観を信じる他ないということだ。

純粋に明示的な合理的思考という理想を実現することは、論理的にも心理学的にも不可能である。私たちが合理的思考として経験するものは必然的に直観的判断という基礎に支えられている。自分が論理的であるかどうかを判断するためには直観が必要なのだ!

悲観的になる必要はないが、実際のところはとても前途有望とは言えない状況である。文の意味は隠れているということを思い出そう。文を理解するときに意識されるのは、(a)その発音(または書かれた形式)、そして(b)その文が有意味であるという感覚だった。つまり意識されないのは前提と結論のつながりだけではない――前提と結論の意味も同様なのだ。

合理的思考の経験の認知的相関物は、(a)前提と結論の発音(または書かれた形式)、(b)それらすべてが有意味であるという感覚、そして(c)結論が有効だという感覚である。

歓迎できない議論と感じるかもしれないが、それが人生というものだ。

この結論を表すよくある言い方は二つある。まずは偶像破壊的な言い方――合理的思考などというものは存在しない(日没、言葉、自由意志、真実、そしてあなたが存在しないように)。だが私個人としては次のように言うほうが有用だと考える。合理的思考とは、少なくとも認知的視点からは、私たちが思っていたものと同じではないのだ。では、合理的思考とは何か。

通俗科学《ポップ・サイエンス》では、ときに理性を脳の左半球、直観を右半球と同一視する。あるいは、ときには私が直観と呼ぶものは「感情」と分類され、脳の進化的に古い部分に追いやられる――それが動物の思考であるかのように。あるいは合理的思考は「古典派的」なもの、直観的な思考は「ロマン派的」なものと見なされる。実際は全く違う。一般的に合理的思考と呼ばれるものは、直観的思考からなる膨大で複雑な背景なしでは生じえない。直観的思考は意識内では「あぁ、そっか」とか「いや違う」という形でのみ現れる。すなわち、合理的思考は直観的思考の代わりではない。むしろそれは直観的思考に依存しているのであり、また(第38章で見るように)直観的思考を洗練または強化したものとしてはたらいている。

心のはたらきの役割分担に関する提案の中で、相当数の実験研究に支持されている考えの一つが次のものだ。私たちは二つの推論の仕方、ときに「システム1」と「システム2」と呼ばれるものをもっている。システム1は高速で、労力を必要とせず、自動的、無意識的と考えられている。それは私が直観的思考と呼んでいるものにうまく対応する。システム2は低速で、相応の労力を必要とし、制御の利いた、線的で意識的――そして人類特有――なものと考えられている。それはまさに私が合理的思考と呼んできた類いの推論を行う。

私がここで提案しているのは、要は、システム2はシステム1から不可分だということだ。それはシステム1の「上に乗っている」。システム2は意識の認知的相関物、すなわち言語の発音と結びついた思考である。発音は線的かつ離散的なので、合理的思考も線的で離散的である。発音は思考そのものの速さに比べると低速なので、合理的思考もまた低速である。思考は無意識的なので、思考への意識的なアクセスは、発音のように意識にのぼる「取っ手」がある場合に限って得られる。言語をもつのは人類だけなので、人類だけがシステム2をもつ。このことから、システム2とは要するにシステム1プラス言語(と、おそらくは意識の「取っ手」に結びつけられるその他の思考形式)である、と暫定的に結論づけておく。(注3)

そしてもし事実がこのとおりだとしたら、私たちは直観的思考にもっと敬意をはらう必要がある。それは杜撰で「不合理」「感情的」な思考でもなければ、不思議で神秘的な魔術的思考でもなく、すべての思考の日常的な認知的基盤なのだから。世界を見たり言語を理解したりする認知過程と同じく、それは全くといっていいほど無意識的だというにすぎない。

(注1) そもそも結論——私の家の価格——が確定しないのに、三段論法の一つ目の前提——各々の家の価格——をなぜ私が知っていることになるのか、と疑問に思うかもしれない。とりあえず、誰かが一つ目の前提を私に教えてくれたと考えよう。たぶん、その誰かは私の家の価格も調べていたけれども、私は調べていなかった。だから私が推論を行う必要はやはりあるわけだ。

(注2) ヴィトゲンシュタインはこの議論を次のごとく奇妙な方向に進めた。彼は「私的言語」——あなたが自分自身に語りかけるために使う、規則に支配された体系——は決してもつことができないと示唆した。それは自分が規則に従っているということを教えてくれる独立した方法が存在しないからだ。だが考えてみると、同じ議論は「公的」言語にも等しくあてはまるはずである。他者が規則に従っている、あるいはあなたが他者と同じ規則を使っているということをどうやって知ることができるのだろうか? この基準によるならば、「公的」言語もまた存在しないことになる。英語のような現実の言語の場合、ヴィトゲンシュタインへの答えはこうなる。自分や他人が規則

を正しく適用しているか否かを問うことは、他者が自分と同じように話さないという事実に気づかない限りまずありえない（第2章）。

「私的言語」の考えうる現実的な例はこのようなものだ。生まれつきろうの子どもが、手話が使われない環境で育つと、しばしば「ホームサイン」と呼ばれるものを発明する。それはかれら独自の手話の体系で、家族と意思疎通するために使う。親よりも子のほうが流暢にそれを使いこなすので、発明したのは子どもであり、親ではないことがわかる。したがってある意味では子どもがホームサインの唯一の流暢な話者であり、その言語の全規則を本当に操れる唯一の存在ということになる。そうはいっても、この種の言語についての研究から明らかになったのは、それが体系的だという事実である――そして子どもは体系性を生み出そうとする意識的な努力はしなかった可能性が高い。

（注3）第20章でも触れたが、そうだからといってチンパンジーが言語を会得したら私たち人間と同じくらい賢くなるというわけではない。人間がもつシステム1はチンパンジーのそれよりも間違いなく精巧である。

37　合理的思考を私たちはどのくらい実際に行っているのか

啓蒙思想の目指すところは、私の理解では、世界に対する知識を揺るぎない合理的基盤の上に再構築することであった。求められるのは、真理の判断は自分自身で行い、信念に頼って物事を受け入れたりせず、すべてを疑い、単なる勘を信じることなく、そして何にもまして、〈一般常識〉――特に教会の〈常識〉――を信用しないことである。これはもちろん現代科学の基本的な精神である。

しかし一歩ひいてみれば、私たちが日々の生活の中ですべての物事を疑うような贅沢が許されていないことは明らかである。自分が口にする食べ物がどこからきたのか、電気がどのように自宅のコンセントに届くのか、水がどのように蛇口へやってきて、排水溝から海へ流れていくのか、(注1)自分のコンピュータや携帯電話がどのように動作しているのか、金融システムがどう機能しているのか、自分の衣服や椅子、皿、道具類がどうやって製造されているのか、(注2)ゴミが捨てた後どうなるのか、政府の細部がどう動いているのか、他にも毎日の生活の中に無数にある重要不可欠な諸側面について、わざわざ調べあげようとする人がどれくらいいるだろうか？　われわれは基本的にこうした物事を信頼にもとづいて受け入れている。環境や政治について意識の高い人たち――そして経済オタクや技術オタクたち――であれば、こうしたあれこれについて折にふれて心配するかもしれない。しかしすべてに真剣になっていては、生きるための時間は残らないだろう。

(神を信じる人であればこう言うだろうか、「神のみがそのすべてを行うに十分な時間をもつのである!」)

同じことは科学の牙城にすら当てはまる。他の分野についてはもちろん、自分の専門分野についてすら、研究文献をすべて読む時間のある人などいるというのか。ましてや実験のすべてを自分で行うわけではない。多くの場合は他の科学者を信じるほかない。どの〈一般常識〉を信じるべきかを決める作業だけでも、時には専任の仕事になりうる。現実的な理由で、私たちは「認識の分業」を受け入れ、他者が行う真理判断に賭けるほかない。

人生の他の部分についてはどうか? ベッドで寝る前に読む小説を選ぶとき、あなたは合理的見地から選んでいるだろうか――そして、そうすることは可能だろうか? 誰かに会ったばかりで予想外に会話が弾み、その人に引きつけられていると思うとき、合理的見地からそうしているだろうか――そして、そうすることは可能だろうか? あなたは科学者に(あるいは何であれ今のあなたに)なろうと完全に合理的見地から決めただろうか――そして、決めることが可能だったろうか? 私たちの人生、その中の特に重要と言える部分でさえも、理性にもとづいている部分などほとんどないだろう。

直観的推論はでたらめなどではない。私たちがその動作を認識できないというだけで馬鹿げたものだということにはならない。直観的に推論をする際の無意識の過程を明らかにするために、多くの実験による研究が行われてきた。この種の研究の多くは、論理的または数理的な視点から見て人がしょっちゅう不合理な判断をすることを示すことに専念してきた。中には人が推論する際に使う手っ取り早い方略を見つけ出そうとする研究もある。そのような方略は、ほとんどの通常の状況下では全く問題なく機能するが、機能不全になる可能性と常に背中合わせでもある(第21章で取り上げた、錯視を起こす視覚原理のように)。この種の研究の中には、社会的、道徳的領域において適用される特別な推論の原理を見つけ出すことを目的としたものもある。

このような研究全体の要点は、私たち人類が直観的判断を下す能力は、進化の過程から生じたものだということである。それによって、何が起こっているのかを素早く理解し、次を予測し、それに従って行動する力が人にそなわった。私たちはこの能力の多くの側面を霊長類の親戚たちと分かち合っている。直観的推論は、論理に期待されるように一〇〇パーセント正確ではありえない。それは現下の状況について完全な情報を手にしていることは稀だからであり、情報を処理する能力は限られているからであり、そして何よりも行動するための時間は限られているからである。これらの制約の中で、私たちが生まれつきもっている推論のための直観的な方略は、多くの場合かなりうまくいっているのである。

（注1）『ニューヨーカー』誌に載ったとてもとても長い記事を私は思い出している。それはニューヨーク市の水の供給と下水システムを説明するものだった。記事の前半と後半はたった一つの文、「水は蛇口から出てきて排水溝へと流れていく」でつながれていた——それこそは私たちが水の供給についてふだん意識している唯一の部分である。
（注2）ドリルの刃はどうやって作るのだろうか？　ドリルの刃を作る機械はどうやって作るのだろうか？

38　合理的思考はどのように役に立つか

第36章の最後で、意識にのぼる「取っ手」と共に思考することで直観的思考が強化あるいは洗練されることを示唆した。以下それがどのように起こるのか見てみよう。

私たちが合理的思考として経験するもの(今後は「合理的思考」で済ませることにしよう)において、私たちは声に出してか、言語的イメージとしてかの違いはあるが、思考を文として表現している。〈意味の無意識仮説〉(第15章)によれば、文の意識される部分は発音であり、意味は無意識のままである。しかし第20章で見たように、発音そのものは思考の運び手として機能することはできない——運び手になれるのは意味だけだ。では意識的な発音が存在することでどのような違いがあるのか。発音は思考の「杖」としてのみ機能するのか。十分に訓練すれば発音など放棄して「純粋な意味」によって思考することは可能だろうか。まあ、実際のところはそんなやり方よりも、発音という意識にのぼる「取っ手」のほうがずっと便利だと思うが。

理由はこうだ。発音という「取っ手」によって、思考にそれ自体の指示参照ファイルを与えることができるようになる。そして思考は自立してこの世に存在するものとして理解される(第29章)。これにより、その文を用いてたくさんの有益なことができるようになる。まず第一に、その文を口に出し終わった後でも、本棚の裏側の猫のように、文はあなたの手の届くところに存在しており、お望みのときに取り出すことができるのだ。「その考え、覚えておいて！」や「いま言ったように……」のように。

次に、文は思考の内容だけでなくそれに結びつけられた特性タグも表現している。

マットの上に猫がいる。　　［＝マットの上に猫がいる＋確信］
マットの上に猫がいない。　［＝マットの上に猫がいる＋異議］
マットの上に猫がいるか？　［＝マットの上に猫がいる＋（真偽に）不関与］

こうなれば特性タグは感覚としてのみ経験されるのではない。それらを耳で聞き、思い出し、操ることが可能になる。

この操作の重要な一例は、文が「ん？」経験を発生させるときに生じる。あなたはアッシュの実験に参加して（第35章参照）、ある線の長さを他の三本の線と比べて判断しているところだ。自分はその一本は真ん中の線と等しいと判断したが、ほかの皆が「いちばん長い線と等しい」と言い、あなたは「ん？」と感じる。言葉があれば、その感覚を質問にすることができる。「そんなのありか？　この線は本当にそんなに長いか？」そしてこんどはその思考自体を覚えておき、それに思いを巡らすことが可能になる。

言語を用いて思考を操作するにはまた別の重要なやり方もある。

なぜマットの上に猫がいるのか？

この文はあなたが同意する一つの思考を形にし、その思考の背後にある理由や原因の探索を始める。この操作は科学的探究――そして人々がもつ動機の探究（「ではなぜ彼女はあんなことを言ったのか？」）――を生み出す主要なはたらきの一つである。

文として表現された思考をもって行うことのできる三つ目のことは、それらの間の関係性を直観的に判断することである。これは推論として経験される活動だ。

今日は火曜＋明日は水曜　［特性タグ：一致］
今日は火曜＋明日は木曜　［特性タグ：矛盾］

そしてこれらの特性タグはさまざまな形で文に組み込むことができ、その結果をもって真偽の判断を行える。

もし今日が火曜なら、明日は水曜だ。　［確信］
「今日は火曜」は「明日は木曜」を含意する。　［異議］

これらの文は「マットの上に猫がいる」という単文と同じように操作できる。

もし今日が火曜なら、明日は水曜だろうか？
「今日は火曜」は「明日は木曜」を含意しない。

興味深いのは、最後の四つの例文はその中に含まれる文自体の真偽については何の関わりももたないということである。仮に今日が本当に火曜なのかどうかわからないとしても、「もし今日が火曜なら、明日は水曜」に同意することはできる。

また別の操作によって、二つの文どうしの関係と、一つ目の文が真であるとする関与の仕方の両方が表現される。

今日は火曜なので、明日は水曜に違いない。

こうした言語による操作は私たちの思考にとってきわめて重要である。それは今の状況に縛られることのない自由を与えてくれる。それは仮想世界を概念化し、それを心に保存しておくことを可能にし、それを通して私たちは仮定的推論を行うことができる。

二つの思考を関連づける、また別の重要なやり方は、互いが二者択一的なものと理解される場合だ。言語はこの種の関係を明示する方法も与えてくれる。

雪が降っているか、私が夢を見ているかどちらかだ。

これはそれぞれの部分の真偽には関与していないが、思考全体についてのある確信を表出している。

二者の間の相違点が正確にはどこにあるかについて、焦点をはっきりさせて述べることもできる。

ジョンかビルのどちらかが残っていたパスタを食べた。

ジョンは残っていたパスタかターキーサンドイッチのどちらかを食べた。

このような道具立てによって、さまざまな可能性を秩序立てて探索することができる。つまり「もし雪が降っているとすれば……」「もしジョンがパスタを食べたのであれば……」のような仮定文を使うのだ。一つの可能性を試しているときに他の可能性を見失うことがないのは、まだそこについている「取っ手」と、いま考察している可能性との関係性を保持しているからである。あなたが真偽に不関与である思考、すなわち疑問から始めることもできる。そこから他の思考へのつながりを、順を追ってたどり、明確な確信か異議を感じるような思考に至ることもできる。それから、そのつながりを逆順にたどって、元々の疑問に対するイエスかノーの答えに到達することができる。

これらの手順によって、私たちは直観的推論を疑ったり、もっと細かい明示的なステップに分割したりすることができる。理想は、まさにデカルトが述べたように(第36章)、直観的なつながりを可能な限り透明で自明なものにすることである――これまた第36章で見たように、突き詰めていくと収穫逓減点が現れるのではあるが。

こうした類いのプロセスはまさに合理的思考に望まれていることを行う。それは思考の内容およびその特性タグに付属する音韻的な「取っ手」なしには不可能だろう。私たちは無意識の思考そのものを周到に操作することも、心に留め置くことも、それらの特性タグをもって実験をすることもできない。そして第10章で見たように、視覚的イメージは(手話を除いて)言語にできるようなやり方で役立てることはできない。視覚は言語が表現できるあらゆる抽象的なものごと、特に特性タグの「取っ手」を提供することはない。だから言語は、思考のこうしたあらゆる側面への「取っ手」を提供することで、私たちに思考を高度化し豊かにするための素晴らしい手段を与えてくれるのである。

もちろん、思考を伝える際の利点は言うまでもない。私たちの理解は共同作業的な思考によって劇的に増大するが、それは当事者たちの間で絶えず行われる言語の交換を必要とする。何よりも、これがあるから私たちは前の世代の思考を伝えることができ、いつでもゼロからやり直さなくてもよいのだ。（注1）

（注1）言語は私たちの遠い祖先において、コミュニケーションを強化するものとして現れたのか、それとも思考を強化するものとして現れたのか？（より適切な言い方をすれば、言語をもつことで私たちの先祖が得た繁殖のための利点は、よりよいコミュニケーションがとれる能力によるのか、それともよりよい思考ができる能力によるのか？）時をさかのぼって確かめることはできない。ほとんどの人が、言語の主な利点とはコミュニケーションだと考えている。しかしノーム・チョムスキーは――ゆめゆめ軽んじてはならない存在だ――コミュニケーションはほとんど関係なかったという論陣を張っている。彼にとっては、主要な革新とは構造化された思考であった。彼が「外在化」と呼ぶもの――自分の思考を聞こえるように声に出す能力――は後の発達であったと考える。だが彼にとって「外在化」は発音を含んでおり、それこそは合理的思考を可能にする「取っ手」を提供するものである。したがって、目下のストーリーでは、チョムスキーは誤っていると言わざるを得ない。私としては、言語能力はコミュニケーションの強化のために発達したもので、それに直結する思考の強化は巨大な副効用であった、という立場をとりたいと思う。

39 合理的に見える思考の落とし穴

言語を思考の足場として使うことには限界もある。その一つはすでに何度も登場しているもので、すなわち二項対立の幻想である。ハゲているか、ハゲていないか。ある出来事が大量殺戮であるか、そうではないか。あなたは科学者であるか、そうではないか、などなど。日常的視点からは、多かれ少なかれ言葉それ自体が概念と同一である(第15章)。また言葉は境界をはっきりさせる傾向がある――「取っ手」はそれが取り付けられている概念よりも離散的なのである(第11章)。だから言葉に頼ることで、危うい中間地帯や滑りやすい斜面を避けることが容易になる。世界は白と黒に分けられて立ち現れ、フルカラーで認識する必要はない(あるいはそうすることが許されない)。

第11、13、14章で見たように、ある概念に対する言葉をもっていないとその概念は認識されない可能性がある。前に出した例に戻ってみよう。もし思考が合理的思考と等しいと考えるならば、サルは話すことができないので定義上思考ができない。ではサルが「している」ことは何なのか？　もし「(単なる)本能」と言うより他はないとしたら、サルの行動が実際にはいかに洗練されたものかは認識できない。亀と同じようにしか思えないだろう。サルがしていることが何であるにしても、それについて話すにはどうすればよいか？まぁ、それを「思考(シコウ)」と呼ぶのが嫌なら、何か他の呼び方、「シュコウ」とでも呼ぶことにしよう。

では取りかかろう。質問はこうだ。亀もシュコウするのか？　もしそうなら、サルのシュコウは亀のシュコウとどのように違うのか？　人の思考はシュコウに言語を足したものに等しいのか、それとも完全に異なるものなのか？　などなど。この新語なしには言説は立ち行かない。この新語を私たちの言葉のレパートリーに加えることによって、議論を始め、進めることができる。

落とし穴へとつながっているのは言葉だけではない。文法構造に適合するやり方で言葉をつなげても、統合された意味を伝えることができないこともある。第21章でも挙げた次の二例は明らかに何の意味もなさない。

無色で緑色の考えが猛然と寝る。
いつか作曲したいソナタの楽譜を忘れてしまった。

より危険なのは、話し手や書き手が言葉を組み合わせて有意味性の「オーラ」を作り出そうとする場合で、例えば哲学者アルヴァ・ノエのインタビューにあるこの文のようなものだ。

私は意識とは私たちの中で、あるいは私たちに対して起こるものではなく、私たちが周囲の世界との関わりを通した行為および相互行為を通して獲得あるいは実行するものだと考える。

一見これは十分に納得できるように聞こえるかもしれない。しかし分解して関係節を再構成してみると、非常に疑わしい部分が見受けられる。

意識とは私たちの中で起こるものではない。
*意識とは私たちに対して起こるものではない。［これはいったい何を意味するのか？］
私たちが意識を獲得する。
*私たちが周囲の世界との関わりを通した行為および相互行為を通して意識を実行する。

一つ目と三つ目の文はまずまず大丈夫そうに見えるけれども、これらの文さえ少しうさんくさい。「意識が起こる」と言うことは何を意味しうるのか？「クソったれたことが起こる」と同じ感じ？私にはわからない。そして私たちが「意識を獲得する」と言うときはたいてい、「目が覚める」のような受動的な意味においてである。しかしこの著者は心の中で何かもっと能動的で意図的な、「勝利を獲得する」のようなものを想定しているようだ。繰り返すが、私は意識的な状態は自分で「意図して」なれるものとは考えない。この書き手は何かを模索しているように見えるが、たぶんそれは「思考」と「本能」の間のギャップのようなものであろう。彼の心の中にあるものを適切に言い表す言葉が存在しないというわけだ。

「煙」「意味」「意識的」「真」といった言葉に対して、私が本書の中で施してきた言語療法の意図は、もやもやした思考の杖として言語をこのようなもやもやしたやり方で使うことから身を護る手助けをすることにある。もちろん、言語の使用を拡張するのはときには有益で必要なことである(第11および12章)。しかしそれには配慮と綿密な注意が要求される。

加えて、合理的思考は文を理解することだけでなく、文の相互間に直観的な関係性を形づくることにも依存していることを思い出してほしい。だから合理的思考とは文の関係性についての直観的判断と同程度にしか信頼できないのである。常に推論を検証する——すべての関係性を疑い、それが意味をなすことを確認する——ことが奨励されるのはそのためである。あいにく、特に自分の推論が好みの結論へと向かっているときには、いとも簡単に自己満足に陥る。議論に欠点を見つけようと必死になりがちなのは、自分の好みではない結論を出している他者の推論に対するときだけである。（心理学者はこれを「確証バイアス」と呼ぶ。）

人々がものごとの関係性について自己満足的になりがちな場面の一つが、自分の行動の理由を説明するときである。私が気に入っている実例の一つはリチャード・ニスベットとティモシー・ウィルソンの実験によるものだ。彼らは百貨店の顧客にたくさんのストッキングの中からどれが一番好きかを選び、その後で「なぜ」それが一番好きなのか述べる——つまり直観的判断を説明する——ように頼んだ。顧客たちには知らされていなかったが、すべてのストッキングは同一のものだった。それでもかれらは自分の好みについて、完全な確信とともにあらゆる種類の理由を述べた。

これは実験の状況で行われたものであり、一種のトリックである。このようなことが現実生活で起こったらずっとたちが悪い。私がこの文章を書いていたある日、アーカンソー州で何千もの鳥の死骸が空から降ってくるという出来事があったが、ある人たちは完全なる確信をもってこんな主張をした。これは議会がゲイが公に軍務につくことを認める投票を行ったことに対して神が咎めているがゆえである、と。これは特に露骨におかしな例である。しかし同じような理由づけはいつでもずっと巧妙な形で起こっている。毎回違う理由を持ち出して、不運な結果を言い訳する人にあなたも会ったことがあるに違いない——そうした不運は、宿題の提出が遅れたり、車の事故に巻き込まれたり、交際で失敗したり、仕事で失敗したり、減税をしたり、戦争を始めたり、人によってさまざまである。そうした人たちは嘘をついてあなたを騙そうとしているのではない。かれらは自分の物語を最上級の確信をもって心から信じているのだ。それが自己弁護的な言い訳で、同じ失敗を何度も何度も繰り返すには何か深い理由があるはずだと考えているのはあなただけなのである。実際、もしそんな秘めた深い理由があるかもしれないと示唆しようものなら、かれらは怒りだすかもしれない。かれらは事態の関係性を本当に確信しており、かれらの理由づけには、論理的にも他の意味でも、なんの瑕疵もないように見えているのだから。セラピストなら、かれらは否認していると言うだろう。

ではは私やあなたは何を否認し目を背けているのか。私たちは現に合理的にふるまっているのか、それとももっともらしく合理化をしているだけなのか。自分の内面からでは、それを知る術はない。できる最善のことは、自分の確信と対立するようなヒントを、物理的・社会的環境から得るべく注視することである。誤っているかもしれないという可能性に注意を向けておくならば、少なくとも人は慎み深くいられるのではなかろうか。

40　室内管弦楽

合理的思考がどのように直観と結びついているかについて、もう少し話そう。ここで実例とするのは他でもない、室内管弦楽の演奏だ。

音楽の演奏は「閃き」の問題だと考える人もいるだろう。人によっては、少なくともクラシック音楽については、作曲家の記した音符を演奏するだけのことだと考える向きもあるだろう。実際には、どうやってその「音符を演奏する」のかを解決するだけでもそうそう簡単ではない。誰かの演奏を空疎な褒め言葉を使ってけなすときによく使うのが、「まあ、彼は音符をすべて演奏したよ……」という言い方だ。同じような気持ちで、私の友人の作曲家は、自分の作品の演奏について最近こう述べていた。奏者は立派に演奏してみせたが、「本当にはわかっていなかった」と。私はかつて演奏する側として同じ経験をしている。それは日本の伝統音楽をクラリネットで演奏するよう頼まれたときのことだ。すべての音符を正しい拍子と旋律で演奏することは問題なくできるのだが、それで何が起こっているのかについては手がかりがなかった。私の演奏はぎこちないと同時に理解ができておらず、どう改善すればよいのかもわからなかった。日本人のホストにもそれはわかっていたはずだ。それはまるで発音表記だけを見て、日本の詩を読み聞かせようとしているかのようだった。

音楽家が単なる音符を越えて（またはその行間を読んで）演奏する方法を見出そうとするときにはこんなことが起きる。私は時代を越えた名作であるブラームスのクラリネット五重奏曲の演奏に向けて、四人の仲間と練習している。私には、ヴァイオリンのコリンとレナが冒頭部を十分に特徴を際立たせて弾いていないように思える――ずいぶん弱々しく響くのだ。私は楽譜を調べて、ヴァイオリンには*f*（フォルテ、つまり「強く」）と記されているのに気づく。

私はコリンとレナにもっと力強く弾けるか尋ねる。だがその一節が音を長く延ばすものであることと、ヴァイオリンのその箇所での音域のために、これはそう簡単にはいかない。

ヴィオラ奏者のケンは、ブラームスが第一楽章全体を通して使っている強弱記号は、フォルテ、ピアノ（弱く）、ピアニッシモ（とても弱く）だけであることに気づく。そこでここでのフォルテは「大きい音で」を意味するとは限らないという提案をする。それは「弱く」と対比せねばならないだけだ――「健やかな音」から「獰猛な」ものまでのどこかであればよいので、あとは曲の文脈次第だと。私たちはこのパッセージについては「健やかな」音ということで落ち着く。

だが私は耳に入る音がいいとは思わない。機械的で表現力に乏しく感じられるのだ。私は最初の二小節に長いくさびの形で示されているデクレッシェンド（だんだん弱く）に注意がひかれる。その記号はいったい何を意味するのか。額面通りに受け取れば、第二小節は第一小節よりも弱く演奏され、そして第三小節は第二小節よりさらに弱く弾くということを示しているのだろう。しかしそれでは意味が通らない。第三小節ではヴィオラとチェロがフォルテの記号つきで伴奏に入るが、そちらの方がヴァイオリンよりも大きい音になるべきではないのだから。

コリンとレナは上げ弓《アップ》で始めてみるが、それでは自然と弓が弦に与える圧が上がるので、小節の前半がクレッシェンド(だんだん強く)になってしまう。続く後半の下げ弓《ダウン》では自然とデクレッシェンドになる。これは腑に落ちない。一つには、これではヴァイオリンはフォルテよりも弱く始まらなければならなくなる。加えて、仮にブラームスが小節の前半をクレッシェンドにしたかったなら、それを記すことができたからだ。では彼はデクレッシェンドで何を伝えようとしたのか。

私はそこで、デクレッシェンドの意味は音量ではなくむしろ強調の問題かもしれない、と提案する。それぞれの六連符の最初の音をほんの少し長く弾いて強調し、しだいに加速して六連符の最後の三音はほとんど「投げやる」ように弾いてはどうだろう。(専門用語ではルバート奏法と呼ぶ。非専門的には「感傷的」とも。)私は歌ってみせる。「こんな風にやってみて……」私の描写はわざとらしかったが、(少なくとも私にとっては)私の例示した演奏は表現力を増して聞こえるし、その柔軟さはブラームスのロマン派様式にぴったりだ。もちろん、ブラームスが現れてこんなやり方を教えてくれることはない。それは昔からのやり方の一部にすぎない。

(第12章を思い出せば、これが言語において起こることのあるものに似ているとあなたは思い至るかもしれない。私にそれができるとわかりきっているのに、なぜわざわざ「塩をとれる?」などと聞くんだ? そうか、私に塩をとってくれと頼んでいるに違いない! というわけだ。同様に、なぜブラームスは呼応するクレッシェンドのないところで、デクレッシェンドを書いたのか——それを意味したはずはないのに——を問うこともできる。そうか、何か別のものを意味しているに違いない。たぶんルバート奏法では、という具合だ。)

コリンとレナはこのデクレッシェンドの解釈を嫌っている。わざとらしく自己陶酔的だと思っているのだ。この時点で、ほんの六秒ほどの演奏の議論に練習時間の一〇分か一五分が費やされてしまっているので、私たちはこの話題はやめにして前へ進むことにする。ブラームスが何を意味しているのか、意見は一度も一致することなく、コリンとレナはデクレッシェンドをほぼ無視し、私は不満なまま。そんな具合だ。

(数か月後、イタリア弦楽四重奏団の録音でこのくだりが私の想像したとおりに弾かれているのを聞くことになる。それはすばらしい響きで、自分の正当さが証明されたように感じた。一方で、いま思えば、コリンとレナが満足するような、デクレッシェンドの他の弾き方も思いつくことができる。)

この小さなエピソードから、二つのことを引き出したい。一つ目は、「意味する」という言葉が何を意味するのかという問いと関わる。「フォルテが何を意味するのか?」「ブラームスはデクレッシェンドで何を意味しているのか?」という問いは文のレベルで答えられるものではない。文が示すことができるのは、その音楽がどのように演奏されるべきかという本当の答えへの手がかりだけだ。言葉による描写は、楽器のテクニック(上げ弓で始める)や拍子のとり方(この音符を長めに、こっちは短めに弾く)、あるいは感情のおき方(ここはもっと切迫した感じで)、さらにはメタファーによる捉え方(「健やかに」「この三音は投げやる」「ここで底を打って消える」)についても話題にすることができる。しかし意味はその音楽を演奏することで直接表現することもできる――「このデクレッシェンドはこんな演奏を意味する」[「実演しながら」]。どのやり方も、そのくだりの弾き方を説明するために機能するだろう。あるいは失敗することもあるだろう。それは演奏者の感性次第だ――つまり演奏者があなたにとっての(または「唯一の正しい」)意味を捉えているかどうかということである。

第7章で論じた「意味する」という語の用法の中で、こうした使い方にもっとも類似しているのは、記号の説明(「赤信号は止まれを意味する」)と実演(「「接吻する」は「これ」をするのを意味する」と実際に行う)である。これらは音楽理論家のレナード・マイヤーが自著を『音楽における情動と意味』と題したときに考えていた意味とは全く違っている。マイヤーが興味を示しているのは「情動的効果」としての意味である。つまり音楽を「有意味」にしているのは何かという問いだ。(私は音楽において「有意味性」と呼ばれるものは特性タグと結びついているのではないかと考えている。私たちは音楽がもたらすある種の情動的効果に反応し、それによって音楽そのものに感情の深さを認めるのではないか。これはちょっと脱線。)

私がこのエピソードから導きたいと思うより重要なことは、仲間たちと私の間で、ブラームス作品の記号をどう解釈するかについて合理的な議論をしているという事実である――私たちはその作品をどう演奏するかについて、意識的に推論をはたらかせているのだ。しかしこの合理的議論は直観的判断に始まり、直観的判断で終わっている。始まりは、直観的な「ん?」という反応から引き起こされる。「これはなんだか違って聞こえる」という感覚だ。そして私たちがたどり着く結論は、文についての真偽判断ではなく、音楽についての直観的判断だ。「よし、よくなったぞ!」や「いや、まだ何かが違う!」といったように。

とはいえ、「ん?」という疑念と「あぁ、そっか」という納得の間で、私たちの会話には二つ前の章で見たような、言語の助けを得た思考の操作の刻印が広く見られる。「もしデクレッシェンドの記号が音が弱くなることを意味するなら、旋律より伴奏の音が大きいことになる。伴奏は旋律よりも大きくなるべきではない。したがってこの記号は何か別のことを意味しているに違いない。では何を意味しうるのか? これかもしれないし、これか、これか。もしこっちなら、……」といった次第だ。これまでの章に出たケースと違っているのは、この推論は直観を満たすために行われているという点である。ここでは合理的思考を、何が真なのかを決めるためではなく、何をするべきかを決める助けとして使っているわけだ。

全体として、目標としているのは五人全員が同じようにその音楽を理解しているという集合的な感覚である――それは（第28章で）ジーナとフィルがマティーニをもった男について意見が一致するときと同じだ。そしてたとえ目標とするものが言語的な発話の形をとらなくても、その目標に向かって作業するには合理的思考のための言語が必要となる。ここで見た演奏の場合、時間的制約――および好みの違い――のために、私たちは不幸にも完全なる収束をみることなく、それ未満のところで落ちつかなければいけないのだが。それでも、全員が同じことに取り組んでいるというのはわかっていて、自分たちと聴衆を満足させるような一貫した演奏をすべく――そして願わくば、作曲家をも満足させようと――試みているのである。

お気づきかもしれないが、ここでの議論は自分が弾いてもいないブラームスの一節に終始している。なぜここで私が割り込んで提案を示さなければいけないのか？　それはつまり、正しさについての集合的な感覚の必要性と関わっている。室内管弦楽では、自分のパートを弾くだけではすまない。全員の音を常に聞いている必要がある。主旋律パートは次から次へと入れ替わる。ときには私が主旋律を担当し、ときにはヴィオラや第二ヴァイオリンについていく。自分が演奏していないときですら、他の全員の弾き方は次に自分が入るときのやり方に影響する。

あまり強引な言い方はしたくはないが、科学は室内管弦楽によく似ていると思う。自分のことだけやって済むわけではない。皆がしていることに常に耳をすましていなければならない。決定的な事実はあなた自身の分野から出てくることもあれば、他分野の予想もしないところから出てくることもある。私たちは共に科学に携わっている。その目指すところは、思考と意味について、そして心と脳について自分たちを――願わくば後の世代も——満足させるような一貫した物語を作り出すことなのである。

41　技巧としての合理的思考

思考を操作するための「取っ手」として言語を使えるのは大いに結構なことだ。だが私たちが操作する思考はどこからきているのか。私たちが問いの形にできそうな那由他の思考の中から、自分たちが実際にどれに時間を費やすかをどのように選ぶのか。そして答えの候補(「上げ弓を試そう」「ルバート奏法を少し試してみよう」)はどこから出てくるのか。私たちはそれを一般に想像力と呼ぶ。想像力は合理的ではない。ではそれは何か。ちょっと魔法のように感じられる。

ここで読者は私が認知的視点へ跳躍することを期待しているはずだ。しかし今回は私にはどうやればいいのかわからない。(そして他の誰かにそれができるとも思えない。)だからこの問題については、日常的視点から音楽にもう少し目を向けながら、遠回しに議論を進める猶予をいただきたい。

音楽的な理解がどのようなものであったとしても、それは音符の背後のどこか、すなわち音符どうしの関係性やそれらが作るパターンの形などに隠れている。作曲者が自分の意図を明示しようとしてどんなに多くの符号を書き込んだとしても、決して十分ではない。演奏者はその上で音楽の感覚的な面へと直観的な飛躍を行う必要がある。

これは私が言語について述べてきたことによく似ていないだろうか。主な相違点は、音楽で要求されるのは真理条件ではなく――作曲者の意図に推測しうる限りにおいて忠実であることと、演奏者と聴衆が満足するものであるということだ。

音楽の演奏を学んでいるとき、上達するための重要な要素の一つは、あらゆる基礎レベルの技術的なことを際限なく練習することであり、それは単にすべての音符を演奏するためだけでも必要なことだ。これもまた合理的分析の主題となりうる。しかし私がいま興味をもっているのは、ブラームスにおいて私たちが試みたように、音符を越えるためには何が必要なのかということである。

良い指導者から学ぶのは、自分の音楽的直観が限界に達したときに、直面する事態を分割する方法である。アドバイスはあなたがたまたま取りかかっている特定の作品に関するものがほとんどである。この場所ではこうやって正しいテンポをとる。ここではすぐに音を大きくしすぎてはいけない。そこに小さなアクセントをつけるとフレーズの要点が明瞭になる。ここでは平板になりやすいから気をつける。ここでは第二ヴァイオリンに耳を傾けなければならない、その後はチェロに。カザルスはこの箇所をこうやって演奏したものだった。ここで太陽が顔を見せる。このフレーズはこうやって作品全体に収まり、それで演奏のしかたはこう変わる。指導者はこれらの提案を実際に歌ったり弾いてみせたりすることで説明し、そして何にも増して、非常な情熱をもってこれらを伝えてくれる。

あなたが十分な注意力をもってアドバイスに心を開き、うまく演奏したいという欲求をもち、そして運がよければ、指導者の実演を真似することに成功する――あなたはそれを「わかる」だろう。あなたは指導者の情熱に共鳴し、自分の生命がひとつひとつの音符にかかっているかのように心を表現する演奏をし、自分のなかにあると知らなかったものを発見することになる。すべてがうまくいった場合は、これらのメッセージが身の内に浸透し、他の作品にも適用できるようになる。つまり直観が鋭くなったということだ。あなたは自分より優れた演奏者が何をしているのか、それが何故かれらを優れた演奏者としているのかが聞きわけられるようになる。そして自分の音もより的確に、より「客観的に」聞けるようになり、自分では気づきもしなかった悪い癖を回避し、さらなる活力と奥行きを表現に与えて演奏する術を見出すようになる。

この過程を通して、二つの重要なものを手にするだろう。その一つは「ん？」と思う心の動きに対する高められた感受性だ。あなたは小さい不適切さ——わずかに外れた音程や、わずかな意図せぬリズムのゆがみ、演奏者間のわずかな不調和、緊張のわずかな緩み——によりよく気づくようになる。また細かい調整で表現豊かな細部が突然あらわれるような機会にもよりよく気づくようになる。

もう一つ手に入るものは、ある種のツールバッグ——「ん？」という感覚に遭遇したときに試してみるべきことのセットである。それはこのようなものだろう。運指やリズムの技、フレーズのリズムや和音の要点を見出す方法、クライマックスへ向けて積み上げるための方法、メタファーについて考えるべきとき、先のことを考えることが重要なとき、他の演奏者たちとコミュニケーションをとる方法、作品の他の箇所、あるいは他の作品にも目を向けて、目の前の一節の弾き方のヒントを得るための方法、などなど。私たちの「想像力」の相当部分は、「ん？」に気づき、いかなる技をもってそれを解決するかについての勘から成り立っている。それが私と仲間がブラームスに取り組んでいるときにしていることだ。

細かい部分が上達したといっても、それ自体は必ずしも重要ではない。しかしそれが全体として積み重なると、生き生きした演奏とおざなりなものとの違いを生み出すのだ。聴衆の多くは違いがわかるけれども、その理由はうまく言葉にできないだろう。

そしてときには、あなたが生きがいとする最高のときがやってくる。すべてがカチリとはまり、議論は不要で、直観的にそれは起きる。あなたと他の演奏者たちは、互いに良さを引き出しインスパイアしあうが、それがどこから来るのかはわからない。そして最後には、驚きとともに互いの顔を見て「なんてことだ！」と言うほかないのだ。

私が音楽について語っているのは、それをよく知っているからにすぎない。しかし同じことは舞台演出家やスポーツのコーチ、美術や文章の指導者についても起こるだろう。指導者の情熱的な示唆や実演を通して、学ぶ者はさらなる細部に注意を払う方法、ありうる落とし穴やチャンスに敏感になる方法、完成形のイメージに向けてすべての段階を関連づける方法を身につける。これが技巧を学ぶ際に行われることだ。

これは合理的思考（あるいは、ときどきある呼び方では「クリティカル・シンキング」）の魅力的なモデルだと私は思うようになってきた。合理的思考が必要とされるのは直観が十分にはたらかないとき——「わからない」あるいは直観が「機能しない」ときだ。私はここまで、直観に訴えない完全に明示的な合理的思考は、論理的にも心理的にも不可能であるということを示してきた。私が提案しているのは、人々が実際に合理的思考を用いるやり方は、それよりもずっと柔軟であるということだ。適切に思考しているときには、私たちはより一層の細部を認識するし、それらを分析するよりよいツールをもっている。落とし穴を避け、チャンスを見つけることもできる。私たちの直観は、当然と思ってはならないもの、疑わねばならないものをより上手に見分けられるようになる——「あぁ、そっか」と「いや違う」の判断はよりきめ細かいものになる。自分たちと違う関心をもった人から、どのような疑問がもたらされるだろうかも予期できる——つまり議論をより「客観的に」見ることができるようになる。また、適切なメタファーを思いつき、伝統の中から適切な類似点を見出すこともできる。理想的な場合には、全体的な方向性についての見通しが、あらゆる細部にわたって適切な理解を示唆してくれる。

もう一度言おう。この過程の大部分は、そのすべての部分を言語化し、記憶にとどめ、読み出し、操作し、比較する能力を通してのみ可能なのだ。そして同時に、結果として出てくるものは、直観をどのくらい満足させるかによって判断される。技巧とは直観と理性を適切に混ぜ合わせたところにある。

以上のことについて私の考えが正しいならば、合理的な思考の学習は明示的に教えることができない。理由はこうだ。テニスボールのサーブのしかたやブラームスの演奏のしかたを実演なしで教えることのできる人はいない。指導者の言葉は何に注意を向けるべきかのヒントにすぎない。「わかる」という直観的なステップを言葉で捉えることはできない。言葉に頼る指導者もいれば、実演に頼る指導者もいる――そして言葉によく反応する生徒もいれば、実演によりよく反応する生徒もいる。

合理的思考が言葉によって実行されるからといって、状況がテニスやブラームスのときといささかも違うわけではない。例えば、合理的思考の範例たる科学を取り上げよう。科学を学び始めるときは、誰かに科学的手法や科学哲学について何から何まで教えてもらうことはしない。(実際のところ、科学哲学は現場の科学者たちが「肌で感じている」ような日常的概念、例えば何が「証拠」となるのか、また何が「説明」となるのかといったことをめぐって混乱に陥っている。) 科学を学ぶには、たくさんの実演に接し、研究室で指導を受けながら実習を行い、独力での実習を積み重ねる必要がある。データ、文献、研究技法、疑問点のレパートリーを自前で作り上げねばならない。そうすることで考察の土台となる無意識的な理解のための素材を手に入れ、ものごとの間に合理的な結びつきを考え出す必要があるときは、そこで使える想像力の蓄えを豊かにしておけるようになる。科学を実践するための技巧は、音楽を作るときのように、理性と直観の適切な混合のなかにある。

そしてごくまれに、何かが力を得て直観が支配的になるときがある。それは「フロー」であり、どこからアイデアが湧くのかわからない。ときにはそうして出てくるアイデアは実に良いものだ! これもまた、私たちの生きがいの一つとなる。

これと同じ感覚を、こんどは美術の世界から見てみよう。

制作に取りかかるときは、あらゆる人々が工房の中にいる——過去、友人、敵、美術界、そして何にもまして自身のアイデア——すべてがそこにある。だが絵を描いていくうち、これらは一つ一つ姿を消していき、やがて作者ひとりが残る。さらに幸運に恵まれたときには、作者自身も消え去るのだ。

この感覚をもう一段引き上げて考えてみたい。何かを教えるにはどうすべきだろうか——例は何でもよい、読むことでも数学でも。教育の哲学には次の二つの両極端があるように思う。それらを戯画化して言い表してよいのなら、一つの極ではものごとを最小限の部分まで分割し、機械的に杓子定規なやり方で作業をし、大量のドリルに取り組んでテストに備えるというやり方をとる——いわゆる「合理的」な方法というやつだ。これはバカバカしいほどに理不尽であり、学生はそれを嫌がるだけでなく、ものごとの全体像を得ることは不可能である。対極にあるのが、「直観的」で全体的な理解、つまり全体像をつかむことを良しとするやり方で、細部についてはとり合わないというものだ。学ぶ側はこちらを好むだろうが、それでは本当に読み方なり数学なりを学習したことにはならない。どちらのアプローチも、理性と直観を正しく混ぜ合わせることがいかに大切かをわかっていないという点が問題である。さらにその混合自体も直観にもとづくものだから、そのための公式を打ち立てることはできない。できるのは役に立つヒントを与えて、注目すべき事例を示すだけだ。賢明な指導者はこの混合を上手に使うのである——学校の方針がそれを許容する場合に限ってであるが。

では指導者にはこうした直観が得られるようにどうやって教えるのだろうか。教えることはそれ自体も技巧である。同じことをもう一度繰り返す必要はない。読者もおわかりのはずだ。

42　科学と人文学についての思索

半世紀前、C・P・スノーは人文学と科学という「二つの文化」間の相互理解や敬意の欠如について嘆いた。その状況は今もほぼ変わらない。大きな違いは、スノーの時代には人文学がイギリスの知識階級を支配していて科学の地位が比較的低かったのに対して、今では(少なくともアメリカでは)繁栄しているのは科学のほうで、資源も威信も枯渇して死にそうなのは人文学の方だということだ。本や論文には「人文学に何が起こったのか?」「文学研究に未来はあるのか?」「文学のない世界?」「人文学は人を救うか?」といった題名があふれている。

私はこれらの題名が提示する問いを、より大きな文脈の中において考えたい。「人文学」というとき、スノーも、議論に参加する他の者も、言わんとしているのは要するに英文科、外国語学科、古典学科で教えられているような文学研究や文学理論である。これらの研究は哲学や歴史といった伝統的な人文学との結びつきは実際にはそれほどではなく、むしろ芸術関連の分野——美術、音楽、演劇、映画、建築——との結びつきが強い。だから、私はこの疑問をこんな風に言い換えたい。芸術系の人文学(あるいは単に芸術)の意義は何なのか?

科学を正当化するのは難しくない。それが行き着く先に具体的結果としてあるのは、私たちの繁栄に転換されるもの——食物、健康、輸送、情報へのアクセスなどさまざまなものの改善だからだ。とはいえ、科学が同時に核兵器や地球温暖化のような居心地の悪い副作用をもたらしたことも忘れてはならない。そしてすべての科学が具体的な利益と結びついているわけでもない。小惑星のこととか、ビッグバンの千分の一秒後のこととか、ある種の恐竜の羽毛の色について知ることが何か現実の役に立つだろうか。それでも、収支の上では〈科学〉が〈善きもの〉であることは明白だ。

こうした基準からは、芸術系の人文学を正当化するのは難しい。アメリカで英文学の学位をとっても、化学の学位のように仕事がすぐに見つかることはない。「芸術分野の助成金一ドルでコミュニティには一〇ドルがもたらされる」というような経済的な声明を出したところで、芸術が何なのかについて意見をしているわけではない。

これよりも物質主義的でない観点からの正当化はやや虚ろに響く。曰く、「学生は偉大な作家たちと人生の意味や人のあり方をめぐる会話に加わることを学ぶ」。曰く、古典を読むことは「テクストとの関係において、あるいはむしろテクストへの抵抗の中で自分を定義する手助けとなる」。人は「さまざまな読み方」「ありきたりを風変わりに変える方法」、そして「隠されたものを明らかにする方法」を身につける。古典は「不運への対応の見本を与えてくれる……それは人の一生を越えるものだ」。「芸術を定義する特性とは、気分や感情によって人のあり方を表現することにある」。「芸術は人の存在を森羅万象に投影する」。これらはみな**深遠さ**の素敵なオーラをまとっているが、実際には何の話をしているのか？

文学理論家のスタンリー・フィッシュはこの種の議論をはねつけて、こう宣言した。

「人文学が何の役に立つのか？」という問いに対する率直にして唯一の答えは、全く何の役にも立たない、というものだ。そしてこの答えこそが人文学という主題に名誉をもたらす……人文学はそれ自体のためにある。

このような結論が大学の理事会や教育関連の官庁で多数の支持を得ることはない。

私の考えでは「何の役に立つのか？」という疑問の立て方が間違いであり、その点に関する問題は文学に注意を集中させせたせいで生じたと思われる。文学作品は常に何かについてのものである——ささやかな場面にせよ、歴史を記した叙事詩にせよ。文学の目的が人のあり方や人生の意味に関して何かを伝えることだとするならば、ジャーナリストや歴史家の伝え方が同じ役に立たないとなぜ言えるのだろうか。

その答えは、芸術においてはその素材が伝えられる「形」に重要な意味があるということだ。その内容が小説、詩、または演劇として具現化することが重要であり、その形そのものが満足を生むということが重要なのである。そこで形だけからなる芸術的な伝達手段について同じ質問を投げかけてみよう。「音楽」の要点は何だろうか。ブラームスを演奏・研究するのはなぜか。ときには音楽もまた「人のあり方」を表現すると言われる。しかしクラリネット五重奏が、私たちに人生経験や道義的義務、不運への適切な対応法について教えてくれることはない。少なくとも直接的には違う。(注1) ブラームスの人生についての事実や、彼が五重奏を書いたときの状況が音楽への洞察を深めてくれるわけでもない。むしろ、聴き手としても演奏者としても、ブラームスが基本的な音楽の素材から細部を組み合わせて創り出したやり方の独創性と深さを味わうことで音楽をよりよく理解できるようになる。形へのより深い洞察があれば、音楽体験はより深いものになる。文学や視覚美術についても同じことが言える。

より広く網を張ってみよう。なぜ人々は小説、演劇、音楽、舞踊、美術、映画などを好むのか——それも古典だけでなしに。なぜ子どもは詩を好むのか――ウォレス・スティーヴンズの作品というわけではなかろうが、詩が好きなのは確かだ。さらに広げて言えばこうなる。あらゆる文化において、誰もが自分の住まいや壺や自分自身を飾りたがるのはなぜか。（私のコーヒーマグにカエルの絵がついているのはなぜかというのと同じく。）なぜ私たちは美味しい食べ物を好むのか。あらゆる種類の美しいものを好むのはなぜだろうか――そしてそのために美しいものを創り出し、獲得し、経験するために、膨大な時間を費やしているのはなぜか。

ここまで示してきた観点から、一つの憶測を述べたい。科学は思考の合理的部分と共鳴し、芸術は直観的な部分のどこかに共鳴するというものだ。（「共鳴する」という言葉の意味が何であれ！）科学は合理的で、しばしば実用本位の見地から正当化される。科学の要点は明示的な疑問に答えること、得られた観察を説明すること、事象間の関係性を描き出すこと、真偽の判断をなしうる表明を出すことである。運が良ければ科学は同時に私たちの暮らしに物質的進歩をもたらす――すべての科学者がそれを気にかけるわけではないとしても。

これは芸術の要点とは全く違う。芸術は論理的に真であることを目的としない。その「正当性」は「正確さ」の中にはない。ブラームスの演奏の練習のエピソードでわかったように、芸術作品に対する推論がたどりつくのは真理の判断ではなく、芸術的な質あるいは芸術的な完全性である。科学が常により高度の普遍性を求める一方で、芸術的評価はよりいっそう複雑かつ精妙に作られた細部やパターンを求める。偉大な芸術作品と呼ばれるものは、何度でも立ち戻り、さらなる発見をすることのできるものだ。

科学は目に見える現象の表層からの抽象化を求める。芸術は表層がもつ特性を楽しむ――「何」が言われているかだけではなく、「どのように」言われているかだ。そして芸術において論理的な推論よりも根本的なことは、それを純粋に経験することだ。これは特に音楽、舞踊、抽象美術、建築についてあてはまる。そこには「命題的」内容は存在せず、形があるだけだ。しかし同じことは文学についてもあてはまる。

芸術が私たちの生活にもたらす進歩が物質的なものでないことは明らかだ。文学や音楽、美術を学ぶことで、私たちは偉大な作品をよりよく理解し、それらが偉大である理由がわかるようになり、そこからさらに多くを読み取ることを学ぶ——つまり、その美しさをより深く感じ、それを知る満足感をいっそう覚えるようになる。

芸術の規範《カノン》となる作品——シェイクスピア、レンブラント、ベートーヴェンのような今はなき白人男性たち——を研究することの伝統的な重要性は、あなたの「自己」を定義する手助けとは無関係で、それよりも「私たち」が誰なのかという感覚——すなわち私たちの文化共同体と継承する遺産——を提供してくれるものではないだろうか。伝統的な規範の代わりとなりうるものは何かをめぐる議論は、私たちが学生に同一化することを学んでほしいと思う共同体をどれほど幅広くとるかを暗黙裏に問うことでもある。

こうした議論は、合理性という点からはいずれも大して意味をなさない。ルイ・アームストロングはジャズについて、「それが何か尋ねているうちは、わかるわけがない」と言った。芸術は意識にのぼる理性とは別レベルで私たちに語りかける。おそらく合理的に説明できないという事実こそが、人間のあり方などに関する深遠なものすべてを生む源なのだろう——こんな考えもほとんどすべてが合理化の産物ではあるが。

もし芸術の価値を説明してくれるものがありうるとしたら、それは認知と脳の視点からもたらされるのではないだろうか。芸術を経験するとき、心／脳の中では何が起こっているのか？　その経験は当たり前の視覚や聴覚をどのように用い、どのようにそれを越えるのか？　そしてなぜそれが私たちにとって重要なのか？　こうした疑問に対する答えは「偉大な作品」の中だけでなく、プエブロ・インディアンの陶器、民族音楽やガレージバンド、さらにはマンガのような、通常は高尚とはされないものの中にも見出されると思われる。E・O・ウィルソンが『コンシリエンス』と題された、科学と人文学の統合を意図した著書の中で、芸術の型について、それが高度に一般的なレベルで、そしてまたおそらくは多分に個別的な方法で、人間の心／脳の特性によって形作られたものとして見たのは正解だった。

一方で、ウィルソンが最終的な目標としたのは、人の芸術に対する審美的反応を人間の生物学的特性と進化の観点から説明することだったように思われる。すなわち認知的・神経学的視点だ。しかし、日没や自由意志と同様、これは日常的視点——芸術を芸術それ自体として学び経験すること——を消し去るものではない。その目標は、個々の芸術作品がもつ輝かしい個性を、それ自体として玩味することだ。

今では音楽の認知神経科学の一連の研究が花開いている。他の芸術について私は明るくはないが、音楽に関してすら審美的反応に関する神経科学的メカニズムは謎が多い。それはともかく、脳の中の場所を特定したとしても、それがどうやって動作しているのか、なぜブラームスがそんなに偉大なのかについては教えてはくれない。

科学のような合理性によって成り立つ事業は、その存在を容易に正当化できる。やっていることを語り続ければよい。一方、音楽や文学のように根本的に直観によって成り立つ事業は、その存在を正当化するのがあまり得意ではない。直観とはまさに言語表現なしでなされる思考なので、合理性言語を使うと、頭の中でも外でも、直観はたやすく押しのけられてしまうのだ。そして合理性言語は、その本質ゆえに的の外れたものになる。

ここで論じていることに何かしらのメッセージがあるとしたら、合理的思考というのは人々が思っているようなものではなく、そもそもそれが機能するためには直観の土台が必要だということだ。合理的議論を理解するためには、それが「(順を追って)わかる」必要がある。芸術系の人文学は直接に「わかる」もので、そこには何の会話も介在しない。そして「わかった」とき、その経験はいかなる言葉をもって伝えられるものよりも豊かになる。

確認しておくが、合理的思考に問題があると言っているのではない——それのみが私たちの精神生活における唯一至高の目標なのではなく、直観にも少なくとも同等の取り扱いが求められるということを示したいだけだ。そしてまた、芸術系の人文学は私たちの暮らしを愚かしく飾るだけのものではないということも。それは科学に比べればお金にならないが、人類にとって同じくらい不可欠なものである。

(注1) 間接的には、イエスにもなる。私の友人のヘンリーはこんな報告をした(もちろん、誇張してではあるが)。私たちがブラームスの五重奏を演奏している間に、聴衆の少なくとも三人は感動のあまり自殺したそうだ。

43　複数の視点をもって生きることを身につける

これまでのことを一つにまとめてみよう。紆余曲折に満ちたここまでの章を通して私が展開しようとしてきたのは、合理的思考と直観的思考との相違をよりよく理解することだ。合理的思考は一般に完全に意識的なものだと見なされており、すべてのステップが明示的に表される。直観的思考は無意識的で、まるで魔法のように結果だけが意識にのぼる。

私はこの差異がそれとは違う形で理解されるべきだと示す努力をしてきた。私たちが合理的思考として経験するものは、言語と結びついた思考から成っている。思考そのものは意識的ではない。実は意識的なのは思考と結びついた発音という「取っ手」であり、それに加えて、発音に有意味性と確信を添えるいくつかの特性タグである。そしてある文が他の文からの論理的帰結である——すなわち自分の推論が合理的である——という意識的な感覚は、それ自体では直観的判断である。だから合理的思考は直観的思考に対する「代替物」ではない——むしろそれは直観的思考という基盤の上に乗っているものだ。やや偶像破壊的な言い方をするならば、理性とは言語によって強化された直観なのだ。

これは合理的思考に問題があると言っているのではない。それが驚くべき利益をもつことは大いに語った。おそらく最も重要なことは、合理的思考が質問を発する能力を与えるということだ。直観的思考は「ん？」

という心の動き――何かがおかしいという感覚――以上のものはほとんどもたらさない。合理的思考は、言語が提供する「取っ手」を使うことで、「ん？」をより明示的で精度の高いものにし、さまざまな代替案に焦点を定め、仮説から導かれる帰結を把握し、より多くの細かい部分に注意を払うことを可能にしてくれる。科学を行うには合理的思考が必要だ。直観を理解するにも合理的思考が必要だ！

一方で、言語によって強化された思考には落とし穴もある。その理由の一端は、言語によって表現されない意味の部分がすべて隠れてしまうことにある。話し言葉・書き言葉と意味との関係が複雑なものであり、必ずしも体系的でないことを理解すれば、私たちは合理的思考をより効果的に用いることができるだろう。とはいえ、合理的思考がどのような利点をもたらすとしても、それはやはり直観的思考の土台に依拠するものだということを私は強調してきた。その結果、私たちの生存の核にあるあらゆる活動において直観的思考がもつ根源的な役割に注目するに至った。そうは言っても、理性を犠牲にしてまで直観的思考の栄光をたたえる必要もない。私たちがすべきは、両者の間の適切なバランスを見出すことの重要性を認識することである――それは問題ごとに、またその時ごとに異なるかもしれないが。適切なバランスを見つけること自体、推論と直感の組み合わせを必要とすることだろう。

理性と直観の対比は、本書で私たちが見てきたことの一側面でしかない。もう一つの側面が、本書の始めから背景の中に存在していた。第4章で私はそれを「視点を俯瞰する視点」と呼んだ――私たちが何かを理解するときには、部分的に関連している複数の視点を利用しているという考え方である。それぞれの視点は強みと弱みをもっており、いずれも私たちがものごとを理解するときに独自の役割をもって寄与し、どれ一つとして他のどれかに完全に還元することはできない(注1)。

日常的な視点とは、私たちが日々の生活を送るためのものである。それは自然が私たちに備え付けてくれたものだと思われる。私たちは労力なしに世界を経験する。それは物や人、単語や文、進行中の出来事、他のことを引き起こすものごと、自らの自由意志によって行動している人たちであふれた世界だ。文は世界との対応の仕方にもとづいて真か偽となる。また私たちはイメージや思考という精神生活も経験する。思考というものを吟味すれば、それは頭の中の文だということになり、ここから私たちの思考は内的言語なのだと結論できるかもしれない。

直観的には、右のことは全くもって申し分ない。私たちはそれに疑いを抱くこともなく生きていくことができる。しかし人の言語能力は、すぐには答えが出ないような形の疑問を立てることを可能にする。何が太陽を巡らせているのか。言葉とは本当のところは何なのか。私たちの自由意志はどこから生じるのか。死んだら私たちに何が起こるのか。などなど。ある種の答えは、日常的視点に何かを追加するにとどまる。それは目にはおそらく見えない何ものかだ。戦車を駆って太陽を牽引する神がいる。言葉は本質からなる永遠の空間の中に生きている。自由意志は神が私たちに与えたものだ。死んだら天国か地獄に行く。

他にはもっと根本的な変更を迫るものもあり、それによって新しい視点を構築することが必要となる。日常とは違う視点は、常に直観に対していくらかの不協和を示す。そのような視点は日常的視点に比べて、合理的思考にずっと多くを依拠している。その結果、例えば日没を理解するには、地球を離れて宇宙に飛び出して想像する必要がある。そうすることで、太陽が上がり下がりをしているのではないとわかる。本当は地球が回転していて、そのため地球からは太陽が上がり下がりしているように見えるのである。

この本では、認知的視点の領域に常に入って考察してきた。そのさい、実世界の経験——外部の世界が本当に存在するのだという確信も含めて——を説明するべく、人の心の中で何が起こっているのか問いかけてきた。日常的視点における存在は、物理的存在であっても何一つ当然のものとはされない。この視点からは、問題となるのは次のようなことだ。外界に物体が存在し、これがあれを引き起こし、この文はあの文を含意し、自分は自由意志から行動している、といった確信を与えているものはいったい何か。この視点を採ることで、私たちが自分の思考を経験する仕方をよりよく理解することができた。

(認知的視点に対してはもう一つの問いがある。認知的視点そのものも含めて、私たちはどのように新しい視点を創り出し管理するのか。この能力は人間の知性の根本的な一面ではないかと私は考えている。)

私たちは日常からいっそう離れた視点へと踏み込むこともできる。脳内のニューロンが、発音や空間構造、指示参照ファイル、特性タグのような認知的視点に属する現象をどうやって創り出すのかを問うことができる。そしてさらに歩を進めて、ニューロンが化学と物理の効力によってこれらのことをいかに成し遂げるのかを問うこともできる。

だがそこから生じることを考えてみよう。地球中心から太陽中心の視点へ、そしてますます大きな宇宙論的視点へ移るにつれて、人間は視野から消えていく——塵芥の一片についた取るに足りない染みのように。同じように、日常的視点から認知的および神経学的視点へと移り、さらには物理的・化学的視点へと移るにつれて、私たちは人間の姿を完全に見失ってしまう——ある意味、人間は大きすぎるのだ。結果、どちらの方向に進んでも、人の尊厳のような観念の収まる場所はない。

基本的なもの、すなわち物理的存在ですら形を失う。原子よりも小さい視点から見れば、物理的存在は大部分がからっぽの空間にすぎない。認知的視点からは、私たちは特定の空間構造が指示参照ファイルおよび何らかの特性タグと結びついたときに物理的存在を知覚する。見てのとおり、これら二つの視点がもたらす答えは、お互いにとって完全に無関係なものだ。

視点を俯瞰する視点からは、自分がどの視点に立っているのかを見失わないことが重要となる。もし複数の視点を混同し始めると、奇怪な決めつけをすることになる。日没は存在しない。言語などというものは存在しない。自由意志などは存在しない。真実など存在しない。この世のすべては私の心が創り出したものにすぎない。〈私〉などというものは存在しない。などなど。

大切なのは、今の目的にどの視点がふさわしいのかを問いつづけることである。もし何が文を真とするのかを理解しようとするならば、日常的視点のもとでは混乱と矛盾へとつながる。認知的視点は、それが誤った問いだと教えてくれる――文が真であると人々が判断する方法を問うことで、もっとずっと進歩できる。もし空が青い理由を知ろうとすれば、原子よりも小さい量子の視点が必要であり、それによって目に当たる光の波長を説明することになる。しかしその波長の混合を青色として経験している理由を説明するには、やはり認知的・神経学的視点が必要になる。

だがやはり日常的視点でうまくいく活動もたくさんある。ブラームスのクラリネット五重奏を演奏したり、パーティーを企画したり、社会的正義を主張したりするような場合だ。認知的視点は、私たちが道徳性をもっている理由は説明できるかもしれないが、道徳的な問い――何を行うのが正しいのか、どのような道徳観をとるべきか――に答えることはできない。これらもまた、日常的視点で考えるべき問いなのである。

最後に、視点を俯瞰する視点から考えると、すべてを包括するような、視点にしばられない〈世界についての真理〉は存在しないと認識することは大切である。私たちがこの世界に対して抱く疑問は、相互に矛盾しない答えの集合体へと一元的に収斂するわけではない。この世界を理解する際には異なる複数の方法があり、その中のあるものは一定の問いに対してよりよく機能し、また別のものは他の種類の問いに対してよりよく機能するというだけのことだ。これは〈知の問題〉にとっては理想的な解決ではないが、これが私たちにできる最善であるから、そうした事態と共存するすべを身につけるのが吉である。

とはいえ、ものごとを理解しようとすることに意味がないと言うつもりはないし、すべては相対的なものだから思い悩む必要はないなどと主張しているわけでもない。私が願うのは、より真摯な取り組みができるように道具を磨くことである。

（注1）「視点を俯瞰する視点」はリチャード・ローティが肯定的なニュアンスで「反語的（アイロニー的）」立場と呼んだものと少し似ている。彼もまた絶対的真理という概念や絶対的な現実なるものを否定した。だが彼はヴィトゲンシュタインやデイヴィッドソンがとったような立場からこの問題にたどり着いた。すなわち、視点そのものの相違（すなわち理解の仕方の違い）ではなく、異なるボキャブラリー、異なるメタファー、異なる言語ゲーム、異なる伝統があるにすぎないという考えである。私が傾注してきた認知的視点は確かにそれなりの新しいボキャブラリーを導入してはいるが、そうした言葉遣いが独自性をもたらしているとは思わない。特有のボキャブラリーは概念の組み立て方から生まれるものであり、その逆ではない。また、認知的視点は何かのメタファーであるとも考えない。むしろ、認知的視点はローティのいう「伝統」と次の点で共通している。それを居心地良いと感じるまでには相当の労力を要するのである。

訳者後書き

本書はRay Jackendoff (2012) *A User's Guide to Thought and Meaning.* Oxford University Pressの邦訳である。著者については、すでに岩波書店から著作の訳が二冊出ているので、詳しい紹介はそちらを参照されたい。ジャッケンドフは言語学、特に生成文法と呼ばれる言語理論から出発した。意味の問題、および意味と形式の関係性に強い関心をもち、多くの重要な——そして耐用年数のきわめて長い——理論的装置を提案してきた(その間、言語学の内部では論争あるいは抗争の当事者となってきたが、今となってはコップの中の嵐にも思える)。そして一九八〇年代の認知科学の興隆と並行する形で、心理学の知見(特に空間認識とカテゴリー化について)を取り入れた独自の理論の構築に取り組んでいる。本書は著者のそうした研究成果を容易にアクセスできる形で示した好著である。言語学、哲学、心理学、および認知に関心をもつ多くの人々、さらには考えることが好きで、思考の精度を高めたい人々には、ぜひ手に取っていただきたい。

本書の目標は、題名が示すとおり「思考」と「意味」という、人間らしい活動の重要な部分を占めながらも非常に捉えにくい問題について、どのように向かい合うべきかを考察することにある。本書の中心となる主張は〈意味の無意識仮説〉であり、これを起点としてさまざまなトピックが論じられている。同時に、それを論じるにあたって本書の著者の立脚点となる認知的視点を採ることの意義が本書のもう一つの主題となっている。視点(perspective)の選択というテーマは本書の最初と最後において明示的に取り上げられているが、全体を通じて論述の背景をなしているため、ここであらためて整理しておく。

私たちがある物事について思考を巡らせる際、それは必ず何らかの視点からなされる。ふだんのものの見方が日常的視点である。例えば、物体を見るというのは、第21章にある通り、外部世界に物体があって、それがそのまま見えるということだ。日常的視点からはそれだけのことで、物体の実態と「見え方」の差などの出る幕はない。日常的視点は基本的に進化上の適応の産物と言ってよく、日常生活を営む上ではこれで大きな問題は生じない。しかし、世界には日常的視点では不可解なことが時々ある。錯視はその例である。紙に印刷された絵は動かないはずだが、動いている(ように見える)絵がある。このようなとき、日常的視点からは、不可思議なものとして理解を諦めるか(それでも生存に支障はないだろう)、大昔の人なら、これは悪魔の仕業だ！というように超自然的存在を導入して物事を説明しようとすることになる。

一方で、「物が見える」ということを、光が目を通して網膜に達し、信号が視神経から脳へ至る過程を含む視覚のメカニズムから考えると、絵が動いて見えることを(そしてもちろん、普通の絵が止まって見えることも)科学的に説明する可能性が開ける。これが認知的視点の一例である。なお、認知的視点は本書冒頭で「話すことや考えることについて「脳から見る」という立場」と規定されているが、脳といってもここで問題となっているのは、神経細胞やその結合といった脳のハードウェアに関する(狭義の)神経的視点からの話ではない。そのハードウェアが実装するデータ構造とその処理を考えるのが認知的視点であり、「機能的視点」とも言われるものである(同著者の『言語の基盤』において用いられる接頭辞 f- はまさにこの視点を表している)。

なお、日常的視点と認知的視点にはそれぞれ一つ決まったものがあるわけではない(ある呼び名は一つの確定したものだけと結びつくと考えるのも日常的視点の考えだろう)。現代人、特に科学に馴染みのある読者は、太古のヒトがもっていたような日常的視点から離れた視点を、日常生活においても当然のものとしているかもしれない。また、認知的視点にも、本書が採るものの他に、デカルト版の認知的視点のようなバリエーションがある。認知科学の進歩とその知識の普及によっても、認知的視点の内実は変わりうるだろう。

日常的視点と認知的視点は少なくとも二通りに関係を結ぶ。一つは、認知的視点が日常的視点を説明するという関係である。本書を通じて、意味と思考に関してこのような説明が行われてきた。例えば、私たちがある物の存在を認めるのは、認知的視点からいうと「特定の空間構造が指示参照ファイルおよび何らかの特性タグと結びついたとき」(第43章)である。なお、説明―被説明の関係は、認知的視点と日常的視点との間にだけあるのではない。脳が空間構造や指示参照ファイルをどのように実装しているかを説明できたとしたら、それは神経的視点によって認知的視点を説明したことになる。神経細胞のはたらきは物理学・化学によって説明されうる(第43章)。ただし、それでは物理的・化学的視点だけあれば他の視点は不要かというと、「それぞれの視点は強みと弱みをもっており、いずれも私たちがものごとを理解するときに独自の役割をもって寄与し、どれ一つとして他のどれかに完全に還元することはできない」(第43章)と述べられていることから明らかな通り、少なくとも著者はそう考えてはいない。どの視点を採るべきかは、目的次第ということになる。

言語に対しては、思考と意味のはたらきをよりよく理解することが目的の場合には――可能性としてはさまざまな視点から考えることができるが――認知的視点を採るべきであるというのが著者の立場である。興味深いことに、認知的視点と日常的視点は、思考や意味のはたらきに関する現象に対して異なる説明を提供し、競合関係になることがある。これが両視点のもう一つの関係である。言語学者の多く、特に広義の文法(音韻論・形態統語論・意味論)を研究する者は、認知的視点を採って言語を話者の頭の中の体系として扱っている、少なくともそのつもりではある。

しかし、言語学、特に意味の研究において認知的視点を貫徹することは容易ではない。第一に、殊に日本では言語学は伝統的に文系の学問であり、視点に無自覚なまま研究が行われた結果として日常的視点が混ざりがちである。（このことは、方法論が確立し、それに則る限りは特定の視点が保証される自然科学の多くの分野からは想像が難しいかもしれない。）そして意味の研究においては、言語学者よりも先輩である哲学者の多くが日常的視点に根ざしたアプローチを採っていることも、言語学者が意味を研究する際に認知的視点を徹底することの妨げになりやすい。視点を常に意識していないと、認知的視点を採っているはずの言語学者が先達に学ぶべく言語哲学書を紐解いた際に、知らぬ間に日常的視点に取り込まれてしまう。これは訳者の一人が実際に経験したことである。日常的視点では意味は外部世界にあるはずである。そう考えると、例えば「水たまり」という語の意味を外部世界に求めるなら、それは水たまりの集合（あるいはそれが関わる何らかの関数）だというような考えに研究者が行き着くことは不思議ではない――認知的視点からは、そういった集合や関数がどういう意味で頭の中にあるのかが疑問に思えてくるのではあるが。

ジャッケンドフはこのような日常的視点とは明確に袂を分かち、概念構造こそが意味だと考える。

「概念構造が世界の中の何かの記号だとか表示だとかということ、つまり、何かを意味するのだということを明確に否定しないといけない。むしろ、概念構造こそが意味なのだと言いたい。概念構造は、推論や判断を助けるなど、まさに意味がするはずのことをするのである。すると、言語が意味をもつのは、概念構造と結びつくからだということになる」（『言語の基盤』三六〇―三六一ページ）

そして意味を探求するにあたっては、言葉の意味が可能になるには概念構造にどのような要素が必要かを考え、指示参照ファイルや特性タグのようなデータ構造を措定していくことになる。これらのような外部世界になく、意識できないものを意味として措定することは、認知言語学者を自称する者にとってさえ躊躇われるかもしれない。日常的視点は私たちの考え方に深く染み渡っている。本文にたびたび割って入る、「だが、世界にあるまだ概念化していない一切の事物はどうなる？　どうやって言語はそれらを指示するのか？」（第27章）といった日常的視点からの内なる反論に屈しそうになることもある。それに打ち勝つ助けとなるのは、一つは〈意味の無意識仮説〉である。意味は意識できないのだから、指示参照ファイルのような見たことも聞いたこともないものを導入せざるを得ないのである。そしてもう一つは、認知的視点に自覚的であることである。「認知的視点は［……］居心地良いと感じるまでには相当の労力を要するのである」（第43章注1）。本書が『思考と意味の取扱いガイド』と題されたゆえんは、私たちが認知的視点から意味と思考について考えることを「居心地良く」するための手ほどきだからだと言ってよいだろう。

本書の翻訳は――曲折を経ながらではあったが――たいへん知的刺激に富む作業だった。多彩な学問領域からの知見を自在に引き、丁寧な議論を通じて理論を組み上げる著者の手腕には感心させられる。本書では認知科学者、言語学者としての側面だけでなく、良識ある知識人としての側面も垣間見られる。さらには随所で出る音楽の話題にも、興味を引かれる読者は多いことと思われる。学術用語、ならびに音楽用語の翻訳に関しては多くの方々に教えていただいた。すべての名をここで挙げることはスペースの関係でできないが、訳者一同、心から御礼申し上げたい。残る不備については、言うまでもなく訳者の責任である。

〈ことば〉と〈こころ〉という興味の尽きない領域に、より多くの人が本書を通じて入っていくことを願ってやまない。

二〇一九年五月

訳者一同

索　引

英字

あ行

か行

さ行

た行

な行

は行

ま行

や行

ら行

わ・ん

参考文献と読書案内

(参照ページは英語版による)

第 1 章

言語についての認知的視点の中でも，文法に焦点をあてた考え方の表明：Noam Chomsky, *Reflections on Language* (Pantheon, 1975)〔N. チョムスキー／井上和子，神尾昭雄，西山佑司 訳『言語論：人間科学的省察』大修館書店，1979〕；Steven Pinker, *The Language Instinct* (Morrow, 1994)〔スティーブン・ピンカー／椋田直子 訳『言語を生みだす本能(上・下)』NHK 出版，1995〕.

第 2 章

心的文法の概念についての初期の立場表明：Noam Chomsky, *Syntactic Structures* (Mouton, 1957)〔チョムスキー／福井直樹，辻子美保子 訳『統辞構造論：付『言語理論の論理構造』序論』岩波書店，2014〕；*Aspects of the Theory of Syntax* (MIT Press, 1965)〔ノーム・チョムスキー／安井稔 訳『文法理論の諸相』研究社，1970；第 1 章のみの抄訳：チョムスキー／福井直樹，辻子美保子 訳『統辞理論の諸相：方法論序説』岩波書店，2017〕.

「言語共同体」の概念について：Judith T. Irvine, "Speech and language community," *Encyclopedia of Language and Linguistics*, 2nd edition (Elsevier, 2006), pp. 689–96.

旧ユーゴスラヴィアの言語状況について：Robert D. Greenberg, *Language and Identity in the Balkans: Serbo-Croatian and its Disintegration* (Oxford University Press, 2004).

「社会的構築物」の概念について：Peter L. Berger and Thomas Luckmann, *The Social Construction of Reality* (Anchor Books, 1966)〔ピーター・バーガー，トーマス・ルックマン／山口節郎 訳『現実の社会的構成：知識社会学論考(新版)』新曜社，2003〕.

ニカラグア手話について：Judy Kegl, Ann Senghas, and Marie Coppola, "Creation through contact: Sign language emergence and sign language change in Nicaragua," in Michel DeGraff (ed.), *Language Creation and Language Change* (MIT Press, 1999), pp. 179–237.

デイヴィッド・ルイスの引用："Languages and language," in Keith Gunderson (ed.), *Language, Mind, and Knowledge* (University of Minnesota Press, 1975), pp.

3–35 の p. 5 から.

第3章

チョムスキーの用語「E言語」と「I言語」について：*Reflections on Language.*

言語に厳格に限定された体系とより一般的な心的体系の区別について：Marc Hauser, Noam Chomsky, and Tecumseh Fitch, "The faculty of language: What is it, who has it, and how did it evolve?," *Science* 298 (2002), pp. 1569–79〔M. D. ハウザー，N. チョムスキー，W. T. フィッチ／長谷川太丞 訳「言語能力：それは何か，誰が持つのか，どう進化したのか？」『科学』Vol. 74，No. 7，岩波書店，2004〕；Steven Pinker and Ray Jackendoff, "The faculty of language: What's special about it?," *Cognition* 95 (1975), pp. 201–36. これとは異なる立場が Michael Tomasello, *Constructing a Language* (Harvard University Press, 2003)〔マイケル・トマセロ／辻幸夫ほか 訳『ことばをつくる：言語習得の認知言語学的アプローチ』慶應義塾大学出版会，2008〕で示されている.

デイヴィッド・ルイスの慣習性(約束事)についての見解は第2章の注を参照.

プラトン的実在としての言語について：Jerrold Katz, *Language and Other Abstract Objects* (Rowman & Littlefield, 1981); D. Terence Langendoen and Paul Postal, *The Vastness of Natural Languages* (Basil Blackwell, 1984).

「コンシリエンス」の概念について：E. O. Wilson, *Consilience: The Unity of Knowledge* (Alfred A. Knopf, 1998)〔エドワード O. ウィルソン／山下篤子 訳『知の挑戦：科学的知性と文化的知性の統合』角川書店，2002〕.

第4章

星の観測による航海について：Thomas Kuhn, *The Copernican Revolution* (Random House, 1957)〔トーマス・クーン／常石敬一 訳『コペルニクス革命：科学思想史序説』講談社，1989〕.

「明白なイメージ」について：Wilfrid Sellars, *Science, Perception and Reality* (Routledge & Kegan Paul, 1963).

「制度的事実」対「生の物理的事実」について：John Searle, *The Construction of Social Reality* (Free Press, 1995).

「金」の意味について：Hilary Putnam, "The meaning of 'meaning,' " in Keith Gunderson (ed.), *Language, Mind, and Knowledge* (University of Minnesota Press, 1975), pp. 131–93.

第5章

本章と次章で取り上げる問題のいくつかを哲学的観点から扱った文献として Brian Epstein, "The internal and external in linguistic explanation," *Croatian Journal of Philosophy* 8, No.22 (2008), pp. 77-111 がある.

メタファーとしての時間について：George Lakoff and Mark Johnson, *Philosophy in the Flesh* (Basic Books, 1999)〔ジョージ・レイコフ，マーク・ジョンソン／計見一雄 訳『肉中の哲学：肉体を具有したマインドが西洋の思考に挑戦する』哲学書房，2004〕.

メタファーに対する認知言語学的観点の限界についての議論：Ray Jackendoff and David Aaron, review of Lakoff and Turner, *More Than Cool Reason*, *Language* 67 (1991), pp. 320-38; Ray Jackendoff, *Language, Consciousness, Culture* (MIT Press, 2007), pp. 342-4.

言語の音響分析について：Alvin Liberman, "Some assumptions about speech and how they changed," *Haskins Laboratories Status Report on Speech Research* SR-113 (1993)；オンライン版：http://www.haskins.yale.edu/sr/sr113/SR113_01.pdf

第6章

同じ語がとる異なった形式についての心理言語学的研究として Steven Pinker, *Words and Rules* (Basic Books, 1999)がある.

Over の多義および類似の現象について：George Lakoff, *Women, Fire, and Dangerous Things* (University of Chicago Press, 1987)〔ジョージ・レイコフ／池上嘉彦，河上誓作ほか 訳『認知意味論：言語から見た人間の心』紀伊國屋書店，1993〕.（免責宣言：私は必ずしも彼の分析に全面的に賛同しているわけではない）

第7章

Ludwig Wittgenstein, *Philosophical Investigations* (Basil Blackwell, 1953)〔ウィトゲンシュタイン／藤本隆志 訳『哲学探究（ウィトゲンシュタイン全集 8）』大修館書店，1976〕.「語がどのように機能するかを推測することはできない」（原著 p. 109）；「あらゆる説明を放棄せねばならない」（原著 p. 47）.

状況意味論について：Jon Barwise and John Perry, *Situations and Attitudes* (MIT Press, 1983)〔ジョン・バーワイズ，ジョン・ペリー／土屋俊ほか 訳『状況と態度』産業図書，1992〕.

第 8 章

私は adore や interesting のような評価的な語については *Language, Consciousness, Culture* の第 7 章で詳細に論じている．またこの分析を同書の第 9 章で価値の概念について拡張している．

第 9 章

「これ」という語の意味についてのヴィトゲンシュタインの議論は *Philosophical Investigations*, p. 18 を参照．

意味の概念についての多くの諸説(集合説など)を論じたものとしては，私の *Foundations of Language*（Oxford University Press, 2002)〔レイ・ジャッケンドフ／郡司隆男 訳『言語の基盤：脳・意味・文法・進化』岩波書店，2006〕，第 9 章と第 10 章を参照．同書の 4.2 節は意味と深層構造の概念の関係，および後者がヴィトゲンシュタインの「深層文法」という用語とどのように共鳴するかを論じている．

イディオム，複合語，接頭辞，接尾辞がどのような点で語のようにふるまうかについての議論は，*Foundations of Language* 第 6 章を参照．

Douglas Hofstadter, *Gödel, Escher, Bach*（Basic Books, 1979)〔ダグラス R. ホフスタッター／野崎昭弘，はやしはじめ，柳瀬尚紀 訳『ゲーデル，エッシャー，バッハ：あるいは不思議の環』白揚社，1985〕は計算理論とその認知理論への応用をめぐる，楽しんで読める入門書である．Noam Chomsky, *Syntactic Structures* と *Aspects of the Theory of Syntax* は言語学に革命を起こした．より現代的な観点からの評価については *Foundations of Language* の特に第 1 章から第 6 章を参照．

第 10 章

ヴィトゲンシュタインのボクサーについての言及：*Philosophical Investigations*, p. 11.

第 11 章

色彩の命名およびその他のカテゴリー化についての実験研究の例を数多く取り上げて論じた文献に Gregory Murphy, *The Big Book of Concepts*（MIT Press, 2002); Eric Margolis and Stephen Laurence, *Concepts: Core Readings*（MIT Press, 1999)，第 1 章がある．

Climb のような語が実際に多義的であるという提案はかつて言語哲学者によってなされた：Jerrold Katz, *The Philosophy of Language*（Harper & Row, 1966)〔J. J. カッツ／西山佑司 訳『言語と哲学』大修館書店，1971〕，p. 73．本章で

考える climb の分析の初出：Charles Fillmore, "Towards a descriptive framework for spatial deixis," in R. Jarvella and W. Klein（eds.）, *Speech, Place, and Action*（Wiley, 1982）, pp. 31–52; Ray Jackendoff, "Multiple subcategorization and the θ-criterion: The case of *climb*," *Natural Language and Linguistic Theory* 3.3（1985）, pp. 271–95.

ヴィトゲンシュタインのゲームについての言及は *Philosophical Investigations*, pp. 31–2 を参照.

ジョージ・レイコフが取り上げた「母」の例は *Women, Fire, and Dangerous Things* で論じられている数多くの例の一つである．さらに例を見たければ，私の *Foundations of Language*, pp. 352–6 を参照.

冥王星について：Mike Brown, *How I Killed Pluto and Why It Had It Coming*（Spiegel & Grau, 2010）〔マイク・ブラウン／梶山あゆみ 訳『冥王星を殺したのは私です』飛鳥新社，2012〕, Boston Globe（Jan. 1, 2011）の書評からの引用.

第 12 章

ポール・グライスによる「郵便ポストの近くを通る？」のような例についての議論：*Studies in the Way of Words*（Harvard University Press, 1989）〔抄訳：ポール・グライス／清塚邦彦 訳『論理と会話』勁草書房，1998〕を参照. Steven Pinker, *The Stuff of Thought: Language as a Window into Human Nature*（Penguin Books, 2007）〔スティーブン・ピンカー／幾島幸子，桜内篤子 訳『思考する言語：「ことばの意味」から人間性に迫る（上・中・下）』NHK 出版，2009〕, 第 8 章も参照.

ロジャーズ＆ハートの曲は，1941 年ペギー・リーによるベニー・グッドマンとの歴史的録音において，永く記憶に残るパフォーマンスが残されている.

省略について：Peter Culicover and Ray Jackendoff, *Simpler Syntax*（Oxford University Press, 2005），第 10 章.

第 13 章

ヴィトゲンシュタインのクラリネットの音色についての言及は *Philosophical Investigations*, p. 36 を参照.

ヒト以外の霊長類の認知についての議論は以下を参照：Wolfgang Köhler, *The Mentality of Apes*（Kegan Paul, 1927）; Jane Goodall, *In the Shadow of Man*（Dell, 1971）; Richard Byrne and Andrew Whiten（eds.）, *Machiavellian Intelligence: Social Expertise and the Evolution of Intellect in Monkeys, Apes, and Humans*（Clarendon Press, 1988）〔リチャード・バーン，アンドリュー・ホワイトゥン 編／藤田和生，山下博志，友永雅己 監訳『マキャベリ的知性と心の理論

の進化論：ヒトはなぜ賢くなったか』ナカニシヤ出版，2004〕；Dorothy Cheney and Robert Seyfarth, *How Monkeys See the World*（University of Chicago Press, 1990）; Cheney and Seyfarth, *Baboon Metaphysics*（University of Chicago Press, 2007）; Frans de Waal, *Good Natured: The Origins of Right and Wrong in Humans and Other Animals*（Harvard University Press, 1996）〔フランス・ドゥ・ヴァール／西田利貞，藤井留美 訳『利己的なサル，他人を思いやるサル：モラルはなぜ生まれたのか』草思社，1998〕；Daniel Povinelli, *Folk Physics for Apes*（Oxford University Press, 2000）; Michael Tomasello（ed.）, *Primate Cognition*（special issue of the journal *Cognitive Science* 24.3）（2000）.

「非概念的内容」について：José Bermúdez and Arnon Cahen, "Nonconceptual mental content," in Edward N. Zalta（ed.）, *The Stanford Encyclopedia of Philosophy*（Spring 2010 edn）: http://plato.stanford.edu/archives/spr2010/entries/content-nonconceptual/

ゾウリムシの概念について：Jerry Fodor, "Why paramecia don't have mental representations," *Midwest Studies in Philosophy* 10（1987）, pp. 3–23.

思考の言語について：Jerry Fodor, *The Language of Thought*（Harvard University Press, 1975）.

第 14 章

サピア-ウォーフの仮説について：John B. Carroll（ed.）, *Language, Thought, and Reality: Selected Writings of Benjamin Lee Whorf*（MIT Press, 1956）〔B. L. ウォーフ／池上嘉彦 訳『言語・思考・現実』講談社，1993；ベンジャミン・リー・ウォーフ／ジョン B. キャロル 編／有馬道子 訳『言語・思考・実在：完訳：ベンジャミン・リー・ウォーフ論文選集』南雲堂，1978〕；Geoffrey Pullum, *The Great Eskimo Vocabulary Hoax and Other Irreverent Essays on the Study of Language*（University of Chicago Press, 1991）.

ツェルタルにおける空間的意味および関連する話題は以下を参照：Stephen Levinson, *Space in Language and Cognition*（Cambridge University Press, 2003）; Peggy Li and Lila Gleitman, "Turning the tables: Language and spatial reasoning," *Cognition* 83（2002）, pp. 265–94; Peggy Li, Linda Abarbanell, Lila Gleitman and Anna Papafragou, "Spatial reasoning in Tenejapan Mayans," *Cognition* 120（2011）, pp. 33–53.

空間表現，色彩，文法的性（ジェンダー）といった領域は Guy Deutscher, *Through the Language Glass: Why the World Looks Different in Other Languages*（Metropolitan Books, 2010）〔ガイ・ドイッチャー／椋田直子 訳『言語が違えば，世界も違って見えるわけ』インターシフト（発売：合同出版），2012〕で重点的

に扱われている．そこでは（私の目には成功しているとは思えないが）言語が深いところで思考に影響するということを示す試みがなされている．

ピダハン語について：Daniel Everett, *Don't Sleep, There Are Snakes* (Pantheon, 2008)〔ダニエル L. エヴェレット／屋代通子 訳『ピダハン：「言語本能」を超える文化と世界観』みすず書房，2012〕；Peter Gordon, "Numerical cognition without words: Evidence from Amazonia," *Science* 306 (Oct. 15, 2004), pp. 496–9.

子どもの数の習得について：Rochel Gelman and C. R. Gallistel, *The Child's Understanding of Number* (Harvard University Press, 1978)〔R. ゲルマン，C. R. ガリステル／小林芳郎，中島実 訳『数の発達心理学：子どもの数の理解』田研出版，1989〕；Stanislas Dehaene, *The Number Sense* (Oxford University Press, 1997)〔スタニスラス・ドゥアンヌ／長谷川眞理子，小林哲生 訳『数覚とは何か？：心が数を創り，操る仕組み』早川書房，2010〕；Heike Wiese, *Numbers, Language, and the Human Mind* (Cambridge University Press, 2003).

第 15 章

第二部の題材の多くは私の *Consciousness and the Computational Mind* (MIT Press, 1987)，第二部と *Language, Consciousness, Culture,* 第 3 章を元にしている．この本で〈意味の無意識仮説〉と呼んでいるものは，前著では「中間レベル理論」と呼んでいる．

ジョン B. ワトソンの引用は "Psychology as the behaviorist views it," *Psychological Review* 20 (1913), pp. 158–77 から．

ピーター・カラザースの引用は *Language, Thought, and Consciousness* (Cambridge University Press, 1996), p. 51 から．

チョムスキーの引用は *On Nature and Language* (Cambridge University Press, 2002)〔ノーム・チョムスキー／大石正幸，豊島孝之 訳『自然と言語』研究社，2008〕，pp. 75–7 から．同様の発言は次の文献にも見られる：Robert Berwick and Noam Chomsky, "The biolinguistic program: The current state of its development," in Anna Maria Di Sciullo and Cedric Boeckx (eds.), *The Biolinguistic Enterprise: New Perspectives on the Evolution and Nature of the Human Language Faculty* (Oxford University Press, 2011), pp. 19–41.

ヴィトゲンシュタインの引用：*Philosophical Investigations*, pp. 107–8 から．

チェロキーについての引用：Boston Globe (Dec. 24, 2010) から．

第 16 章

「言葉に出すことがわかるまで，考えていることを知ることなどできるだろうか？」という引用のソースは，Google によると次のように諸説あることが

わかる．ヘンリー・デイヴィッド・ソロー（思想家・文筆家），W. H. オーデン（詩人），グレアム・ウォーラス（政治学者），E. M. フォースター（小説家），グレアム・ウォーラスが言葉を引いている少女，E. M. フォースターが言葉を引いている老婦人，等々．何はさておき，当面の目的に対しては，誰がそう言ったかはどうでもいいだろう．

「喉元まで出かかる」感覚について：William James, *The Principles of Psychology*（1890; Dover reprint 1950）.

既知感覚について：Asher Koriat, "How do we know that we know? The accessibility model of the feeling of knowing," *Psychological Review* 100（1993）, pp. 609–39; Valerie A. Thompson, "Dual-process theories: A metacognitive perspective," in Jonathan Evans and Keith Frankish（eds.）, *In Two Minds: Dual Processes and Beyond*（Oxford University Press, 2009）, pp. 171–95.

「指先まで出かかる」感覚について：Robin Thompson, Karen Emmorey, and Tamar H. Gollan, "'Tip of the finger' experiences by deaf signers," *Psychological Science* 16（2005）, pp. 856–60.

ニカラグア手話については第 2 章の参考文献を参照.

第 17 章

ダニエル・デネットによる「デカルトの劇場」について：*Consciousness Explained*（Little, Brown, 1991）〔ダニエル C. デネット／山口泰司 訳『解明される意識』青土社，1998〕.

第 18 章

デカルトによる「意識の容れ物」という考え方については，例えば『方法序説』の第 5 部を参照.

マックス・イーストマンの引用は *Einstein, Trotsky, Hemingway, Freud, and Other Great Companions*（Collier Books, 1962）, p. 132 から.

ジョン・フォン・ノイマンについては *The Computer and the Brain*（Yale University Press, 1958）〔J. フォン・ノイマン／柴田裕之 訳『計算機と脳』筑摩書房，2011〕を参照.

意識の「ハード・プロブレム」について：David Chalmers, "Facing up to the problem of consciousness," in Jonathan Shear（ed.）, *Explaining Consciousness: The Hard Problem*（MIT Press, 1997）, pp. 9–30; John Searle, "Minds, brains, and programs," *Behavioral and Brain Sciences* 3（1980）, pp. 417–24; William Robinson, "The hardness of the Hard Problem," in Shear（op. cit.）, pp. 149–61; Daniel Dennett, "Are we explaining consciousness yet?," in Stanislas Dehaene（ed.）, *The Cog-*

nitive Neuroscience of Consciousness（special issue of *Cognition* 79）（2001），pp. 221–37; Paul Churchland and Patricia Churchland, "Recent work on consciousness: Philosophical, theoretical, and empirical," in Naoyuki Osaka（ed.），*Neural Basis of Consciousness*（John Benjamins, 2003），pp. 123–38.

意識の神経的相関物について：Francis Crick, *The Astonishing Hypothesis*（Charles Scribner's Sons, 1994）〔F. クリック／中原英臣 訳『DNA に魂はあるか：驚異の仮説』講談社，1995〕；Francis Crick and Cristof Koch, "Towards a neurobiological theory of consciousness," *Seminars in the Neuroscience* 2（1990），pp. 263–75; Cristof Koch, *The Quest for Consciousness*（Roberts, 2004）〔クリストフ・コッホ／土谷尚嗣，金井良太 訳『意識の探求：神経科学からのアプローチ（上・下）』岩波書店，2006〕.

第 19 章

言語における三種類の互いに結びついたデータ構造――音韻，文法構造，意味――については私の *Foundations of Language*，第 1 章と第 5 章を参照.

第 20 章

アントニオ・ダマシオの引用は "A neurobiology for consciousness," in Thomas Metzinger（ed.），*Neural Correlates of Consciousness*（MIT Press, 2000），pp. 111–20 から．バーナード・バーズの引用は "Working memory requires conscious processes, not vice versa: A Global Workspace account," in Osaka（ed.），*Neural Basis of Consciousness*, p. 11 から.

霊長類の認知については第 13 章の参考文献を参照.

量子的活動としての意識：Stuart Hameroff and Roger Penrose, "Conscious events as orchestrated space-time selections," in Shear（ed.），*Explaining Consciousness*, pp. 177–95.

ニューロンのレセプターの活動としての意識：Hans Flohr, "NMDA receptor-mediated computational processes and phenomenal consciousness," in Metzinger（op. cit.），pp. 245–58.

ニューロンの受容野と結びついた「原・意識」：Bruce MacLennan, "The elements of consciousness and their neurodynamical correlates," in Shear（op. cit.），pp. 249–66.

意識の「執行部」理論：James, *The Principles of Psychology*; Jerome Bruner, *In Search of Mind*（Harper & Row, 1983）; Marvin Minsky, "Matter, mind, and models," in Minsky（ed.），*Semantic Information Processing*（MIT Press, 1968），pp. 425–32; Karl Popper and John Eccles, *The Self and its Brain*（Springer Internation-

al, 1977)〔カール R. ポパー，ジョン C. エクルズ／大村裕，西脇与作，沢田允茂 訳『自我と脳(新装版)』新思索社，2005〕.

Koch, *The Quest for Consciousness*. 一つ目の引用は p. 234；二つ目の引用は p. 233；三つ目の引用は p. 318.

注意の役割については私の *Consciousness and the Computational Mind*, 13.4 節および *Language, Consciousness, Culture*, 3.4 節で話題にしている．Victor Lamme, "Why visual attention and awareness are different," *Trends in Cognitive Sciences* 7 (2003), pp. 12–18 中でも意識と注意の関係について類似した区別をしている．

「現象的」対「アクセス」意識：Ned Block, "On a confusion about the function of consciousness," *Behavioral and Brain Sciences* 18 (1995), pp. 227–87.

高次または再帰的な表象の産物としての意識：Hofstadter, *Gödel, Escher, Bach*; David Rosenthal, "Two concepts of consciousness," *Philosophical Studies* 49 (1986), pp. 329–59; Peter Carruthers, *Language, Thought and Consciousness*; Wolf Singer, "Phenomenal awareness and consciousness from a neurobiological perspective," in Metzinger (ed.), *Neural Correlates of Consciousness*, pp. 121–37; Gerald Edelman and Giulio Tononi, "Reentry and the dynamic core: Neural correlates of conscious experience," in Metzinger (op. cit.), pp. 139–51; Josef Parvizi and Antonio Damasio, "Consciousness and the brainstem," in Dehaene (ed.), *The Cognitive Neuroscience of Consciousness*, pp. 135–60.

意識の「広域作業空間理論」：Bernard Baars, *A Cognitive Theory of Consciousness* (Cambridge University Press, 1988); Baars, "Understanding subjectivity: Global Workspace Theory and the resurrection of the observing self," in Shear (op. cit.), pp. 241–8. バーズからの引用は後者の p. 241 から．デイヴィッド・チャーマーズからの引用は "Facing up to the problem of consciousness," in Shear(既出), p. 22 から．スタニスラス・ドゥハーヌとリオネル・ナカシュからの引用は "Towards a cognitive neuroscience of consciousness: Basic evidence and a work-space framework," in Dehaene(既出), p. 15 から．

第 21 章

ヴィトゲンシュタインのアヒルウサギおよび関連する現象についての言及：*Philosophical Investigations*, pp. 193–214.

錯視の例：Donald Hoffman, *Visual Intelligence* (W. W. Norton, 1998); Richard Gregory, *The Intelligent Eye* (McGraw-Hill, 1970)〔グレゴリー／金子隆芳 訳『インテリジェント・アイ：見ることの科学』みすず書房，1972〕；Richard Gregory, *Eye and Brain* (Princeton University Press, 1990)〔リチャード L. グレゴリー／

近藤倫明，中溝幸夫，三浦佳世 訳『脳と視覚：グレゴリーの視覚心理学』ブレーン出版，2001〕；Béla Julesz, *Foundations of Cyclopean Perception* (University of Chicago Press, 1971); Irwin Rock, *The Logic of Perception* (MIT Press, 1983). 驚くべき動画を V. S. ラマチャンドランのウェブサイトで見ることができる：http://cbc.ucsd.edu/ramaillusions.html (2019 年 4 月時点では消滅)

視覚的な理解については，上記の文献に加えて David Marr, *Vision* (Freeman, 1982)〔デビッド・マー／乾敏郎，安藤広志 訳『ビジョン：視覚の計算理論と脳内表現』産業図書，1987〕；Koch, *The Quest for Consciousness*; Naomi Eilan, Rosaleen McCarthy, and Bill Brewer (eds.), *Spatial Representation* (Basil Blackwell, 1993) を参照.

イマニュエル・カント『純粋理性批判』.

ゲシュタルト心理学者たちについて：Wolfgang Köhler, *Gestalt Psychology* (Liveright/Mentor Books, 1947); Kurt Koffka, *Principles of Gestalt Psychology* (Harcourt, Brace & World, 1935)〔クルト・コフカ／鈴木正彌 監訳『ゲシュタルト心理学の原理(新装版)』福村出版，1998〕.

ジョージ・ミラーの引用は "Trends and debates in cognitive psychology," *Cognition* 10 (1980), pp. 215–25 の p. 222 から.

第 22 章

志向性について：Searle, "Minds, brains, and programs"; Jerry Fodor, *Psychosemantics: The Problem of Meaning in the Philosophy of Mind* (MIT Press, 1987).

霊長類の社会的世界について：Cheney and Seyfarth, *Baboon Metaphysics*.

社会的概念のさらなる議論としては，私の *Language, Consciousness, Culture* および Erving Goffman, *Frame Analysis* (Harper & Row, 1974) を参照.

第 23 章

意識的な脳活動において長続きする影響について：Stanislas Dehaene, Jean-Pierre Changeux, Lionel Naccache, Jérôme Sackur, and Claire Sergent, "Conscious, preconscious, and subliminal processing: A testable taxonomy," *Trends in Cognitive Sciences* 10 (2006), pp. 204–11.

カテゴリーの判断はできるがどうやって行っているか言えないという現象については Michael Polanyi, *Personal Knowledge* (University of Chicago Press, 1962)〔マイケル・ポラニー／長尾史郎 訳『個人的知識：脱批判哲学をめざして』ハーベスト社，1985〕を参照．ポラニーはこの種の知識の多くの事例を「鑑定・目利き」という名のもとに論じている.

カテゴリー学習についての「事例」理論について：Gregory Murphy, *The Big*

Book of Concepts; Edward Smith and Douglas Medin, "The exemplar view," in Eric Margolis and Stephen Laurence (eds.), *Concepts: Core Readings*, pp. 207–21.

第 24 章

視覚と触覚がどのように相関するかという問題は，John Locke, *An Essay Concerning Human Understanding* (1690)〔ジョン・ロック／大槻春彦 訳『人間知性論(1–4)』岩波書店，1972–77〕にさかのぼる．ロックはウィリアム・モリノーからの書簡を引いて，盲目の人間が視力を回復したときにそれまで触覚だけによって知っていた物の形を視覚によって区別することが可能か否かを問いかけた．最近の議論としては以下のものがある．Irwin Rock, *The Logic of Perception*; J. Farley Norman, Hideko F. Norman, Anna Marie Clayton, Joann Lianekhammy, and Gina Zielke, "The visual and haptic perception of natural object shape," *Perception and Psychophysics* 66 (2004), pp. 342–51; Marc Ernst and Martin Banks, "Humans integrate visual and haptic information in a statistically optimal fashion," *Nature* 415 (Jan. 24, 2002), pp. 429–33; Eilan, McCarthy, and Brewer, *Spatial Representation: Problems in Philosophy and Psychology* 中の論考.

目の見えない子どもが部屋の中を移動する実験について：Barbara Landau and Lila Gleitman, *Language and Experience: Evidence from the Blind Child* (Harvard University Press, 1985).

自己受容性感覚を喪失した女性の症例について：Oliver Sacks, *The Man Who Mistook His Wife for a Hat* (Summit Books, 1985)〔オリヴァー・サックス／高見幸郎，金沢泰子 訳『妻を帽子とまちがえた男』早川書房，2009〕，第 3 章.

ベートーヴェンの思考プロセスについて：Paul Mies, *Beethoven's Sketches* (Dover Books, 1974); Lewis Lockwood and the Juilliard String Quartet, *Inside Beethoven's Quartets* (Harvard University Press, 2008).

第 26 章

「親近性の感覚」は Valerie A. Thompson, "Dual-process theories: A metacognitive perspective," in Evans and Frankish, *In Two Minds: Dual Processes and Beyond*, pp. 171–95 で論じられている.

相貌失認について：Sacks, *The Man Who Mistook His Wife for a Hat.*

目撃証言の信頼性の低さについて：Elizabeth Loftus, *Eyewitness Testimony* (Harvard University Press, 1979)〔E. F. ロフタス／西本武彦 訳『目撃者の証言』誠信書房，1987〕.

身体性標識について：Antonio Damasio, *Descartes' Error: Emotion, Reason, and the Human Brain* (G. P. Putnam's Sons, 1994)〔アントニオ R. ダマシオ／田

中三彦 訳『デカルトの誤り：情動，理性，人間の脳』筑摩書房，2010〕.

自由意志について：Daniel Wegner, *The Illusion of Conscious Will*（MIT Press, 2002）; Daniel Dennett, *Freedom Evolves*（Viking, 2003）〔ダニエル C. デネット／山形浩生 訳『自由は進化する』NTT 出版，2005〕.

マガーク効果について：Harry McGurk and John MacDonald, "Hearing lips and seeing voices," *Nature* 264（Dec. 24, 1976）, pp. 746–8; Dominic Massaro, *Perceiving Talking Faces*（MIT Press, 1997）.

第 27 章

合成性と推論についての理論：Ray Jackendoff, *Semantics and Cognition*（MIT Press, 1983）; *Semantic Structures*（MIT Press, 1990）; *Foundations of Language*; *Language, Consciousness, Culture*; *Meaning and the Lexicon*（Oxford University Press, 2010）. フレーゲ流の合成性を想定した形式意味論における理論：Irene Heim and Angelika Kratzer, *Semantics in Generative Grammar*（Blackwell, 1998）. 認知文法における理論：Ronald Langacker, *Cognitive Grammar: A Basic Introduction*（Oxford University Press, 2008）〔ロナルド W. ラネカー／山梨正明 監訳『認知文法論序説』研究社，2011〕.

空間構造について：David Marr, *Vision*; Paul Bloom, Mary Peterson, Lynn Nadel, and Merrill Garrett（eds.）, *Language and Space*（MIT Press, 1996）.

乳児のトークン特徴についての実験：Karen Wynn, "Addition and subtraction by human infants," *Nature* 358（Aug. 27, 1992）, pp. 749–50; Fei Xu and Susan Carey, "Infants' metaphysics: The case of numerical identity," *Cognitive Psychology* 30（1996）, pp. 111–53.

第 28 章

会話における指示の不発：Keith Donnellan, "Reference and definite descriptions," *Philosophical Review* 75（1966）, pp. 281–304〔キース・ドネラン／荒磯敏文 訳「指示と確定記述」松阪陽一 編訳『言語哲学重要論文集』春秋社，2013〕.

第 29 章

この章の題材は私の *Semantics and Cognition*，第 3 章と *Foundations of Language*, 10.8 節でより詳しく論じられている.

「記述形而上学」について：P. F. Strawson, *Individuals: An Essay in Descriptive Metaphysics*（Methuen, 1959）〔P. F. ストローソン／中村秀吉 訳『個体と主語』みすず書房，1978〕.

ミラーニューロンについて：Vittorio Gallese, Luciano Fadiga, Leonardo Fogas-

si, and Giacomo Rizzolatti, "Action recognition in the premotor cortex," *Brain* 119 (1996), pp. 593–609; Christian Keysers, "Mirror neurons," *Current Biology* 19 (Nov. 17, 2009), pp. R971–R973.

第 30 章

フレーム分析について：Goffman, *Frame Analysis*.

「あなたのヨットはそれより大きいと私は思っていた」：Bertrand Russell, "On denoting," *Mind* 14 (1905), pp. 479–93〔バートランド・ラッセル／松阪陽一 訳「表示について」松阪陽一 編訳『言語哲学重要論文集』〕.

心の理論について：David Premack and G. Woodruff, "Does the chimpanzee have a theory of mind?," *Behavioral and Brain Sciences* 1 (1978), pp. 515–26; Simon Baron-Cohen, *Mindblindness: An Essay on Autism and Theory of Mind* (MIT Press, 1997)〔サイモン・バロン＝コーエン／長野敬，長畑正道，今野義孝 訳『自閉症とマインド・ブラインドネス(新装版)』青土社，2002〕.

画像と信念に関する私の以前の説明は *Semantics and Cognition*，第 11 章を参照．Gilles Fauconnier, *Mappings in Thought and Language* (Cambridge University Press, 1997)〔ジル・フォコニエ／坂原茂，田窪行則，三藤博 訳『思考と言語におけるマッピング：メンタル・スペース理論の意味構築モデル』岩波書店，2000〕はこの分析を多くの複雑な状況へと拡張した．

第 31 章

肉体／魂の分裂について：Paul Bloom, *Descartes' Baby* (Basic Books, 2004)〔ポール・ブルーム／春日井晶子 訳『赤ちゃんはどこまで人間なのか：心の理解の起源』ランダムハウス講談社，2006〕；私の *Language, Consciousness, Culture*，第 5 章も参照．

カプグラ症候群について：Ryan McKay, Robyn Langdon, and Max Coltheart, "'Sleights of mind': Delusions, defences, and self-deception," *Cognitive Neuropsychiatry* 10 (2005), pp. 305–26.

認知的視点からの宗教の通文化的研究：Pascal Boyer, *Religion Explained* (Basic Books, 2001)〔パスカル・ボイヤー／鈴木光太郎，中村潔 訳『神はなぜいるのか？』NTT 出版，2008〕；Scott Atran, *In Gods We Trust* (Oxford University Press, 2002).

魂などというものは存在しないという立場について：Damasio, *Descartes' Error: Emotion, Reason, and the Human Brain*; Crick, *The Astonishing Hypothesis*.

人の心の進化論的起源について：Daniel Dennett, *Darwin's Dangerous Idea* (Simon & Schuster, 1995)〔ダニエル C. デネット／山口泰司ほか 訳『ダーウィ

ンの危険な思想：生命の意味と進化』青土社，2001〕；Steven Pinker, *How the Mind Works*（W. W. Norton, 1997)〔スティーブン・ピンカー／椋田直子 訳『心の仕組み(上・下)』筑摩書房，2013〕；Richard Dawkins, *The Selfish Gene*（Oxford University Press, 1989)〔リチャード・ドーキンス／日高敏隆ほか 訳『利己的な遺伝子(増補新装版)』紀伊國屋書店，2006〕.

道徳の進化的起源について：Robert Boyd and Peter Richerson, *The Origin and Evolution of Cultures*（Oxford University Press, 2005）; Richard Alexander, *The Biology of Moral Systems*（Aldine de Gruyter, 1987）.

人間の道徳的概念の形式について：私の *Language, Consciousness, Culture*; Marc Hauser, *Moral Minds*（HarperCollins, 2006）; John Mikhail, *Elements of Moral Cognition*（Cambridge University Press, 2011）.

宗教への攻撃：Richard Dawkins, *The God Delusion*（Houghton Mifflin, 2006）〔リチャード・ドーキンス／垂水雄二 訳『神は妄想である：宗教との決別』早川書房，2007〕；Daniel Dennett, *Breaking the Spell*（Viking Penguin, 2006)〔ダニエル C. デネット／阿部文彦 訳『解明される宗教：進化論的アプローチ』青土社，2010〕；Sam Harris, *The End of Faith*（W. W. Norton, 2005）.

私たちが魂の観点から人を概念化する理由の中で，一つの面白い提案は，ダニエル・デネットが *Darwin's Dangerous Idea* で述べている「語りの重心としての自己」というものだ.

第 33 章

「「雪は白い」は雪が白い場合，そしてその場合に限り真である」：Alfred Tarski, "The concept of truth in formalized languages," *Logic, Semantics, and Metamathematics*（Oxford University Press, 1956）, pp. 152–278. このアプローチは現代の形式意味論，たとえば Irene Heim and Angelika Kratzer, *Semantics in Generative Grammar* などの基礎を作った.

「ボストンからニューヨークまでの距離は 200 マイルだ」：Jerrold Katz, "Chomsky on meaning," *Language* 56（1980）, pp. 1–41; Ray Jackendoff, "On Katz's autonomous semantics," *Language* 57（1981）, pp. 425–35; James Higginbotham, "Jackendoff's conceptualism," *Behavioral and Brain Sciences* 26（2003）, pp. 680–1.

「現在のフランス王はハゲである」：Bertrand Russell, "On denoting," *Mind* 14（1905）, pp. 479–93〔バートランド・ラッセル／松阪陽一 訳「表示について」『言語哲学重要論文集』〕.

フィクションの登場人物についてのウィリアム・ジェームズの説明：*The Principles of Psychology*, vol. 2, p. 292.

第 35 章

アッシュの実験：Solomon E. Asch, "Opinions and social pressure," *Scientific American* 193 (1955), pp. 31–5. オンライン版：http://www.panarchy.org/asch/social.pressure.1955.html

自分の身体部位を所有していることを否認する現象について：V. S. Ramachandran and Sandra Blakeslee, *Phantoms in the Brain* (HarperCollins, 1998)〔V. S. ラマチャンドラン，サンドラ・ブレイクスリー／山下篤子 訳『脳のなかの幽霊』角川書店，2011〕; Sacks, *The Man Who Mistook His Wife for a Hat,* 第 4 章.

第 36 章

デカルト『方法序説』，第 2 部から.

キャロルの論文は Lewis Carroll, "What the tortoise said to Achilles," *Mind* 4 (1895), pp. 278–80. Hofstadter, *Gödel, Escher, Bach*, pp. 43–5 に再録.

ヴィトゲンシュタインによる，規則を正しく適用したとどうすればわかるのかについての言及は *Philosophical Investigations*, pp. 38–9, 85–6 を参照.

「ホームサイン」について：Susan Goldin-Meadow, *The Resilience of Language* (Psychology Press, 2003).

カントの引用は『純粋理性批判』，第 2 篇「原則の分析論」の緒言から.

カール・ラシュレーの引用は "Cerebral organization and behavior," in H. Solomon, S. Cobb, and W. Penfield (eds.), *The Brain and Human Behavior* (Williams & Wilkins, 1956), pp. 1–18 の p. 4 から.

システム 1 とシステム 2 について：Evans and Frankish, *In Two Minds: Dual Processes and Beyond.*

第 37 章

直観的思考についての研究の最近の解説から平易なものを何点かあげる：Gerd Gigerenzer, *Gut Feelings: The Intelligence of the Unconscious* (Viking Penguin, 2007)〔ゲルト・ギーゲレンツァー／小松淳子 訳『なぜ直感のほうが上手くいくのか？：「無意識の知性」が決めている』インターシフト(発売：合同出版)，2010〕；Malcolm Gladwell, *Blink: The Power of Thinking Without Thinking* (Little, Brown, 2005)〔マルコム・グラッドウェル／沢田博，阿部尚美 訳『第 1 感：「最初の 2 秒」の「なんとなく」が正しい』光文社，2006〕；Jonah Lehrer, *How We Decide* (Houghton Mifflin Harcourt, 2009)〔ジョナ・レーラー／門脇陽子 訳『一流のプロは「感情脳」で決断する』アスペクト，2009〕. より早い時期の論述としては次の二点：Michael Polanyi, *Personal Knowledge*; Daniel Kah-

neman, Paul Slovic, and Amos Tversky (eds.), *Judgment under Uncertainty: Heuristics and Biases* (Cambridge University Press, 1982).

第 38 章

チョムスキーによる言語の進化論的起源についての言及：*Reflections on Language*; *New Horizons in the Study of Language and Mind* (Cambridge University Press, 2000).

第 39 章

「私は意識とは私たちの中で，あるいは…」：Alva Noë in *The Nation* (Mar. 16, 2009)，心からのお詫びとともに引用する.

ストッキングについての判断の実験：Richard E. Nisbett and Timothy DeCamp Wilson, "Telling more than we can know: Verbal reports on mental processes," *Psychological Review* 84 (1977), pp. 231–59.

第 40 章

音楽の解釈をめぐる類似の会話はあの威厳に満ちたグァルネリ弦楽四重奏団の奏者によっても報告されている：Arnold Steinhardt, *Indivisible by Four* (Farrar, Straus, and Giroux, 1998), pp. 93, 99, 163, 284.

「音楽的意味」の異なる定義について：Leonard Meyer, *Emotion and Meaning in Music* (University of Chicago Press, 1956).

第 41 章

「制作に取りかかるときは…」：フィリップ・ガストン, Barry Schwabsky, *The Nation* (Jan. 10/17, 2011) の引用による.

第 42 章

人文学 対 科学：C. P. Snow, *The Two Cultures* (1959; reprint 版，Cambridge University Press, 1998)〔チャールズ P. スノー／松井巻之助 訳『二つの文化と科学革命』みすず書房，2011〕；Alvin B. Kernan (ed.), *What's Happened to the Humanities?* (Princeton University Press, 1997)〔A. カーナン 編／木村武史 訳『人文科学に何が起きたか：アメリカの経験』玉川大学出版部，2001〕；Eugene Goodheart, *Does Literary Studies Have a Future?* (University of Wisconsin Press, 1999); Michael Wood, "A world without literature?" *Dædalus* (Winter 2009), pp. 58–67; Stanley Fish, "Will the humanities save us?": https://opinionator.blogs.nytimes.com/2008/01/06/will-the-humanities-save-us/

「学生は偉大な作家たちと…学ぶ」：Anthony Kronman, Fish（既出）に引用；「自分を定義する手助けとなる」：Italo Calvino, Wood（既出）に引用；「さまざまな読み方」「ありきたりを風変わりに変える」：Wood（既出）；「隠されたものを明らかにする」：Kronman, Fish（既出）に引用；「不運への対応の見本を与えてくれる」：J. M. Coetzee, Wood（既出）に引用；「芸術を定義する特性とは…」：E. O. Wilson, *Consilience: The Unity of Knowledge*, p. 213；「芸術は人の存在を…投影する」：Wilson（既出）, p. 200；「「人文学が何の役に立つのか？」という問いに対する…答えは…」Fish（既出）.

音楽の認知神経科学について：Aniruddh Patel, *Music, Language, and the Brain*（Oxford University Press, 2008）; Fred Lerdahl and Ray Jackendoff, *A Generative Theory of Tonal Music*（MIT Press, 1983）.

第 43 章

「反語的」立場：Richard Rorty, *Contingency, Irony, and Solidarity*（Cambridge University Press, 1989）〔リチャード・ローティ／齋藤純一, 山岡龍一, 大川正彦 訳『偶然性・アイロニー・連帯：リベラル・ユートピアの可能性』岩波書店, 2000〕.

大堀壽夫　前書き，第二部，第四部を担当

1992年カリフォルニア大学バークレー校でPh. D.(言語学)取得．現在，慶應義塾大学環境情報学部教授．専門は意味論，機能的類型論．

貝森有祐　第一部を担当

現在，東京大学大学院総合文化研究科言語情報科学専攻博士後期課程に在籍．専門は認知言語学．

山泉　実　第三部を担当

2010年東京大学大学院総合文化研究科博士後期課程修了，博士(学術)．現在，大阪大学大学院言語文化研究科日本語・日本文化専攻専任講師．専門は語用論，意味論．

レイ・ジャッケンドフ Ray Jackendoff

1945年生まれ．1969年マサチューセッツ工科大学(MIT)でPh. D.(言語学)取得．1971–2006年ブランダイス大学言語学教授，2005–17年タフツ大学哲学教授(Seth Merrin Professor)，現在はタフツ大学とブランダイス大学の名誉教授．

自然言語の意味のシステムと，それが人間の概念システムとどう関わっているか，それが言語でどう表現されるかを主として研究．クラシック音楽のクラリネット奏者でもあり，ボストン界隈で演奏活動をし，音楽認知理論の研究も行う．

2003年にジャン・ニコ賞，2014年にデイヴィッド・ラメルハート賞を受賞．

邦訳のある著書は『言語の基盤：脳・意味・文法・進化』『心のパターン：言語の認知科学入門』(以上 岩波書店)．

思考と意味の取扱いガイド　　レイ・ジャッケンドフ

2019年6月19日　第1刷発行

訳　者　大堀壽夫《おおほりとしお》　貝森有祐《かいもりゆうすけ》　山泉　実《やまいずみ　みのる》

発行者　岡本　厚

発行所　株式会社 岩波書店
〒101-8002 東京都千代田区一ツ橋 2-5-5
電話案内 03-5210-4000
https://www.iwanami.co.jp/

印刷・製本　法令印刷

ISBN 978-4-00-005472-0　　Printed in Japan